U0855197

国家社会科学基金『十二五』规划2015年度教育学一般课题
我国应用技术大学人才培养特色发展机制研究（课题批准号：BIA150110）成果

我国应用技术大学人才培养特色发展机制研究

张艳萍　牛亏环　贾莉莉　等　著

上海科学技术出版社
国家一级出版社
全国百佳图书出版单位

内 容 提 要

本书系国家社会科学基金“十二五”规划2015年度教育学一般课题“我国应用技术大学人才培养特色发展机制研究”(课题批准号：BIA150110)的最终研究成果之一。全书从人才培养的目标、路径和保障等要素出发，以我国应用技术大学人才培养特色发展机制为中心，以分析我国应用技术大学人才培养的现状和问题为“线”，以创新我国应用技术大学人才培养路径选择与发展模式为“面”，深入应用技术大学人才培养的具体要素，设计有针对性的关键性指标和调查问卷，对人才培养特色发展的现状、问题及原因进行系统的调查，为我国应用技术大学人才培养的特色发展提出具体的、可操作的建议。与我国其他同类书相比，本书理论研究与实践应用并举，具有自身鲜明的特色。

本书读者对象广泛，对教育部门、高校、科研机构人员等都具有一定的参考价值与借鉴意义。

图书在版编目（CIP）数据

我国应用技术大学人才培养特色发展机制研究 / 张艳萍等著. -- 上海 : 上海科学技术出版社, 2021.7
ISBN 978-7-5478-5371-9

Ⅰ. ①我… Ⅱ. ①张… Ⅲ. ①高等学校－人才培养－研究－中国 Ⅳ. ①G649.2

中国版本图书馆CIP数据核字(2021)第109788号

我国应用技术大学人才培养特色发展机制研究
张艳萍 牛亏环 贾莉莉 等 著

上海世纪出版(集团)有限公司
上 海 科 学 技 术 出 版 社 出版、发行
(上海钦州南路71号 邮政编码200235 www.sstp.cn)
当纳利(上海)信息技术有限公司印刷
开本787×1092 1/16 印张12.25
字数220千字
2021年7月第1版 2021年7月第1次印刷
ISBN 978-7-5478-5371-9/G·1058
定价：80.00元

Foreword

前　言

应用技术大学是在我国产业结构优化升级的背景下，高等教育从精英教育向大众化过渡的过程中，顺应经济社会发展要求的必然产物。特色发展对于大学办学具有重要的战略意义，对于应用技术大学的生存和发展尤为重要。因其特殊的发展历程，应用技术大学若要增强自身的社会竞争力，在我国高等教育体系中占据优势地位，必须坚持走特色发展之路，以特色发展实现内涵式发展。培养人才是大学区别于其他社会组织的本质特征，形成特色鲜明的人才培养机制是应用技术大学完成立德树人根本任务的关键，也是其特色发展的应有之义。新时代下，面对新业态、新技术、新模式的新需求，在新的起点上如何凝练应用技术大学的人才培养特色，构建具有可复制、可推广的应用型本科人才培养模式，则更加迫切而重要。

鉴于此，围绕我国应用技术大学人才培养特色机制的形成与发展的相关问题，借鉴国际前沿的教育理念，本书作者系统梳理了我国应用技术大学人才培养的相关理论问题，多角度呈现了国内外应用技术大学人才培养特色培育和凝练的鲜活实践，为教育主管部门、高校教育科研人员、在读研究生等不同读者群体，提供了有关应用技术大学人才培养特色发展的理性认知和经验启示。

本书系国家社会科学基金"十二五"规划2015年度教育学一般课题"我国应用技术大学人才培养特色发展机制研究"（课题批准号：BIA150110）的最终研究成果之一。全书共分为七章，分别从人才培养的目标、路径和保障等要素出发，以我国应用技术大学人才培养特色发展机制为中心，以分析我国应用技术大学人才培养的现状和问题为"线"，以创新我国应用技术大学人才培养路径选择与发展模式为"面"，深入分析应用技术大学人才培养的具体要素，设计有针对性的关键性指标和调查问卷，对人才培养特色发展的现状、问题及其原因进行了系统的调查，以期为我国应用技术大学人才培养的特色发展提出具体的、可操作的建议。

与我国其他同类书籍相比，本书的主要特点是坚持理论与实践相结合、定性研究与定量研究相结合。全书既系统总结了学界有关应用技术大学人才培养的前期理论研究成果，又立足应用技术大学的办学实际，展开了深入的调查研究，"立体式"地勾勒了我国应用技术大学人才培养特色发展的基本架构、现实问题及未来的可能走向，对我国应用技术大学更好地贯彻落实国家高等教育的发展战略，主动对接新经济形态的发展需求，全面提升应用型本科人才的培养质量，整体提升办学实力和水平，具有一定的启发性和参考性。

在本书成文的过程中，课题组成员分工明确、认真负责、配合得当，确保了书稿的顺利完成。课题主持人张艳萍研究员负责完成了第一章第一节，第四章第一节、第四节，第五章第三节、第四节的内容撰写；成员牛亏环负责完成了第一章第二节、第三节，第二章，第三章的内容撰写；贾莉莉负责完成了第六章第一节、第四节、第五节，第七章的内容撰写；苗耘负责完成了第六章第二节、第三节的内容撰写；杨芳负责完成了第五章第一节、第二节的内容撰写；钱婷婷和强成文负责完成了第四章第二节、第三节的内容撰写。

需要说明的是，本课题组在调查研究的过程中，先后得到了大叶大学等多所大学多位老师的支持和帮助，以及贾晓华同学、杨馨缘同学等的积极参与和鼎力配合，在此向他们致以最诚挚的谢意！

在本书出版之即，感谢上海科学技术出版社编辑老师的倾心指导与细致审核，感谢全体课题组成员的积极参与和辛苦付出！

由于作者水平有限，书中难免存在一些不足和疏漏之处，谨希望抛砖引玉，敬请学界前辈和各位同仁不吝赐教！

作　者

2021 年 3 月

Contents

目 录

第一章　绪　论

近年来，我国已建成了世界上规模最大的高等教育体系，高等教育进入了大众化阶段并向普及化发展，高校分类发展、特色发展以及创新发展成为必然要求。政府开始引导部分普通本科高校向应用技术型高校转型，各地高校纷纷站在适应和引领经济发展新常态、实现创新驱动发展的高度，以勇于改革创新的精神，积极推进发展试点转型。由于高校转型发展的关键问题是高校人才培养问题，尤其是人才培养特色的问题，学术界也逐步从关注应用技术型高校发展转向关注人才培养问题。

第一节　应用技术大学人才培养的研究背景

当前，我国经济发展进入新常态。经济发展面临高端制造业缺乏竞争力、低端制造业成本优势逐渐丧失的双重困境，国家进入以创新驱动发展、加快经济转型升级的关键期。在对高校进行分类定位研究中，依据人才培养类型的不同，可以将高校分为综合研究型大学、专业应用型大学和职业技能型院校三类。可见，应用型人才是大学培养人才的一种类型①。截至 2017 年年底，我国以培养应用型人才为主的高校共近 680 所，占我国高校总量的 55.6%。发达国家的经验表明，应用技术是一个国家实现创新驱动发展的关键要素，应用技术人才的数量与质量在某种程度上决定着经济转型升级的速度与高度。

一、研究起因

面对经济结构深刻调整、产业升级加快步伐，特别是创新驱动发展战略的实

① 潘懋元，石慧霞. 应用型人才培养的历史探源[J]. 江苏高教，2009(1)：7－10.

施，高等教育结构性矛盾更加突出。高层次应用技术人才的数量严重不足，高校培养应用型技术人才的规模与特色更是不容乐观，同质化与同构化发展倾向十分严重，毕业生就业难与就业质量低的问题仍未有效纾解，服务区域经济发展的应用型、复合型与创新型人才培养特色机制尚未完全建立。为了解决这些发展性矛盾和问题，教育部于 2013 年 6 月 28 日在天津职业技术师范大学指导成立了中国"应用技术大学(学院)联盟"，首批加入的有 35 所定位为应用技术型的高校，以完善现代职业技术教育体系的建设与发展。2014 年 4 月 25 日，以"建设中国特色应用技术大学"为主题的首届"产教融合发展战略国际论坛"在河南省驻马店市举行，178 所高校通过了《驻马店共识》①。2014 年 6 月 23 日，国务院印发了《关于加快发展现代职业教育的决定》，提出"采取试点推动、示范引领等方式，引导一批普通本科高等学校向应用技术类型高等学校转型，重点举办本科职业教育"的要求，并且明确指出"到 2020 年，形成适应发展需求、产教深度融合、中职高职衔接、职业教育与普通教育相互沟通，体现终身教育理念，具有中国特色、世界水平的现代职业教育体系"的发展战略。2015 年 6 月 30 日，全国人大常委会举行联组审议，国务院副总理刘延东给出了"根据地方经济社会发展需要，加大对地方高等院校结构调整力度，促进部分地方普通本科高等院校向应用技术大学转型发展"的工作指示。可见，应用技术大学的转型发展是我国高等教育今后几年改革发展和结构调整的主要任务。

二、研究重点

人才培养问题是应用技术大学改革发展的关键问题。最近几年来，我国不少专家学者围绕应用技术大学的转型发展与人才培养体系改革，先后进行了一些理论探讨与实践探索，积累了一定的研究成果。我国的应用技术大学也积极推行了一系列改革措施，取得了一定的改革成效。然而，在这些研究中，"我国的应用技术大学人才培养的内涵和特色是什么？目前培养的具体环节中是否体现了特色发展的要求？是哪些因素阻碍了人才培养的特色发展？人才培养的特色发展机制是怎样的?"等一系列问题，并没有得到学术界应有的关注和重视。虽然有少数研究对上述问题有所涉及，但是缺乏实证数据支持，尤其缺乏具有可操作性的人才培养特色发展方案。面对当前应用技术大学人才培养过程中存在的诸多困惑，本书作者对我国应用技术大学人才培养特色发展的相关问题进行理论梳理与实践调研，以期找出问题解决的规律或方案，为应用技术大学的未来发展建言献策，为相关教育主管部门提供决策咨询参考。

---

① 董立平. 地方高校转型发展与建设应用技术大学[J]. 教育研究，2014(8)：67－71.

三、研究价值

目前，现有的研究成果并不足以为我国应用技术大学人才培养特色发展提供强有力的理论支持和实践指导。基于此，本书对我国应用技术大学在人才培养具体环节中是否符合特色发展的要求，有哪些因素阻碍其特色发展以及最终应如何实现特色发展等问题，进行了理论和实证研究，具有重要的学术价值和应用价值，具体阐述如下：

一方面，从学术价值角度，本书通过对我国应用技术大学人才培养特色发展机制的理论探析，提炼总结应用技术人才培养特色发展的内在规律性要求，在一定程度上丰富了应用技术人才培养的相关研究理论，为应用技术大学人才培养实践提供了理论支撑和实践指导。

另一方面，从应用价值角度，本书通过对应用技术人才培养特色发展的实践调研和案例分析，系统归纳了应用技术人才培养特色发展的有益经验，从目标定位、路径选择、保障措施等方面，为应用技术大学人才培养模式改革提供了借鉴和启示。这不仅有利于应用技术大学人才培养质量的有效提升，而且有利于增强应用技术大学与经济社会发展需求的动态适应性。

第二节　应用技术大学人才培养的概念与内涵

人才的概念具有一定的时代特征，在不同的历史年代或社会背景下又具有不同的内涵和特点。当前，人才通常是指在某一领域内具有相应知识、才能或本事的人。人才的分类具有层次性，不同国家对各领域具体人才标准内涵的意义存在细微区别，对人才分类也有着不同的看法。例如，《国际教育标准分类法》(International Standard Classification of Education, ISCED)将人才分为学术型和应用型两类。根据教育内容的不同，美国的人才类型主要分为科学型、工程型、专业教育型、技术工人型和半技术工人型。根据人才对社会发展促进作用的不同，我国的人才类型主要分为学术型和应用型两类，其中工程型、技术型和技能型统称应用型。

一、高校类型的多维分类

高校培养哪种类型的人才，与高校自身的办学定位密切相关。立足不同的时代需求和国情，各国的高等教育学者相继对此进行了探讨。例如，20 世纪 70 年代，美国卡内基高等教育委员会的克拉克·克尔（Clark Kerr）在“高等教育机构分类框架”下提出了“高等院校任务分类论”，美国著名高等教育学者伯顿·克拉克（Burton B Clark）提出了“院校分工论”，马丁·特罗（Martin Trow）提出了“高等教育分层论”，以及美国卡内基教学促进基金会不断修改和完善了“高等教育机构分类模式”。联合国教科文组织将高等学校分为综合性研究大学、专业性应用型的多科性或单科性大学（学院）、职业型技能性高等院校。

20 世纪 90 年代以来，我国的专家学者对高校的分类也提出了不同的看法。比较具有代表性的是著名高等教育家潘懋元先生提出的“培养类型和层次分类法”。根据高级专门人才培养类型和层次的不同，潘先生认为高等学校可以分为综合型研究大学、多科型（单科型）专业大学（学院）、多科性（单科型）职业技术型（技能型）专科学院（学校）等。另外，学者武书连提出的“大学分类法”，按照高校科研规模的大小，将大学分为研究型、研究教学型、教学研究型、应用型四类。学者马陆亭提出的“高校结构分类法”，按照 21 世纪前期高校学术水平层次的不同，将大学分为研究型、教学科研型两类。学者陈厚丰提出的“高校综合分类法”，根据学科专业的覆盖面，认为高校可以分为研究型、教学科研型、教学型、应用型四种。其他学者也有按照高校发展目标和水平、隶属关系及资金来源、颁发文凭的系列等[①]，从不同维度对高校类型进行了分析。虽然不同学者的具体分类标准和依据有所不同，但是这些分类模式从不同的角度展示了高等教育机构的多样性，其旨在要求高校应立足不同的办学定位，形成与其办学定位相匹配的人才培养理念、定位、目标和特色。

二、应用技术大学的内涵特征

应用技术大学的创建与变革，是高等教育大众化、市场化的发展结果。政府和教育主管部门构建完整的应用技术人才培养体系，高校发展完善的应用型本科人才培养模式，依靠特色优势培养适应区域经济和社会发展需要的应用型人才，既满足了广大人民接受高等教育的需求，也是高等教育主动适应市场需求的一种体现。党的十八大提出，高校人才培养的根本目标是“要努力培养学生的社会责任感、创新精神和实践能力”，这是国家对普通本科高校培养人才所提出的通用规格和要求。应用技术大学应顺应经济社会、科学技术发展的现实诉求，在

① 唐毅谦，等. 高素质应用型人才培养模式多途径探索的理论与实践[M]. 北京：科学出版社，2016：11－14，22－32.

普通本科高校人才培养目标的基础上，提出更加具体的人才培养规格及内容要求，充分体现应用型人才在知识、能力和素质三方面的特色发展要求，从而构建具有鲜明特色的应用技术人才培养模式。

1. 有关应用技术大学的定位

目前，国内外关于应用技术大学人才培养的概念和内涵已有部分研究，从学理上对我国应用技术大学的人才培养应该如何发展也进行了一些探讨。如研究者秦悦悦(2009)在其硕士毕业论文中，分析了应用型本科教育的特征，认为应用型本科应具有培养应用型人才、突出实践教学体系的特色。学者董立平(2014)认为，“应用技术大学”的内涵相当于德国、荷兰等国的“应用科技大学”(Universities of Applied Sciences)，从本质属性来看，应用技术大学具有“高等性”“专业性”“应用技术性”和“人文性”等特征，同时具有显著的“地方性”区域特征。

“应用技术大学”词源来自德国的应用科技大学(Fachhochschulen, FH)，其既不同于传统的理论知识宽厚、“精英教育”为主的学术型、研究型大学，又不同于面向一线生产、服务、建设、管理的高等职业技能型院校，而是为了培养应用型创新人才而新建或转型发展的应用型本科大学。与传统综合大学相比，应用技术大学更加注重培养学生的实践能力，具有适应社会需求、注重实际应用、注重实践实习、将产学研良好结合的特色，其目标在于为社会培养能将理论与实践熟练结合运用、综合素质较强的应用型、创新型人才。

中国教育科学研究院课题组(2013)在《欧洲应用技术大学国别(UAS)研究报告》中对应用技术大学的理论定位进行了解释，报告指出：从学理上讲，应用技术大学与传统意义上的综合大学相比，具有独特的知识生产与产品研发功能定位，具有不同社会分工的社会组织，具有一定的特性，处于知识结构中的特定位置(如图1-1中的象限所示)。图1-1中，左边的椭圆区域B(波尔象限)主要是模式1，代表的是主要由普通综合大学所开展的基础性、学科性的学术型研究；右边的椭圆区域E(爱迪生象限)主要是模式2，代表的是主要由应用技术大学所开展的科学性、技术性的应用型研究；中间交叉区域部分P(巴斯图象限)是模式1和模式2的共通部分，代表的是综合大学的学科性部分和应用技术大学的科学性部分。应用技术大学主要位于E区(包含P区)。B、P和E分别代表的是：B为基础学科的学术研究(模式1，斯托克斯)，P为实践导向的研究(模式2中越来越临近模式1的部分，斯托克斯)，E为新产品和服务的实验发展(模式2，斯托克斯)。

中间的P区域(巴斯图象限)部分，标志着德国应用技术大学在学制、学位和

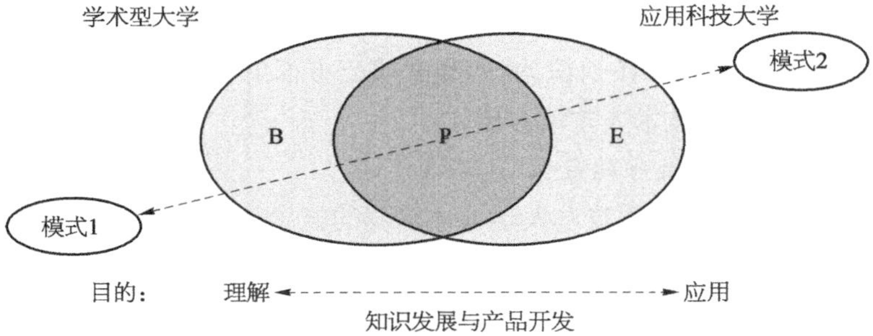

图 1-1 应用技术大学在知识架构中的位置①

文凭认可度上与综合性大学的差距在缩小。一方面，基础学科中偏向实用部分的研究，是为了更好地引导和指引综合大学的全面发展性研究，以适应现代社会对普通大学教育的现实价值需求；另一方面，为了更好地促进应用技术大学为适应社会经济发展、以教育实践为导向开展的科学研究，可以更深入地理解专业科学研究，进而转向开发新的技术或服务产品。两者都描述了多样化的研究活动，立足于现实需求，受实践价值驱使，既植根于专业实践领域，又面向未来战略性领域。1999 年启动博洛尼亚改革进程后，德国高校的本科学位和硕士学位培养工作在全国进行大范围推广。

基于此，本书总结得出我国应用技术大学的内涵是：依据区域经济社会发展战略需求和自身办学传统、特色与优势，办学目标主要定位于高层次应用技术型人才培养，办学层次主要定位于本科教育、兼顾研究生教育；学科定位以应用、特色、品牌为导向，课程定位以专业技术能力体系为核心，服务定位以面向和服务地方经济社会发展需要为指引；培养主体为各职业领域的工程型、技能型人才的一类新型普通本科大学。

2. 有关应用技术型人才的定位

应用技术大学的人才培养应体现高等教育的时代性、应用性和适应性，应具备应用型、创新型、复合型特征的特点，具体表现在：一是具有对科学基础原理的理解与实际应用的能力，其知识结构基于学习基础并熟练应用，强调职业岗位群能力、专业与综合能力、就业与创业能力的培养，着眼于一线生产的实际需要；二是从事的职业层次既不同于科学型、工程型，又不同于技能型，而是居于中间的技术型人才；三是人才将成为国家未来核心竞争力的资源②。

---

① 中国教育科学研究院课题组. 欧洲应用技术大学国别(UAS)研究报告[R]. 2013.

② 刘一. 新建地方本科院校应用型人才培养模式研究——以滁州学院为例[D]. 合肥：安徽大学，2009：7－8.

学者陈斌(2014)通过分析应用技术大学的历史演进,介绍了国内外著名教育分类的逻辑,提出了我国应用技术大学培养“应用型”人才的应然性,即在培养目标上应强调能力本位,在专业设置上应满足经济社会发展的需求,在培养过程中应侧重实践性教学、培养学生的动手能力,在师资力量方面应强调“双师型”教师的培养和发展等。学者焦燕灵(2014)则从学理上探讨了基于区域经济转型的民办本科高校人才培养创新的路径,认为应用技术大学应该满足区域经济转型对人才的需求,树立“以发展为中心”的育人理念,搭建有关培养职业生存能力和长期发展平衡能力的课程体系,构建以能力发展为主线的实践教学体系,建立创新双元互动的多路径校企协同培养机制等。

三、应用技术人才培养特色的形成

人才培养是指在现代教育思想和理论的指导下,以培养能力为中心,根据特定的培养目标和人才标准,按照一定的课程体系和教学内容,采取特定的管理制度和评价方式,对大学生实施人才教育工程的过程。关于人才培养模式的定义,1998 年时任教育部副部长周远清认为,它是人才的培养目标和培养规格以及实现这些培养目标的方法或手段。同年,教育部颁发的《关于深化教学改革,培养适应 21 世纪需要的高质量人才的意见》中明确指出:“人才培养模式是学校为学生构建的知识、能力、素质结构,以及实现这种结构的方式,它从根本上规定了人才特征并集中地体现了教育思想和教育观念。”①

人才培养质量提高的关键是人才培养特色的形成。人才培养特色是高校在长期培养人才过程中积淀形成的、被公认的、独特的、稳定的、良好的培养方式和发展形态。应用技术大学特色发展,从办学层次上看,主要依靠特色的高校、院系、学科和专业;从发展功能上看,主要依据人才培养、科研、服务和文化传承创新的特色。高等教育的阶段性特征决定了地方高校的办学特色,是应用技术大学的立校之本。推动应用技术大学人才培养特色发展,是其适应地方经济发展方式转变的客观需要。这不仅是高等教育改革发展历史演变的一种必然选择,而且是国际高等教育发展基本规律的一种必然要求。在我国,应用技术大学在形成人才培养特色发展机制的过程中,一要深化人才培养模式改革(着力调整专业结构、着力改革人才培养模式、着力做大做强优势学科特色),形成应用技术大学人才培养特色;二要深化科技体制机制改革(提升自主创新能力、优化创新要素配置、建立绩效评价制度),形成应用技术大学科研特色;三要深化行业企业合

---

① 秦悦悦.高校应用型本科人才培养模式研究与实践[D].重庆:重庆大学,2009:8-9.

作共建(紧扣发展需要、立足转型发展、推进政策导向),形成应用技术大学社会服务特色;四要深化人文社科创新机制改革(深化区域高校的智库建设、促进哲学社会科学繁荣发展、参与社会主义文化强国建设),形成应用技术大学文化传承创新特色①。

第三节 应用技术大学人才培养的现状与困境

在高等教育大众化的进程中,传统的学术研究型大学与职业技能型教育体系的使命并未改变,继续发挥着培养特定人才的职能。作为高等教育大众化的主力军和驱动经济社会发展的动力源,应用型高校应成为当前推行高等教育改革的主体力量。地方本科高校是向应用技术大学转型发展的主体,已有不少研究文献基于经验分析了目前我国地方本科高校人才培养的现状和面临的困境,突出了我国地方本科高校向应用技术大学转型发展的重要性和紧迫性。身处高校发展序列的"中间地带",应用型高校前面有已具备一定品牌效应的研究型大学,后面则有面向基层技术需求的技能型职业院校。应用型高校在争取吸纳优质生源的基础上,如何积极获取政府支持、主动适应区域经济发展需求,彰显自身独有的人才培养特色,为社会输送高素质的应用型人才,是一个亟待解决的现实问题。

一、办学定位上

学者孙泽平(2011)认为,我国地方本科院校在定位上存在偏狭、过高、没有特色、忽视根基等问题。在"升本建院"的过程中,由于传统思维习惯和固有办学模式的影响,很多新建地方本科院校的培养目标逐渐升级,甚至将目标瞄准研究型大学。由于学科、专业和课程体系的改革没有跟上应用型人才培养模式的转型,基础理论教学课时比例过高,学生的实践动手能力培养不足。

应用型高校承担着培养高级专门技术人才、发展科学创新技术、促进区域社会主义经济建设的重大任务。2013 年 11 月,由应用技术大学(学院)联盟联合地方高校转型发展研究中心发布了《地方本科院校转型发展实践与政策研究报告》,详细分析了我国约 1 100 所地方本科高校发展中存在的结构性问题。这些

① 刘传铁.地方高校如何特色发展[N].光明日报,2015-08-18(13).

问题主要包括：办学定位趋同；学科专业无特色，与地方产业结构脱节；人才培养"重理论、轻实践"；师资队伍"重学历、轻能力"；办学经费短缺，硬件条件不足；产学研合作教育不深入等。同时，从整体上看，应用技术大学的发展还存在以下突出矛盾：

（1）应用技术大学以技术积累创新和服务产业实际贡献为价值基准，与当前高等教育以学术标准为主的学校评估制度相悖。

（2）应用技术大学按照职业和岗位需求设置专业的发展需求，与当前高等教育以学科体系为基础建立起来的专业结构相悖。

（3）应用技术大学"双师型"教师团队建设和灵活用人制度的发展趋势，与当前高等教育以学术资格为基础建立起来的人事制度相悖。

（4）应用技术大学扩大招收有一定职业技术技能基础的学生与深入推进职业继续教育的发展形势，与当前高等教育高考招生、分层录取的入学制度相悖。

（5）应用技术大学以行业企业直接参与学校治理的刚性需求，与当前高等教育内部一体化、封闭式管理的结构相悖。

（6）应用技术大学以实际应用为基础实现人才培养与社会需求无缝对接的运行机制，与当前高等教育以知识教学为基础建立起来的内部运行机制相悖。

二、人才培养机制上

一般来说，"地方本科院校"是指隶属于各省、直辖市或自治区，以地方财政经费办学为主，承担着为地方经济发展（或行业企业）培养专门技术人才、提供应用性技术服务的普通本科院校。中国教育科学研究院课题组（2013）认为：我国地方本科高校的学生生源来源较为单一，且学生学习主动性不强；专业设置与社会需求间存在较大差距；学生所学专业高度集中，为学生就业带来困难；课程体系与传统的"学术型"区分度不明显；"双师型"比例偏低；与企业深度合作的体制和机制不完善。

近15年来，我国地方本科高校为高等教育的大众化、普及化做出了较大的贡献，在我国高等教育事业发展过程中占有非常重要的地位。但目前从世界高等教育发展的视角来看，仍存在一些发展差距，例如，人才培养模式单一、培养体制不灵活、培养方式与社会脱节等。特别是高等教育远郊化办学方式带来了一系列弊端：一方面，师资队伍中大部分教师都缺乏丰富的企业历练、前沿的技术知识和敏感的行业直觉，讲授成为"纸上谈兵"；另一方面，大学生与社会生活脱离，身心均游离于区域社会技术发展的边沿，体验不到当地行业企业文化和经济发展的气息,成为"单纯的篱笆人",在郊区学校成长毕业的大学生,其社会适应力显然低于在市区学习成长的大学生。

学者董立平(2014)认为,以高质量的应用技术型人才培养和应用技术研究服务地方,既是应用技术大学的本质属性和社会职责,更是其科学发展的路径。应用技术大学要优化并搭建与地方产业结构需求相适应的学科专业结构,构建以专业技术能力体系为核心的课程体系和课程质量标准体系,建设以实践教学为主的"双师型"师资队伍,建立"政产学研用"良性互动的机制体制,科学定位、深化改革,突破制约应用技术大学发展的主要瓶颈,以实现成功转型。然而,当前我国部分地方本科院校的人才培养方案,仍多是简单地移植、套用研究型大学的培养方案,没有真正从应用技术型人才培养目标定位的要求出发,没有构建具有自身特色优势与符合应用技术大学本质属性要求的课程体系、课程质量标准体系和人才培养体系,从而使得应用型本科教育教学改革成为"浮光掠影"。

三、人才培养理念上

《华盛顿协议》(Washington Accord, WA)是目前全球工程教育认证领域最具权威性的国际工程师互认协议。2016 年 6 月,中国顺利成为第 18 个正式成员,开启了国家以毕业生出口为导向、具有实质等效性认证的基本范式。在首批 61 所高校的带领下,目前全国已有 208 所高校成为国际工程教育认证的先行军。工程教育认证主要体现了对高等工程院校毕业生在实质等效性原则下的共性与个性素质要求,即以学生毕业时所"必须掌握的知识"及"具备的问题解决水平"来衡量高校人才培养质量水平。

2017 年 2 月,《"新工科"建设复旦共识》明确提出,地方高校要对区域经济发展和产业转型升级发挥支撑作用,培养胜任行业发展需求的应用型和技术技能型人才。应用技术大学要弃旧扬新,摒弃"重科学分析、轻综合创新,重个人钻研、轻团队协作"的传统观,发扬地方高校自身学科特色和工程发展科学规律的革新观,建立符合新时代的知识发展和适应地方社会需求的应用技术大学人才培养特色发展新理念。基于学习产出的教育模式(Outcome-based Education, OBE)是一种"成果导向"的教育模式,又被称为"结果导向"的教育模式,是斯派蒂(William W. Spandy)等人于 1981 年提出的教育哲学,其倾向于"以学生为本",倡导一切教育活动、教育过程和课程设计都应以预期学习结果(intended learning outcomes)为追求目标,并以学生受教育后获得的能力、职业倾向为焦点。

反思我国应用技术大学人才培养的现状,学者齐书宇、李国香(2018)认为,当前地方应用型本科高校主要存在的问题有：

（1）地方应用型本科高校仍处于对学术型研究人才培养的历史追求上，人才培养的理念还处于落后的状态，忽视了自身定位与特色创建，倾向于以教师教学、科研为中心，以经费、人力投入为导向。

（2）地方应用型本科高校培养的人才与地方社会需求结构脱节，人才培养模式同质化问题严重，教育策略在信息化时代中凸显落后，教学技术革新需求显现；校企合作及协同创新机制亟须进一步加强，实践教育体系不完整。

（3）地方应用型本科高校人才培养往往重视结果性评估，过程性评价机制构建不完善，学生生源输入与社会输出的动态评价系统衔接不当。

由此，针对以上问题现状，地方应用型本科高校需要进行相应的改革如下：① 以应用型工程技术人才为培养重点，倡行以未来发展为主导的 OBE 人才培养模式；② 开展分类发展规划、增强地方服务功能，以区域经济发展特色与工程学科特点为出发点；③ 搭建校企实践平台、构建实践教育体系，依靠地方社会的市场优势，补充企业工程团体力量；④ 改变以往以科研为导向的单一化、片面化的评价方式，进一步完善人才培养动态评价体系，对发展性工程师人才培养的效果及质量进行综合衡量并及时反馈调整。

应用型本科人才的培养具有重要的战略意义与实践价值，是践行国家中长期教育规划纲要、人才规划纲要精神的重要途径，是提高国民素质、促进经济繁荣的重要手段，是增强国家实力、实现中国梦的根本措施之一。为此，我们必须开阔视野、改变传统观念、革新教育理念，加强理论与实践研究，为实现我国高等教育事业的可持续发展进行不断的努力和探索。

第二章　应用技术大学人才培养特色发展机制的理论研究

人才培养是大学的根本职能，形成具有鲜明特色的人才培养体系是大学改革和发展过程中必须面对的重要课题。应用技术大学是国家高等教育体系的重要组成部分，承担着为区域经济社会发展输送专业人才的重要职能。在产业结构调整和经济社会转型发展的大背景下，如何提高应用技术人才培养规格与经济社会发展需求的契合度，进一步形成有特色的人才培养机制，是高等教育理论研究界和实务界都十分关注的问题。本章通过追溯人才培养相关理论的发展，对比分析国内外应用技术大学人才培养模式的异同，多角度呈现应用技术大学人才培养特色发展的核心特征。

第一节　应用技术大学人才培养机制的基本理论

《国家中长期人才发展规划纲要（2010—2020 年）》指出："当今世界正处在大发展大变革大调整时期，世界多极化、经济全球化深入发展，科技进步日新月异，知识经济方兴未艾，加快人才发展是在激烈的国际竞争中赢得主动的重大战略选择。"为了实现应用型人才培养的目标，我们需要依赖一定的教育基本理论与教育思想作指导，在培养的过程中掌握高素质人才的知识、素质、能力结构和内涵，有的放矢、有理有据地运行人才培养模式，构建应用技术大学人才培养特色发展的机制。

一、应用型人才培养

有学者认为，应用型人才培养的逻辑起点是"专业性教育"，即"建立在普通本科基础上的专业性应用型教育"，并以此为起点经过专业性应用教育规律和原则的逻辑中介，到达专业应用型本科教育目标、人才培养模式和实现路径的逻辑终点，构成一个严谨的范畴体系。从性质来看，高等教育是建立在普通教育基础上的专业性教育，以培养各种专门人才为目标；从价值取向来看，应用型专业教育除了具有高等教育的专业性、高深性之外，还具有针对性、实践性和行业性，这与学科型专业教育的基础性、广博性和非职业性不同；从渊源来看，专业性应用教育的形成伴随着培养专门职业人才专业性教育机构的产生，如中世纪的大学就是专业性教育模式，其目的是培养能胜任专业工作的实践者，具有一定的社会功能①。

与学科型人才培养和职业型专业教育不同，应用型人才培养具有本质属性结合学科发展和行业需求设置专业，以培养社会需求的专业应用型高级专门人才为目标。即在普通高等教育的基础上，在教育实施的过程中以行业性为方向，以专业性为本质，以应用性为主载，以教学为主流，以实践为主载，具有以下几个方面的特征①：

(1) 面向地方，为行业培养专业人才，充分适应地方经济增长方式和产业结构优化需求，培养的人才要适应地方经济社会发展需要，以行业性为主导。

(2) 定向于工程应用或技术应用领域，强调行业与专业的紧密联系，人才培养以职业带中的工程师与技术员的交叉领域为特点，以专业性为主线。

(3) 专业性教育满足多样化社会需求，培养高素质应用型人才，类属介于学科性研究型和职业性技术型之间，地方本科院校是办学主体。

(4) 在高等教育大众化和多样化的时代，承担着为区域经济社会发展培养高素质人才的使命和责任，创建人才培养特色、错位发展，确立教学的中心地位，以教学型为主流，探索“学科基础平台—专业模块平台—素质拓展平台”的一体化课程模式。

(5) 实践性教学贯穿于应用型人才培养的全过程，人才培养体系包括理论教学、实践教学和素质拓展三部分内容，加大实践性教学的比例，注重产学研合作教育模式，培养学生的实践能力、专业能力、应用能力和就业竞争力，以实践性为主载，延展产学合作、工学交替、定向培养模式。

因此，应用技术大学的建设与发展，是高等教育学术型与职业型二元时代的衍生，是传统“重文史、轻理工”教育观念的变革，是汇聚人才、提高国际竞争力的战略路径。它不仅为新建本科院校指明了发展的方向，也为地方经济社会发展提供了驱动源。这既是高等教育大众化进展的抉择，也是实现青年强则国强、教育强则国强的中国梦的重要保证。

---

① 潘懋元. 应用型人才培养的理论与实践[M]. 厦门：厦门大学出版社，2011.

二、学生参与理论

应用技术大学是国家培养应用型、创新型、复合型人才的摇篮，一所大学好的人才培养体系和效果离不开培养的主体——学生的参与。“学生参与”，从词源上讲，是指学生参加学习体验并投入身心能量的总和。对此，美国欧文斯(Robert G. Owecs)认为，“参与”是一种个体性团队活动行为，也就是个体把身心都投入到某种环境中，并在团队中积极分担责任、为实现目标而付出一定努力和贡献的行为①。如果学生高度、高效参与校园活动，就会在学校活动上花费较多的时间，投入较大的精力，会积极与周围师生交流，主动参与校园组织与学校发展战略计划，包括学校制订的人才培养方案以及相关的一系列教育教学活动等。研究表明，参与度较高学生的学习收获或情感体验也会比参与度低的学生高。具体到人才培养体系上，学生参与理论体现在学生对人才培养体系中相关教与学系列活动的参与情况及投入的程度。

(一) 理论起源

学生参与理论起源于阿斯汀(A. W. Astin)在 1975 年开展的一项关于大学生辍学的纵向研究(1975 年)，他通过研究学生在校园持续时间的持久性与学生是否顺利完成大学学习的关系，来观察参与度对学生学业完成产生的影响。随着世界范围内教育变革的深入推进，有关学生参与理论的研究也与日俱增。在关注学生个性全面发展的新时代，我国的教育主管部门和高校应加强对这种变化趋势的关注，立足于国情、学情，基于校情、民情，在吸纳国外经验的基础上，积极开展学生参与理论与实践研究，不断提高人才培养质量，增强国家的核心竞争力。

阿斯汀认为，学生参与的对象可以是具体的事情(如准备某课程的考试)，也可以是高度概括的内容(如学生社团或就业等其他活动)；研究对象与学生参与程度没有直接的相关性，如针对特定的事物，同一个学生在不同的时间段内会表现出不同的参与度，抑或是不同学生在同一时间段内对不同事物参与的程度也会有所不同；学生的参与程度可以通过定量的(如花了多长时间)描述，也可以通过定性的(如是否在复习、阅读、理解内容，或仅仅在发呆、神游、空想、做白日梦等)描述来衡量。学生在任何学习活动中所参与或投入身心能量的数量和质量，与其学习效果和个人发展的结果呈现正相关；学生参与能量的高低，与相关教育改革或教育政策实施的效果直接相关。

(二) 应用价值

阿斯汀的学生参与理论，可以用来解释环境因素对学生发展的影响，可以由

---

① 罗伯特・G・欧文斯. 教育组织行为学[M]. 窦霖，等译. 上海：华东师范大学出版社，2001：374.

研究人员用来指导学生的调研与发展，还可以由行政人员来督促强化学生参与学校治理，或由任课教师用来指导设计有效的学习情景。大学生可以以“学习雇主”的名义，对学校社团活动、教学设施、教学改革、宿舍环境、社区服务等一些与他们日常学习和生活密切相关的领域，提出一些民主性治理建议；也可以以“校园主体”的身份，对学校未来发展性的一些领域（如教师考核、激励政策、教学规划、人才培养方案等）发声谏言，行使参与学校治理的权利①。研究表明，学生参与对高校提升教学管理效能、促进学生成长具有重要作用，这主要体现在以下几个方面②。

1. 有利于优化高校人才培养体系的管理运行机制

现代大学生是伴随手机、网络、移动新媒体成长起来的一代人，其思想和行为具有信息化、民主化、自主管理、内化与外化相一致的显著特点，对事物倾向于表达出自身真实的感觉和看法，对自身知识能力怀有较大的自信，具有无惧无畏的心理特征。作为大学校园里最大的学习生活主体群，他们对校园治理、学校管理及未来发展都有着极大的参与热情和创新勇气。在管理结构中适当增加大学生成员比例，不但可以快捷、有效地增强管理层与学生群体之间的沟通效果，还可以促进校方与“学习雇主”——学生之间的理解与合作，促进决策层制定更加合理的管理措施，推动人才培养体系的改革与完善，从而有效地促进高校人才培养目标的实现。

2. 有利于促进高校提高教学质量

大学生作为教学活动的接受方和学习主体，对教学活动的有效性与教学过程的趣味性有着最直观的学习体会和感受，了解教学内容的范围、教学环节的设计，可以促进学生对教学计划的了解、对教学大纲的理解及教学目标的实现。此外，学生参与教学大纲的设计，可以促使学生更加清晰地了解课程学习目标，增强自我管理意识；还可以敦促教师对教学内容的精心准备与尽心策划，以更加认真负责的态度对待“客户”，增强其教书育人意识、提升教学效果；还可以加强管理部门的服务意识，制定更加人性化的管理制度，有效促进教学质量的提升。

3. 有利于提高学生的自主学习能力

学生主动参与到学习活动中，不但可以增强学生的“主人翁”意识，提高学习效率和学习效果，还可以通过自我管理、自我规划、自我教育、自我监督和自我服务，促进学生自我反思，激发其学习兴趣和学习动力，充分发挥其学习的主动性和积极性，不断增强创新思维和学习能力，自觉参与到学校人才培养规划的制定中，并促进人才培养目标的实现。

---

① 世界银行，联合国教科文组织高等教育与社会特别工作组. 发展中国家的高等教育：危机与出路[M]. 蒋凯，译. 北京：教育科学出版社，2001：51.

② 张向东. 大学生参与高校管理理论与实践研究[D]. 南昌：江西师范大学，2006.

4. 有利于高校提升学生的综合素养

高校是学生完成社会角色转换的纽带和桥梁，学生在高校里为走上社会做好准备。因此，帮助学生掌握一定的生存技能和学习能力，培养学生具备适应社会生存和发展而需要的综合素质，是高校人才培养的重要内容，也是新时代赋予高校的重要责任和义务。当今社会多元化、信息化、国际化、融合化的交流合作趋势，使得人才竞争日趋激烈，学生除了需要具备基本的专业素质之外，还需要具备一定的综合素质。无数成功的案例证明，综合素质较高的学生在实现个体成才的路上会走得更快、更顺利，为社会做更大的贡献。提升学生的综合素质也是高等教育人才培养多元质量观的内在要求，通过多参加社团活动、拓展活动，增加自身锻炼的机会，不断完善综合知识，有效强化素质能力等方式，学生所能获取的社会资源也会更加丰富，能够为以后走向社会做好各方面的准备。

因此，鼓励大学生深度参与高校人才培养的全过程，既是全球化时代高等教育发展的重要趋势，又是高等教育现代化治理体系的重要表现形式，更是高等教育大众化阶段育人质量提升的内在诉求。我国在完善应用技术大学特色发展机制、促进高校民主管理方面，获得的一个重要经验启示是：重视学生的主体地位，充分发挥学生、管理者、教师在高校发展中的主体意识和主体责任，在协调发展、合作共赢的理念指导下，积极构建"三位一体"的人才培养发展体系。这不仅有利于应用技术大学进一步明确办学定位和培养目标，而且能够有效增强应用技术大学与地方经济社会发展之间的契合性[①]。

三、学生发展理论

人才培养的目的是促进学生发展，对于国家、学校和社会来讲是一场马拉松式的长跑，是一段又一段的接力；对于个体来讲是一场不断努力向上发展的人生旅行，坚持不断付出、努力的人总会把自己的人生发展到一定的高度和境界，欣赏不同的风景、体验自由的生活。西方学者对学生发展理论的研究相对较早和成熟，如佩里的认知发展理论、巴克斯特-玛格尔达的自我主导发展理论，以及齐克林的同一性发展理论等。自 20 世纪 20 年代以来，世界各国的学生发展研究在哲学思想、学科渊源和研究方法上都发生了一系列的演变[②]，从单一学科到综合交叉，从理论到实证，再到定性与定量相结合，研究方法和手段愈来愈呈现出科学化和多样化的趋势。

---

① 张向东. 大学生参与高校管理理论与实践研究[D]. 南昌：江西师范大学，2006.

② Evans N J, Forney D S, Guido F M, et al. Student development in college: theory, research and practice[M]. 2nd ed. San Francisco, C A: Jossey-Bass, 2010: 1 - 21.

《国家中长期教育改革和发展规划纲要(2010—2020年)》提出，要牢固确立人才培养在高校工作中的中心地位。当前，人才培养模式改革是提高我国高等教育质量的重要保障和首要问题，也是应用技术型教育研究与实践的热点所在。受国际高等教育人才培养理念的影响和研究范式转变的影响，社会专家学者及政府、高校对人才培养质量问题的关注与日俱增。随着我国高等教育人才培养模式从以知识或学科为中心逐步向以学生为中心的转变，培养学生的创新思维和创造能力、促进学生全面而个性发展被提上了改革日程。从学生全面而个性发展的需要出发，构建完善的人才培养体制和机制，设计科学的人才培养过程和环节，促进大学生发展的理论研究不可缺少①。

基于国内外专家的相关研究成果，我国学者岑逾豪(2016)构建了"大学生成长的金字塔模型"。她认为，"塔基"是学生参与大学生活最常见的六类生活情景：课业学习(学业内容)、联课活动(即与学术相关的第二课堂)、课外活动(即与学业关联较弱的活动)、勤工助学、人际交往、休闲娱乐，这六类情景共同为大学生的成长提供支持，是同等重要的且彼此边界清晰。但随着年级的增长，其边界逐渐模糊而交叉融合。"塔身"分别为学生投入和学生学习，其中，学生投入主要包括认知投入、情感投入和行为投入，只有同时满足这三种投入才能成为"有效教育实践"活动，促进学生学习晋级上层塔身；学生学习则主要包含知识、技能、个人意识、社会交往能力的学习收获，拓展大学生学习结果的多元性。"塔顶"则呈现了学生意义建构发展的三个维度：① 认识论维度：在此维度内学生具有一定的批判思维，愿意用多维的视角看待周围的世界，并且敢于向外部权威提出质疑；② 个人内在维度：学生自内而外开始审视自我、形成反思，也愿意认可别人的看法或意见；③ 人际维度：学生更加注重和追求自我独立的感觉，不愿意被束缚，希望摆脱父母的管教，享受自由、相互尊重，人际关系更加单纯。通过研究她还发现，学生对大学经历的积极参与、深度投入和主动反思，能够促进学生的内在思想萌芽，促成个体意义建构方式发生本质转变。

第二节　我国应用技术大学的人才培养概况

本节通过对我国应用技术大学人才培养发展历程进行梳理，总结成功经验，

① 岑逾豪.大学生成长的金字塔模型——基于实证研究的本土学生发展理论[J].高等教育研究，2016(10)：75－76.

查摆问题现状，剖析问题根源，为我国应用技术大学人才培养的未来发展提出一些参考性建议。

一、我国应用技术大学的发展历程

在学习"西艺"办学思想的影响下，中国近代高等学校的出现始于清末洋务运动时期。"中学为体，西学为用"，一类为学习方言的方言学堂，如京师同文馆、湖北自强学堂等；一类为学习军备的水陆军学堂，如福建船政学堂、天津水师学堂等。特别是福建船政学堂，主要以培养造船与驾驶人才为办学目标、办学体制厂校一体、课程模式分系科、专业为船政事业培养骨干，即培养应用型专科人才[①]。

新中国成立后，我国高等院校不管是曾经"一招鲜、吃遍天"的理工科，还是"有理走遍天下"的文史科，培养目标逐渐从理论研究型向实践应用型倾斜。自20世纪50年代到80年代，工科院校是我国大陆高校的办学主体。在全面学习苏联的大背景下，我国于20世纪50年代初设立了大批的专业院校，如农业类、林业类、工业类院校等。1953年，工业院校在高等院校中的比例达到了21.0%。1954年，国家开始建立重点院校，工业院校在重点院校中所占的比例也越来越高，从开始的33.3%发展到1978年的56.8%。20世纪80年代起，一些重点大学的分校开始朝着应用型高校的方向发展，并逐步实现了从专业基础教育向应用复合型的转化，从而掀起了近代高等教育应用性教育的浪潮。

20世纪80年代，随着我国改革开放经济建设新时期的开启，制造业等技术领域也随之蓬勃发展，带来了高等工程专科学校培养"高等技术应用型人才"的教育改革。20世纪90年代末之前，培养应用型人才的任务主要在高等专业学校，后来经国家整合共建，部分办学条件较好的地方性专科学校升格成为本科院校，这些以省市管理为主的新建本科院校是我国应用型本科高校的前身。1999—2008年，先后有200余所新建本科院校相继建立，这些具有应用型本科教育特征的院校在全国本科院校中所占比例达到28.9%。新建本科院校的快速发展，推动了我国高等教育的大众化进程和应用型本科高校的建设性发展。我国台湾地区于1974年率先成立了台湾工业技术学院，开始探索本科层次的技术教育改革实践。

进入21世纪以来，湖南工程学院于2003年12月举办了"全国应用型本科教育研讨会"。南京工学院于2006年8月举办了"全国(工程)应用型本科院校协作组院(校)长工作交流研讨会"，探讨应用型本科人才培养模式，探索工程应用型本科院校的建设和发展，正式拉开了我国大陆对应用型本科人才培养问题

① 潘懋元.应用型人才培养的理论与实践[M].厦门：厦门大学出版社，2011.

进行探讨的序幕。自2013年我国成立"应用技术大学(学院)联盟"以来,对应用技术大学人才培养模式的相关研究,已愈来愈丰富多样。

二、我国应用技术大学人才培养的阶段性特征

随着社会对应用型人才需求的增加,地方高校着力加强应用型学科专业的建设与发展,致力于解决地方经济社会发展和生活服务问题,具体措施主要有:① 增加传统应用型专业的类别,如建筑工程师、现场工程师、技术支持工程师等,培养优秀工程师;② 赋予传统学科专业新的应用型内涵,如应用型文科人才培养面向心理咨询师、人力资源师、企业管理者、社会工作者等岗位,以岗位需求的应用型人才为培养目标;③ 开设新的应用型学科专业,如轨道交通、光电信息科学与工程、数控技术应用等,以满足地方经济发展对应用型人才的需求。研究表明,应用型学科专业的发展情况与地区特征有显著的关联性:发达地区的应用型学科专业人数及比例比中等发达、欠发达地区都多,欠发达地区人数及比例最少。我国高校应用型学科专业人数及比例的区域性体现见表2-1①。

表2-1　我国高校应用型学科专业人数及比例的区域性体现

区　域	项　目	应用学科专业	基础学科专业	合　计
发达地区	在校生数/人	3 171 233	978 532	4 149 765
	所占比例/%	76.42	23.58	100
中等发达地区	在校生数/人	3 534 987	1 164 885	8 234 859
	所占比例/%	75.2	24.8	100
欠发达地区	在校生数/人	3 076 125	1 144 348	4 220 473
	所占比例/%	72.9	27.1	100

基于地方经济增长对人才的需求,大批研究者相继对应用技术大学的人才培养模式、理论及实践进行了探讨,总结出了一定的经验。如张庆奎(2014)以常熟理工学院为例,李贵富等(2014)以广东白云学院为例,高晶(2008)以金陵科技学院会计学专业为例,张健明(2005)以上海工程技术大学为例,分别探讨了我国地方本科院校的实践教学体系构建、人才培养模式改革和方案设计等内容,为我国应用技术大学人才培养的发展实践进行了有益的探索和研究。

在我国地方本科院校向应用技术大学转型发展的顶层设计方面,不少研究

① 谢维和,等.中国高等教育大众化进程中的结构分析——1998—2004年的实证研究[M].北京:教育科学出版社,2007:123.

者也提出了参考性的政策建议。如学者孟庆国(2014)认为：① 应确立应用技术类型高校在我国高等教育体系中的地位；② 应加强对地方本科院校转向应用技术大学发展的政策引导和宏观指导；③ 应建立科学、规范的分类评估制度；④ 应加大对应用技术大学的经费投入；⑤ 应建立现代大学制度，落实高校办学自主权；⑥ 各级政府应为行业企业参与合作育人提供法律、法规和机制保障；⑦ 应在国家框架下开展应用技术类型高校国际合作；⑧ 应加强应用技术型人才培养的理论研究。

第三节 国外应用技术大学的人才培养概况

与传统的学术研究型大学不同，应用技术大学以培养应用技术人才为己任，侧重培养学生面向未来工作和生活的能力，强调以专业教育为主导。因此，应用技术大学是高等教育体系的重要组成部分，肩负培养中高端应用型人才、开展应用研发创新、服务就业和区域发展及促进终身学习等多重使命和责任[①]。

一、国外应用技术大学的发展历程

应用型本科院校在世界历史上早已存在。“大学”起始于中世纪后期的欧洲，在很长一段时间内高等教育机构都以大学为组织形式。到了 19 世纪，欧洲高等教育机构开始从单一的大学组织形式分化出单科性学院和应用性高等专科学校[②]。从 20 世纪 60 年代中期开始，欧洲国家陆续将职业性院校合并升格为应用型大学，或者以新建和改造的形式成立新大学，形成了与传统大学相互补充、共同发展的双元格局。随着西方发达国家高等教育的快速发展，以工程教育为代表的应用型本科教育及高等职业教育在各国迅速崛起，以德国、英国、美国等为代表的西方发达国家经过几十年的探索与实践，在应用型人才培养方面积累了丰富的经验和研究成果，形成了具有一定特色的应用型本科人才培养模式[③④]。

1. 德国应用技术大学的发展

德国作为西方高度发达的工业国家，于 20 世纪 60 年代末开始注重创办高

① 中国教育科学研究院课题组. 欧洲应用技术大学国别(UAS)研究报告[R]. 2013：1,9－96.

② 潘懋元. 潘懋元文集：卷三/下[M]. 广州：广东高等教育出版社，2010：14.

③ 秦悦悦. 高校应用型本科人才培养模式研究与实践[D]. 重庆：重庆大学，2009：2.

④ 唐毅谦，等. 高素质应用型人才培养模式多途径探索的理论与实践[M]. 北京：科学出版社，2016：11－14,22－32.

等专科学校。作为一种新型高等教育机构，联邦德国的应用科技大学从注重科学技术理论研究向侧重应用技术创新转变，专业设置上以应用技术为主，教学上注重生产实践，主要定位为培养各类技术型人才，与传统大学并行发展。这对联邦德国成为当时欧洲经济实力最强的国家发挥了重要的促进作用。1976 年，联邦德国颁布《高等教育总纲法》，应用技术大学的合法地位得以确立并随即进入快速增长期，学校数量和学生规模不断扩大，图 2－1 展示了 1997—2010 年德国应用技术大学各专业在校生数量的变化。

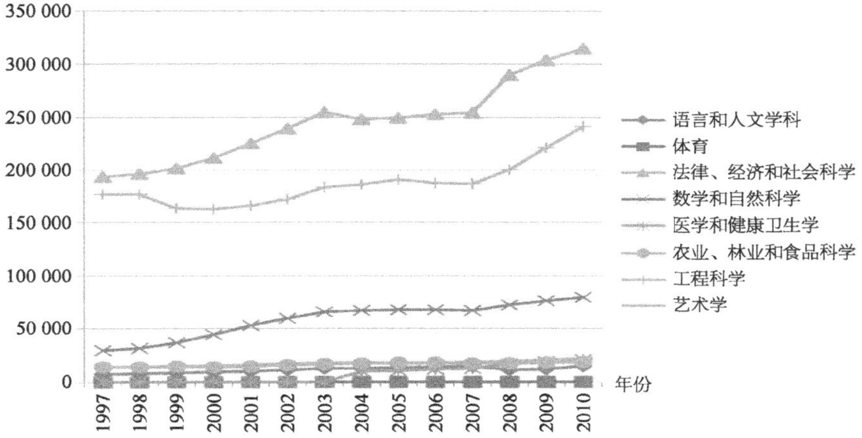

图 2－1　1997—2010 年德国应用技术大学各专业在校生数量变化①

1987 年 4 月新修订的《联邦德国高等教育法总纲法》第 18 条“高等学校学位”规定，可以向通过高等专科学校考试的学生授予“专门高等学校”(FH)文凭硕士学位。1998 年为适应社会需求，修订后的德国《高等教育纲领法》向一些机构授权颁发学士学位。从学生生源上看，20 世纪 60 年代末至 70 年代末，FH 学生人数呈缓慢增长趋势，在 80 年代至 90 年代增长幅度逐步增大(由 20.2 万人攀升至近 39.0 万人)，90 年代后期呈现出由平缓增长转向逐渐下降的趋势，21 世纪则进入快速发展期。目前，FH 在地区的科技发展中发挥了重要作用，成为德国高等教育系统的重要支柱。1992 年“FH 的应用研发”计划的设立，极大地推动了德国应用科技大学的发展。2007 年德国应用科技大学的数量为 176 所，在全国 383 所高校中所占的比例达到了 46%。2010 年，FH 的数量增长至 208 所②。至 2012 年，德国应用科技大学已达 214 所，其中私立院校为 109 所，在校生注册人

① 中国教育科学研究院课题组. 欧洲应用技术大学国别(UAS)研究报告[R]. 2013.
② 潘懋元. 应用型人才培养的理论与实践[M]. 厦门：厦门大学出版社，2011.

数达82.8万人，在德国高等教育体系中的比例达到了1/3左右。

2. 英国应用技术大学的发展

英国高等教育历史悠久，18世纪工业革命后经济突飞猛进，社会急需应用型工程技术人才，19世纪20年代开始兴办近代理工类“新大学”，开启了英国应用型本科人才培养的新征程。英国政府于1966年宣布合并相关学院后，在20世纪60年代末至70年代开始着手组建多科性技术学院，并于1969年1月成立了第一所多科性技术学院——哈特菲尔德多科技术学院。1969—1991年，英国共成立了34所多科性技术学院，学生人数增长了13倍，较好地满足了经济社会发展对应用型人才的需求。1992年，多科性技术学院在保持传统特色优势的基础上，相继升格更名为多科技术大学，以加强应用型人才的培养。

3. 芬兰应用技术大学的发展

在北欧，芬兰是人数较少的国家，其人口数量仅为上海的1/4，然而芬兰受过高等教育的人数却更多、比例更大，全部就业人口中约42%的人都接受过高等教育。2017年年初，在世界经济论坛发布的《全球竞争力报告》中，芬兰的国家创新能力在全球138个接受评估的经济体中排名第一，其高等教育和专业培训排名第二。芬兰政府对教育的长期高额投入、健全发达的职业培训体系、家庭对子女教育的高度重视以及崇尚技术的传统，使芬兰的教育始终走在全球最前沿。芬兰的高等教育在为国家发展带来可适应环境快速变化劳动力资源的同时，也为高水平的学科应用和技术创新发挥了强大的支撑作用①。1981年，经济合作与发展组织(Organization for Economic Co-operation and Development, OECD)考察芬兰教育政策后建议其设立多科技术学院，以有别于传统的“大学”。然而，芬兰政府直至1991年才颁布了《中等和高等职业教育法》，试验性地合并了214所中学后职业教育机构，建立了27所多科技术学院，议会于1995年通过立法明确了此类学院的法律地位。2003年，芬兰通过了修订后的《多科技术学院法》，确立了双轨并行的高等教育体系，建立了29所以职业应用性为导向，科学研究以服务地方经济发展为方向的应用型、永久性多科性技术学院。与当时的14所综合大学相比，致力于培养以职业发展为基础的高层次应用型本科人才的多科性技术学院在数量上远远领先，这成为芬兰应用技术大学发展史上的一个里程碑②。

4. 美国应用技术大学的发展

作为当今世界上综合国力和高等教育最先进的国家之一，美国的应用型本

① 卞晨光. 独具特色的芬兰高等教育[N]. 光明日报，2017-06-28(15).
② 潘懋元. 应用型人才培养的理论与实践[M]. 厦门：厦门大学出版社，2011.

科人才培养模式发展建立在对传统大学教育理念变革的基础上。1904 年，时任威斯康星大学校长的凡海斯提出了威斯康星思想，即大学的职能应包含除教学、科研之外的公共服务的责任与义务，这种思想推进了美国大学与经济社会发展之间的紧密联系，强有力地促进了美国应用型本科教育理念与实践的发展。美国的应用型本科人才培养模式既强调学生的通识教育又强调学生实用专业知识和技能的培训，1976 年颁布的《高等教育法》明确提出要设立合作教育基金，为应用型高校人才培养提供资金支持。美国是世界上最早开展产学研合作的国家。

5. 日本应用技术大学的发展

第二次世界大战后，日本高等教育改革一方面保留了以前的精英大学，另一方面将旧制专门学校升格为大学，将条件达不到大学标准的学校变成短期大学。为了解决产业技术人才短缺的问题，日本于 1962 年建立了 19 所工业高等专门学校，招收初中毕业生，施行 5 年制的专门技术教育。1967 年又设立了商船高等专门学校，重点培养航海方面的技术人才。1975 年建立了长冈科学技术大学和丰桥科学技术大学，负责招收高等专门学校的毕业生，开展从大学三年级至硕士毕业的应用型人才培养。这些制度不仅促进了日本高等教育中应用型人才培养体系的完善，也为其经济的日渐复苏和快速增长奠定了基础①。

6. 国外应用技术大学发展的主要特点

在欧洲发达国家，虽然应用技术大学的创建与发展时间不一，但总体上应用技术型人才与学术型人才培养的比例一般在 8∶2，应用技术型人才培养数量在欧洲发达国家高等教育中占了较大的比例。相关研究数据表明，城镇化率越高的国家，应用技术大学的发展越蓬勃。例如，截至 2008 年，芬兰的城镇化率超过了 80%，英国的城镇化率为 77.1%，德国的城镇化率为 72.3%②。究其原因，这主要是随着社会化生产的不断推进，在城镇化水平越来越高的国家和区域，其产业结构和生产生活方式亟须调整与变革，所需要的人才结构及其培养体系的持续变化必须与之相匹配，以适应经济社会的不断发展。与偏重理论和基础研究的传统研究型或学术型大学的人才培养体系相比，应用技术人才培养侧重人才的高级技术岗位能力。这两种类型的高等教育构成了平行且逐渐衔接贯通的普通高等教育体系，这既是对传统高等教育结构的补充和完善，又形成了相对完整的现代高等教育系统。

---

① 沈鸿敏. 日本短期高等教育和应用技术型人才培养[J]. 世界教育信息，2015(24)：42－48.

② 中国教育科学研究院课题组. 欧洲应用技术大学国别(UAS)研究报告[R]. 2013：1，9－96.

当前，德国高等学校总数为 421 所，其中 108 所综合性大学、210 所应用技术大学，其高等教育体系为“双元”结构。随着博洛尼亚进程的推进，德国高校引入国际上通行的三级学位体制，应用技术大学拥有与综合性大学同等效力的学士和硕士学位授予权。欧洲发达国家应用技术大学的建立，无一不是在政府主导、行业企业积极参与以及学校主动转型发展中实现的。因此，我国地方本科院校的转型发展，不是单项改革措施的简单相加，也不是简单的更名，而是整体性、系统性的改革，必须明确转型发展的目标和标准，推动转型高校的实质性改革创新①。

二、国外应用技术大学人才培养模式的比较

应用技术大学人才培养的特色与区域经济特色密切相关，世界各个国家的应用型人才培养模式也应与本土历史发展、文化经济、国家资源、社会发展的背景、优势、特色保持一致。虽然各国社会发展的大背景趋近，但由于各国国情、民情、文化的差异化，使得其应用型人才培养的模式也存在一定的共性和差异。我国应在吸纳发达国家先进人才培养模式改革经验的基础上，结合本国国情和高等教育的发展趋势，构建适合本土社会发展需要的应用型人才培养模式。国外应用技术大学人才培养模式特色及应用比较见表 2－2。

表 2－2　国外应用技术大学人才培养模式特色及应用比较②③

国别	人才培养目标	人才培养模式	特色发展	个案分析
德国	为企业培养同时具备理论知识与较强实践能力的高素质应用型人才	1. 培养目标突出应用性 2. 专业设置依据地方特点 3. 课程设置覆盖面宽 4. 教学过程突出实践教学 5. 师资队伍专兼结合 6. 注重评价实践能力	1. 专业设置以市场需求为导向，具有明显的应用性、地方特色和实践性 2. 与企业合作培养“双元制”专业 3. 依据就业体系需求变化及其发展趋势调整专业设置	1. 威廉港应用科学大学的航海、造船专业 2. 布伦瑞克应用科学大学的车辆工程专业 3. 汉诺威应用科学大学的生产技术专业（双元制） 4. 凯泽斯劳滕应用科学大学的皮革加工与制鞋技术、塑料技术专业 5. 多特蒙德应用技术大学的矿业专业

① 孟庆国. 地方高校转型发展呼唤顶层设计[N]. 中国教育报，2014－01－06(4).

② 唐毅谦，等. 高素质应用型人才培养模式途径探索的理论与实践[M]. 北京：科学出版社，2016：21－32.

③ 潘懋元. 应用型人才培养的理论与实践[M]. 厦门：厦门大学出版社，2011：252－268.

续　表

国别	人才培养目标	人才培养模式	特色发展	个案分析
英国	为社会培养急需的各类能够促进工业生产发展的应用型人才	1. 办学思想与传统大学有别，人文与社会科学并重 2. 紧密联系大学与产业界 3. 招生依据社会需求 4. 专业、课程设置灵活多样 5. 培养过程重视实践教学 6. “双师型”师资队伍 7. 严格的学生评价方式	1. 人才培养与就业紧密相关，注重实践能力 2. 生源具有职业适应性，招生来源多样化、期限灵活化、修读方式灵活化 3. 采用多学制、多层次教学，教学模式采用工读交替的“三明治”模式 4. 学科专业设置与企业需求挂钩，课程设置与业界联系	1. 组建全国性教学公司，成立专业俱乐部 2. 大学与企业设立“联合教授” 3. 采取部分免税措施以激励企业和高校合作办学
芬兰	培养社会需求的高素质职业技能人才	1. 招生选拔机制与就业机制侧重社会实践能力 2. 课程与专业设置以市场需求为主导 3. 教学过程与学生职业生涯密切联系 4. 师资队伍理论与实践结合 5. 双轨制高等教育体系，应用型科研服务行业发展 6. 校企合作全方位全过程	1. 就业突出学生的实践能力、创新能力与企业家精神 2. 专业设置依地区发展需要，业界代表参与学校管理事务 3. 90%的毕业设计由业界委托相关项目构成 4. 注重学生个性化发展 5. 积极参与地方行业发展、区域发展	1. 校企联合建立就业岗位服务系统(Jobstep) 2. 实施“导师制”，制定学生“个人学习规划” 3. 开展应用型区域发展项目 4. 阿尔托大学的设计、艺术与建筑学院
美国	培养通识教育与实用专业知识技能培训并重的高层次应用型人才	1. 多样化的培养模式 2. 实用的专业和课程设置 3. 灵活多样的教学方式 4. 产学研合作教育 5. 有力支持的政府和企业 6. 通用技能与专业技能并重	1. 合作培养与高年级分流模式，重视实践经验 2. 教学以学生为中心 3. 采用现场、案例、项目、团队教学法，侧重培养学生实践能力 4. 企业分工合作、捐赠大学教育	1. 辛辛那提大学第一所合作教育应用型大学 2. 合作教育企业达5万多家 3. 合作教育高校达1 100多所

三、国外应用技术大学人才培养模式的启示

综上所示，虽然因民族文化、历史传统等因素的影响，世界主要国家的应用技术大学经历了不同的发展阶段、形成了不同的人才培养模式，但是基于应用技术大学人才培养的基本定位，在很多方面仍然存在不少共性特征。

1. 人才培养与区域产业特色紧密结合

应用技术大学具有地方性与适应性的特征。与综合性大学的毕业生相比，应用技术大学的毕业生拥有更多的机会和更大的比例留在该区域就业。如德国高校信息系统相关调查数据显示，毕业5年之后仍在学校所在州就业的毕业生中，在工程和信息科学专业领域，应用技术大学毕业生的比例和综合性大学毕业生的比例分别为57%和46%。而在经济类领域，两类院校毕业生的比例则分别为48%和34%。同时，根据巴伐利亚州高校毕业生就业状况的调查显示，应用技术大学毕业生在工商管理和信息技术两个专业领域的就业比例分别高达73.4%和94%，而综合性大学毕业生在这两个专业领域的毕业生就业比例分别为62%和90.2%，比例上均落后于应用技术大学毕业生。由此说明，应用技术大学不论是专业设置还是人才培养体系，都应与本区域的经济产业结构、劳动力需求状况紧密相连[①]。

2. 教学方法具有应用性、多样性、能力性、灵活性等特征

我国古代分类教学、因材施教的教育方法曾经被世界上其他国家所尊崇。然而随着历史的发展，创始于隋、形成于唐、完备于宋、强化于明的科举制，在盛行了1 300余年，直至光绪二十七年才被废止，其对中国封建社会的教育、政治、经济、文化、民风都产生了极大的影响。学者陈啸和刘杨(2012)深入研究了以德国应用科技大学为代表的欧洲应用型人才培养的教学方法、以美国罗斯-豪曼理工学院为代表的美国应用型人才培养的教学方法等，认为国际应用型本科人才培养的教学方法应具有应用性、能力性、学生主体性、多样性和灵活性的特征。例如，德国应用技术大学采用实地教学法、案例教学法、实验法、管理练习、小班教学、个别交流、商业应用项目、国际实习等多种教学方法，培养学生的动手操作能力及分析问题、解决问题的能力。

3. 人才培养注重实践且强调理论与实践的紧密结合

中国教育科学研究院课题组(2013)的《欧洲应用技术大学国别(UAS)研究

---

① 中国教育科学研究院课题组. 欧洲应用技术大学国别(UAS)研究报告[R]. 2013: 1, 9-96.

报告》详细介绍了荷兰、奥地利、瑞士、德国、爱尔兰、芬兰、英国、俄罗斯、意大利等欧洲国家应用技术大学发展的历程、保障、特点和社会贡献，并据此提出我国应用技术大学的学制应灵活满足学习者的需求、招生应注重生源的多样化、人才培养理论与实践应紧密结合等建议。如德国应用技术大学的毕业设计就具有与实践应用密切结合的显著特色，大部分题目是实习企业中的一项具体工作或一个具体问题的解决方案，具有非常强的实践性。每年都有60%～70%的学生选择在实习企业中完成毕业论文或毕业设计；在完成毕业设计或论文的过程中，可以由大学指导教师及企业相关领域专家、技术人员进行双重辅导，理论与实践实现双线并进；同时，在评价毕业设计或毕业论文质量时，是否有助于解决实际问题也成为一项重要的评定标准。

4. 服务于国家核心竞争力和社会生产力的战略

人才竞争和科技创新是国家提高核心竞争力、社会生产力的重要战略，已成为世界各国走科教兴国之路的战略抉择。这就要求高校应构建产学研"三位一体"的人才培养创新体系，形成大众创新和万众创业的人才合力。国家应鼓励与引导应用技术大学积极与地方政府、企业，以及国内外高校联盟对接，形成技术创新的信息化、发展性网络，大力开展应用性研究与发展性创新活动，为区域经济、社会发展、国家竞争力提供服务与支持。如芬兰虽然国土面积不大，在劳动力资本和密集型经济方面优势不算突出，但芬兰政府对研发极其重视，致力于提高国民的整体教育素质与水平，着力发展知识密集型经济，在科技创新方面的投入比例较大，在短短10年时间内，芬兰科技创新经费所占国内生产总值(gross domestic product，GDP)的比例就从1999年的3.17%稳步上升到2009年的3.96%，不但远远高于欧盟27国2.01%的平均水平，还位居欧盟各国榜首(按照欧盟原计划到2020年才要达到3%的目标值)；且芬兰高校科学研究收入在国家GDP的占比达到了0.77%，在欧盟国家中也位列前茅。有了芬兰政府的大力支持，芬兰应用技术大学联合建立了19个科技园，政府支持鼓励高校和企业建立合作联盟关系，在国家创新体系中充分激发了高校和企业合力开展应用型本科人才培养的积极性和能动性[①]。

5. 构建了完备的人才培养模式

不论是美国、芬兰、日本这些全球创新力、竞争力较强的国家，还是德国、英国等传统高等教育强国，都遵循高等教育适应、服务社会发展的一般规律性要

① 中国教育科学研究院课题组. 欧洲应用技术大学国别(UAS)研究报告[R]. 2013：1，9-96.

求。在国家现代化建设和工业化发展进程中，其高等教育的发展方向、定位层次、办学类型以及管理体制机制都根据国家经济结构和技术发展对高层次人才和规格的需求，及时地进行了调整，不断促进了人才培养模式的完备化，从而形成了高等教育与产业结构的双向匹配和良性互动。学者姜朝晖(2014)以德国海德堡应用技术大学为例，从培养目标、培养内容、培养方式和培养保障四个方面总结了德国应用技术大学人才培养模式的特点，包括：目标上基于社会需求，培养具有行业特点的各种专门职业技术的高级应用型人才，以学生未来就业岗位需要为导向；内容上紧密联系市场，专业设置和课程设计均注重实际应用，重视实践课程，将实际操作与理论知识相结合；方式上注重校企合作，以工学结合、校企合作、产学研一体化、跨学科培养、国际联合培养等多种方法并存的方式进行培养，如著名的"海德堡学习模式"(Heidelberg Study Model)；保障上重视制度建设，采取完备的法律法规体系，聘请校外事务专家和兼职教授等多项措施并举。

总之，通过初步的文献查阅和前期研究，发现学术界已经对应用技术大学的概念和内涵、地方本科院校发展的现状和面临的困境以及国外应用技术大学的成功经验进行了研究，从学理上探讨了我国应用技术大学人才培养应然的发展路径。目前学术界对应用技术大学人才培养的特点已经达成了一定共识，例如应用性、实践性、服务于地方经济的发展、"双师型"师资力量的保障以及校企深度合作等，从理论上为应用技术大学人才培养的特色发展提供了指导。但是，目前从人才培养的目标、路径和保障等要素出发，对应用技术大学人才培养是否具备这些特色，应如何在实践过程中实现特色发展，系统地对我国应用技术大学人才培养特色发展机制进行的实证研究等，还相对较少。基于此，本书后续章节将对我国应用技术大学在人才培养目标定位、发展路径和发展保障等层面或维度进行系统的实证研究，以期揭示人才培养特色发展的内在规律，破解阻碍其特色发展的因素，在人才培养特色发展的实现路径和保障机制等方面提出建议和对策。

第三章　应用技术大学人才培养特色发展的实证分析

本章以上海 Y 大学和台湾 D 大学为例，对我国应用技术大学的人才培养模式进行了比较分析；同时还选取了大陆四所应用技术大学展开了调研，对其人才培养模式及其特色进行了介绍，并以上海 Y 大学和 G 大学为案例，对我国应用技术大学人才培养特色发展的实践进行了总结和反思。

第一节　我国应用技术大学人才培养模式比较

本节以上海 Y 大学和台湾 D 大学调研为例，对大陆和台湾地区应用型高校人才培养模式的内涵特征与实践现状进行比较，并以此为基础，对我国应用型高校的人才培养模式进行深入的思考。

一、调研对象的选择

经过多年的探索与实践，应用技术大学在培养应用技术人才的成效上得到了社会各界的高度关注和认可，成为高等教育创新发展结构中的重要组成部分。在办学定位上，应用技术大学与综合性大学双向并行，形成了高等教育的“双元”结构体系；在办学层次上，世界各国都确立了应用技术大学的重要地位，应用技术大学具有各层次的学位授予权，形成了以应用技术人才培养为主的现代高等职业技术教育体系与普通高等教育体系并存的格局；在办学功能上，应用技术大学积极支撑地方社会产业结构调整与技术创新，极大地促进了地方社会经济的发展，增强了国家竞争力，完善了世界高等教育的体系结构；在管理体制上，促进了应用型本科教育体制多样性和灵活性的发展，促进了学生个性的全面发展，较好地服务了地方社会发展的需求。

随着社会发展对创新型技术人才需求的不断提高，应用型高校改革与发展愈来愈受到社会各界和人们的普遍关注，世界各国的高校围绕应用型人才培养模式改革先后进行了探索与实践，并取得了一定的成效。从世界范围内来看，有关应用技术高校人才培养模式改革的研究和实践逐步呈现出“百花齐放”态势，各国高校都在积极主动地推进应用技术人才培养模式的改革。2013 年，我国应用技术大学（学院）联盟的成立，为地方高校的转型发展起到了较强的引导与号召作用，至此，全国已有 22 个省市开启改革试点①。

本节选取上海 Y 大学和台湾 D 大学这两所学校为代表，主要基于以下考虑：

（1）台湾地区的大学在大陆区域之外的中国高校中具有一定的代表性和典型性，地处大陆长三角区域的上海高校，则在应用型人才培养模式方面改革的力度较大、成效较明显，对于促进中国区域经济发展方面具有一定的典型性和代表性。

（2）台湾 D 大学是一所学习“德国模式”工业大学，在 2016 年 1 月韦伯麦特里克斯网世界大学排名中，该校全球排名为第 1 368 名，跻身全球前 5%，在我国台湾地区应用科技类大学中具有显著的应用性和技术性。上海 Y 大学是大陆 630 余所新建本科高校之一，入选了“教育部卓越工程师教育培养计划”，系全国 100 所应用型示范本科高校建设单位、应用技术大学（学院）联盟成员，且是全国第一所以“应用技术”为命名的省级公办普通本科大学，是上海市首批深化创新创业教育改革示范高校，具有鲜明的应用性和技术性。另外，该校在 17 年内发展迅速，现已具有学士、硕士学位授予权，相对其他应用型高校来说发展速度较快、效果显著，具有清晰的特色性和实践性。

（3）选择两地高校的人才培养模式作为比较和案例分析对象，具有重要的研究意义。青年强则国强，“双一流”建设是党和国家在新的历史时期对我国高等教育发展做出的战略部署②，也承载着国家和民族对未来创新人才的期望，对于应用型高校来说责无旁贷，应着重加强应用型创新人才的培养，力争为国家教育事业做出一定的贡献。虽然海峡两岸的高校由于发展起点和速度不同，在教育上存在着一定的差异，但是在高等教育全球化日趋加深的背景下，两地高校所面临的人才培养模式改革问题，却有着相近的社会教育背景，也有着相似的文化背景及历史渊源。另外，通过对两者进行实践的对比分析，对于准确研判我国应用型高校人才培养模式改革的现状、问题、未来发展趋势，以及如何增强创新实践、提升人才综合

① 陈光磊，张婕. 地方本科院校建设应用型高校转型路径研究[J]. 高校教育管理，2017(3)：66－72.
② 罗向阳. “双一流”建设：误区、基点与本土化[J]. 现代教育管理，2016(10)：12－17.

竞争力、提高应用技术人才素质等方面，都具有重要的社会价值和现实意义。

二、应用型高校人才培养模式的内涵探讨

一般而言，高校的人才培养模式主要包括培养目标、课程设置、培养过程框架（主要包括课堂教学、实践教学、个性化指导等）、评价体系等内容。下面围绕大陆和台湾两地应用型高校人才培养模式内涵的主要内容，做相关的探讨。

（一）大陆

进入20世纪以来，在国家政府和教育主管部门的推动下，我国高等教育综合改革及其深化改革势头突飞猛进。经过一段时期的持续探索与尝试，大陆的新建本科院校逐渐确立了向“应用技术型大学”转型发展的目标。但应用型高校的转型发展之路任重而道远，由于相关理论基础不足，前期高校合并之风带来的片面追求学科发展“高大全”的影响尚存，目前应用型高校的师资水平、科研能力仍比较薄弱，相关实践设施条件落后，不足以支撑当前教育教学技术的发展需求等，同时也探索出了自己的一些特色，具体体现如下：

（1）产教融合校企合作的理念和校企“双元”育人格局不断深化。随着《关于加快发展现代职业教育的决定》《现代职业教育体系建设规划（2014—2020年）》及《国家职业教育改革实施方案》等的颁布，不断深入推动大陆应用型高校改革，产教融合试点推动形成工作新格局，校企共育“双师型”教师队伍迅速壮大，创新教材形式和深化教法改革都取得了一定成效。

（2）注重应用型人才的综合素质培养。应用型本科院校和其他类型高校一样，在努力突出“应用型”特色的同时，比较注重学生综合素质的培养。例如综合素质模块，注重马克思主义基本原理、毛泽东思想与中国特色社会主义理论体系、中国近现代史纲要、思想道德修养与法治、形势与政策、军事理论与实践等内容的学习，同时开设科学类、人文类等选修模块。

（3）应用型人才培养目标不够精准。21世纪初，在传统大学合并之风的带领下，大陆的高校片面追求“高大上”综合大学的观念尚未转变，注重科研指数排名的追求犹存，在很大程度上忽视了对学校办学初心——应用型人才培养目标的精准定位。

（4）专业设置的时代性特征有待改进。随着应用型高校区域服务性特征的凸显，高校在专业设置上呈现出新专业与“过时”专业并存的局面。应用型高校既有适应经济社会发展需求的新设专业，也有部分虽已远远脱离社会发展需求但依然存在的“过时”专业，这些“过时”专业学无所用，就业对口率较低。因此，应用型高校的专业设置应与区域经济发展的需求密切结合，根据社会岗位需求

及时增设新专业、淘汰社会需求较低的专业。

(5) 课程设置的合理性有待提升。目前专业课程的应用性、技术性体现得还不够，与社会实践的结合不够贴切，很多课程还停留在20世纪90年代末的教材与教学要求上，这些课程已经不能很好地满足新的社会需求，应予以革新或取消。但是与新的社会需求相匹配的新的专业课程体系尚未形成。

(6) 理论教学与实践教学相脱节。当前，很多应用型高校注重课程实践，适当增加了实践环节，在学生修读学分方面进行了设置，然而教学过程与实践实习却没有同步进行，采取了先把理论学完、再从头实践的方法，学生普遍反映这样操作往往学了后头忘了前头，学习效果不深刻，"学""用"两张皮，从而致使实践学习与理论学习严重脱节①。

(7) 应用型人才培养的定位不够明晰。不论是经典的德国模式，或是台湾地区模式(其受日本模式影响)，应用型高校的人才培养往往定位在"为企业社会培养基层单位的高级本科应用技术人才"，而大陆的应用型高校普遍为21世纪初前后建立起来的本科高校，有些高校在专升本后，脚跟还没站稳，就开始热衷于硕士研究生甚至博士研究生的学位培养及教育，片面追求"高大上"，从而忽视了培养应用技术型本科人才的根本任务。

(8) 应用型人才培养的路径有待拓展。应用型高校的人才培养具有服务性、社会性、应用性等特征，大陆此类高校发展应充分发挥地域优势，走特色化学科专业、人才培养发展路线，彰显高校自身的人才培养特色发展机制，应避免走"一窝蜂"的大众化路线，以免在"大而全"的学科发展道路上越走越偏，从而忽略了自身发展的特色与优势。

(二) 台湾地区

台湾地区培养的应用型人才统称应用科技人才，其培养与台湾地区产业结构的特殊变化背景有关，开始于20世纪70年代、快速发展于90年代。伴随着台湾地区的产业结构由劳动和资本密集的低技术型向高技术密集型的转变而发展，在日本技术科技类大学的影响下，我国台湾地区的应用型高校被定位成台湾地区职业教育体系的重要组成部分，以培养高技能本科人才为主，旨在培养科技、工程管理类高级技术人才和研发创新人才。台湾应用科技大学一般由连续3年通过教育部门评估的技术学院改名而成，截至2013年，台湾地区的科技大学共有55所，其中公立13所、私立42所，占台湾地区大学的比例为24%②。实际上，台湾地区的高校已呈现出向技术类高校发展的强劲势头，目前台湾地区非技术类

① 赵秋宇，郭利辉. 高校应用技术人才培养的国际比较研究[J]. 许昌学院学报，2016(9)：145－146.

② 黄萍. 我国台湾应用科技大学办学标准分析[J]. 中国职业技术教育，2016(13)：54－55.

大学仅40余所，而技术类大学已达80余所。

台湾D大学是一所私立的德国模式工业大学。其人才培养模式在大陆之外高校中具有一定的区域代表性特征。它与大陆20余家、国际近30家高校保持着良好的合作交流关系，坚持理论与实务并重、人文与科技整合的培养理念，在培养具有一定质量水平和创新能力的本科技术人才方面具有显著的特色，具体体现如下：

（1）专业和课程设置灵活，注重课业实践。除了大一至大三短期的企业参访和实习之外，大四阶段实施全实习制，整个大学期间采取理论学习与实践实习的“3+1”模式，积极融入地方经济与社会的发展中。

（2）应用技术型师资来源较为丰富。来自业界的导师在学生学业课程及实践操作中占较大比重，比例高达66.6%～81.8%。这些导师不仅可以在教学过程中及时地把社会企业需求的人才标准及信息传递给学生，还可以丰富和提高学生学以致用的积极性，增强学生理论学习的深刻性和实践学习的趣味性。

（3）应用技术型人才培养定位清晰、目标明确。台湾D大学主要面向台中地区行业企业的发展需求培养应用技术人才，培养方向具有很强的实践导向。学校为学生提供较多的职业资格培训平台和考证机会，促使大部分学生毕业时都能拿到独立从事专业领域内职业活动的资质，其培养模式以学生的未来岗位需求为导向，侧重培养学生的应用技术能力。

（4）人文素养和通识能力培养相对弱化。虽然台湾地区的应用型人才培养在“应用型”方面体现较好，但学生在人文素养和通识能力培养方面相对弱化。台湾地区在课程模块化方面做得相对较好，具备能力本位课程体系的特质，更好地将理论和实践融为一体，但是这些必须通过课时上的偏重、考核上的侧重来实现。台湾D大学的课程体系也体现了上述特点。

（5）生源竞争压力大。台湾地区人口出生率下降较快，学龄人口减少，应用型高校教育也随之面临办学萎缩、生源竞争日益激烈的困境。虽然台湾地区有出台大陆专科生赴台就读“专升本”的政策，该政策可以稍微缓解台湾地区私立高校的生源不足，也可为大陆培养技术型人才①，但是不能从根本上解决台湾地区本土生源的紧张情况。

三、应用型人才培养模式的现状比较与实践分析

为了能准确了解大陆和台湾地区应用技术型高校人才培养模式的现状及问

① 龚书文.台湾职业教育应对学龄人口减少的措施及启示[J].吉林广播电视大学学报，2012(1)：17-19.

题，选取上海Y大学和台湾D大学的人才培养模式现状进行比较。借助2018年对D大学进行暑期交流访学之际，对该校师生分别进行了问卷调查和半结构访谈，在同年的10—11月又对上海Y大学的师生也进行了问卷调查和半结构访谈，收集并掌握一手资料和有关数据，以期能够对本书的研究进行科学的论证。

（一）调研对象的基本信息

对台湾D大学进行调研时，由于正处暑假期间，虽然各类在校教师较多，但留校学生却相对不多，且各年级学生皆有，为此本书作者采取随机发放问卷、抽样调查的方法进行了调研。其中教师调查问卷发放30份、回收30份，学生问卷发放60份、回收59份；访谈专业任课教师和有关管理部门教师共10人，访谈学生5人。2016年秋季对上海Y大学的师生进行了同样的调研，教师问卷发放30份、回收30份，学生问卷发放180份、回收179份（有效问卷178份）；访谈专业任课教师和有关管理部门教师共11人，访谈学生11人。需要说明的是，在对上海Y大学学生进行问卷调研时，考虑到低年级学生对学校人才培养和院系专业培养的认知度相对偏低，为充分了解学生对学校人才培养实际效果的真实看法，向高年级学生进行了倾向性问卷发放。两所高校调研学生的基本信息情况如图3-1所示。

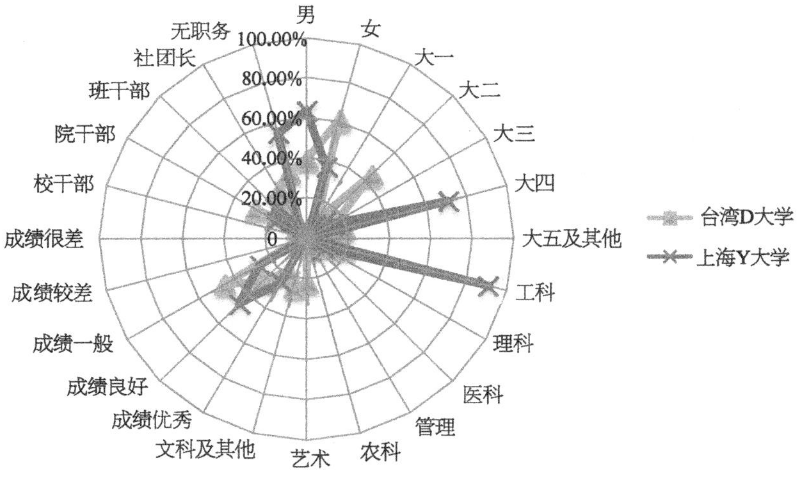

图3-1 调研学生的基本信息情况

（二）现状比较与实践分析

在本书作者所设计的学生调研问卷中（正式投放之前已进行过一定范围内的试测，并对其有效性、可靠性进行了检验），除了关于调研对象基本信息的采集性问题外，高校人才培养模式的现状调研量表主要包括六个维度的内容：培养目标、专业及课程设置、实践教学及应用能力培养、教学方法、师资队伍及管理服务、评价及其他，所有维度均采取李克特5点量表法进行测量（得分越低说明对相应项目的认可度越高，反之则认可度越低）。此外还设立了一道开放性建议问题，以便能够征求到调研对象的广泛性建议。虽然两所高校调研学生的数据量不同，但基于对每所高校进行独立样本统计后再进行的结果性分析对比，所以对两者调研结果的比较分析符合研究范式的科学性要求。下面就对采集到的现状数据和实践结果，按照六个维度进行了逐一分析和比较。

1. 培养目标

此维度包含11项测量题目，主要从应用型高校人才培养的显著特征（5道）、培养目标（4道）、主要特点（2道）来衡量。据统计，上海Y大学和台湾D大学在此维度的α系数值分别为0.949和0.915，均显著大于0.60，表示此分量表的内部一致性信度均为“非常理想”。培养目标项目统计量见表3－1。

表3－1　培养目标项目统计量

维度项目	上海Y大学			台湾D大学		
	均值	标准偏差	*N*	均值	标准偏差	*N*
应用技术性	1.72	0.925	178	2.41	0.768	59
专业性	1.87	0.951	178	2.25	0.843	59
协同性	2.11	0.956	178	2.63	0.807	59
人文性	2.42	1.045	178	2.61	0.831	59
服务性	2.35	1.101	178	2.61	0.910	59
培养创新型人才	1.77	0.985	178	2.19	0.840	59
培养服务型人才	2.17	1.039	178	2.47	0.838	59
促进高等教育发展	1.86	0.973	178	2.47	0.838	59
满足区域经济发展需求	1.75	0.905	178	2.32	0.819	59
有利于就业	1.66	0.932	178	2.17	0.854	59
实践动手能力	1.71	0.929	178	2.10	0.904	59

注：*N*为样本含量（Numbers），下同。

调研数据显示结论如下：

（1）在应用型高校显著特征方面，上海Y大学学生对其认可度整体上显著高于台湾D大学的学生，且Y大学学生对特征方面认可的高低顺序分别为应用技术性、专业性、协同性、服务性、人文性；而台湾D大学的学生对其认可度高低的顺序分别为专业性、应用技术性、服务性、人文性、协同性。可见，应用型高校人才培养的技术应用与专业相关性均获得了上海、台湾两地高校学生的一致认可。

(2) 在应用型高校人才培养目标定位方面，上海 Y 大学的学生认为，最重要的因素是满足区域经济发展对应用型人才的需求、培养创新型人才，其次是促进高等教育发展、培养服务型人才；而台湾 D 大学的学生则认为，首先是培养创新型人才，其次是满足区域经济发展对应用型技术性人才的需求、培养服务型人才和促进高等教育发展。

(3) 在应用技术人才培养是否需要有利于就业和实践动手能力强方面，两所学校的调研对象均表示"比较认可"，而上海 Y 大学学生的认可度比台湾 D 大学学生略高。

2. 专业及课程设置

课程是人才培养的核心要素，是人才培养与成长的载体，人才培养模式改革最根本的出路在于高校勇于和善于承担起改革和创新的主体责任①。此维度共包含 10 项测量题目，主要从应用型高校人才培养专业课程的设置状况及其满意度方面进行测量。据统计，上海 Y 大学和台湾 D 大学在此维度的 α 系数值分别为 0.934 和 0.844，均显著大于 0.60，表示此分量表的内部一致性信度均为"非常理想"。专业及课程设置项目统计量见表 3－2。

表 3－2　专业及课程设置项目统计量

维度项目	上海 Y 大学			台湾 D 大学		
	均值	标准偏差	N	均值	标准偏差	N
方向设置了解	2.11	0.876	178	2.53	0.858	59
课程衔接顺序	2.42	1.029	178	2.46	0.795	59
课程体系	2.39	1.009	178	2.53	0.774	59
校企合作	2.00	1.052	178	2.29	0.767	59
实验实习	1.84	0.973	178	2.19	0.798	59
专业课程	1.81	0.967	178	2.19	0.730	59
课程设置与能力匹配	2.15	1.028	178	2.46	0.727	59
专业课应用性功能	2.26	0.935	178	2.42	0.875	59
专业及课程设置满意	2.42	1.072	178	2.49	0.898	59
双证融通	2.28	0.997	178	2.83	0.931	59

调研数据显示结论如下：

(1) 两所学校的学生对专业课程设置逻辑和课程体系的满意度均一般，调研

① 刘献君. 人才培养模式改革的内涵——出路与制约[J]. 中国高等教育，2009(12)：12.

数据比较接近，专业课程设置逻辑指数分别为2.42和2.49，课程体系指数分别为2.39和2.53，考虑到两所学校调研的单独样本数据特征表现，可视为差异性不大。

（2）关于实验实习与专业课程，两所学校的学生均认为，这些课程对所在专业的应用技术人才培养很重要，在此维度均处于最高相关度水平，校企合作课程则次之。

（3）在课程设置逻辑与学生能力的匹配度上，两所学校也普遍获得了学生的认可。

（4）在课程衔接顺序、专业双证融通方面，两所学校存在较大的差异性。两校参与调研的学生认为，上海Y大学的课程衔接顺序一般、合理性须进一步改善提高；而台湾D大学的课程衔接顺序则略好，但在专业双证融通方面不如上海Y大学。

3. 实践教学及应用能力培养

此维度包含10项测量题目，主要从应用型高校的实践教学及应用能力培养方面进行测量。据统计，上海Y大学和台湾D大学在此维度的α系数值分别为0.941和0.828，均显著大于0.60，表示此分量表的内部一致性信度均为“非常理想”。两所学校在此维度各单项项目的测量得分相差不大，标准偏差差异性也相对不大，但方差差异性较大，具体见表3-3。

表3-3　实践教学及应用能力培养标度统计量

项　目	极小值	极大值	均值	方差	sig.	标准偏差	项数
上海Y大学	2.124	2.421	2.306	0.009	0.007	7.624	9
台湾D大学	2.169	2.576	2.461	0.015	0.013	4.533	9
差值	−0.045	−0.155	−0.155	−0.006	−0.006	3.091	0

调研数据显示，两所学校学生对实践教学及应用能力培养的总体现状普遍表现出“比较满意”。在学生的满意度上，上海Y大学要略高于台湾D大学。本书作者认为，这与被测学生年级的高低应该存在着一定的关联度，高年级的满意度显然要高于低年级。由图3-1可知，上海Y大学被测学生的年级普遍高于台湾D大学的被测学生年级。另外，从调研数据和访谈情况来看，一方面，两所学校的学生普遍认为对本专业的未来就业方向“比较了解”，对本专业现有的实践教学课程比例基本满意，完成一学期课程学习后感觉自己的应用技术能力有所提高，在专业学习完成后也基本能够胜任未来职业岗位的要求；另一方面，在对教学实践的满意度上，上海Y大学学生比台湾D大学的学生略高，但在本专业

现有的行业企业实习机会、专业实践课程满足职业能力需求方面，上海 Y 大学的学生表现要相对逊色。

4. 教学方法

此维度包含 5 项测量题目，主要从小组讨论、案例式教学、社会实践和社团活动、网络课程、问题或项目教学法来衡量不同教学方法对应用技术人才培养的有效性。据统计，上海 Y 大学和台湾 D 大学在此维度的 α 系数值分别为 0.890 和 0.693，均大于 0.60，表示此分量表的内部一致性信度分别为“非常理想”和“甚佳”，教学方法项目统计量见表 3－4。

表 3－4　教学方法项目统计量

维度项目	上海 Y 大学			台湾 D 大学		
	均值	标准偏差	N	均值	标准偏差	N
小组讨论有效性	2.09	0.885	178	2.12	0.618	59
案例式教学有效性	2.01	0.827	178	2.12	0.721	59
社会实践和社团活动有效性	1.99	0.880	178	2.10	0.759	59
网络课程有效性	2.28	0.889	178	2.36	0.737	59
基于问题或项目的有效性	1.94	0.884	178	2.05	0.680	59

调研数据显示，在教学方法上，上海 Y 大学和台湾 D 大学的学生对各要素的看法表现出了惊人的一致性，都认为基于问题或项目教学方法的有效性最高，网络课程教学方法的有效性最低；对于社会实践和社团活动、小组讨论、案例式三种教学方法的有效性排序也基本一致。由此可见，启发式的问题教学法和问题导向的项目教学法都得到了两地学生的欢迎，反而对于随着信息时代发展在近些年呼声愈来愈高、甚至有学者“夸张”地认为日后可以取代实体学校的网络课程，目前尚未获得学生们的高度认可。这说明：一方面高校教学要从以教为主转向以学为主，传统的教学方法要改革创新；另一方面学习不仅属于个体独立行为，也需要实实在在的学习发展“共同体”效应，同伴学习氛围的营造、同学间的相互支持、教师的当面指导对于学习者个体的促进作用，以及人与人之间构成的这种群体性结构所发挥出来的“光圈”效能，到目前为止是任何高科技产品都无法取代的。

5. 师资队伍及管理服务

此维度包含 8 项测量题目，聚焦师资队伍的教学与实践水平、学校应用技术型人才培养机构或平台搭建、专业人才培养特色等方面，对于应用技术人才培养的有效性进行了测评。据统计，上海 Y 大学和台湾 D 大学在此维度的 α 系数值分别为 0.927 和 0.769，均大于 0.60，表示此分量表的内部一致性信度分别为“非常理想”和“甚佳”。师资队伍及管理服务项目统计量见表 3-5。

表 3-5　师资队伍及管理服务项目统计量

维度项目	上海 Y 大学			台湾 D 大学		
	均值	标准偏差	N	均值	标准偏差	N
高职称教师的关键性	2.01	0.945	178	2.27	0.715	59
教学水平满意度	2.01	0.924	178	2.44	0.650	59
实践教学能力强	2.05	0.952	178	2.41	0.619	59
三创教育平台	2.16	0.928	178	2.37	0.667	59
学科竞赛和社会实践计划	1.86	0.862	178	2.36	0.737	59
职业资格培训机构或平台	2.28	0.961	178	2.22	0.645	59
专业人才培养特色的教学管理	2.1	0.949	178	2.39	0.588	59
专业人才培养特色的师资培训	2.15	1.011	178	2.32	0.628	59

调研数据显示，两所高校的学生对师资队伍和管理服务总体状况均“比较满意”，普遍认为高职称教师队伍对专业的应用技术人才培养很关键。上海 Y 大学的学生对学校提供的学科竞赛和社会实践机会相对“最满意”；其次是对本专业师资队伍的教学水平、培养学生的实践教学能力“比较满意”；在职业资格培训机构或平台方面，认为学校尚须进一步改进和完善。而台湾 D 大学的学生对学校具有较好的职业资格培训机构或平台相对“最满意”，其次对于所在学院在推进本专业人才培养特色的师资培训、学校提供的学科竞赛和社会实践机会“比较满意”，在师资队伍的教学水平和实践教学能力方面，认为本专业师资队伍素质尚须进一步提高。一所大学或一个学科迈向世界一流，离不开一流的师资队伍，当前我国高校的顶尖创新人才仍处于稀缺状态，应须进一步优化师资结构①。

① 王利爽，阳荣威.“双一流”建设背景下“C9 联盟”高校师资队伍及结构调查研究[J].大学教育科学，2017(6)：32-37.

6. 评价及其他

此维度包含18项测量题目，主要针对学校现有的教学资源、专业学习、不同教师群体及自身对于学生学习效果的影响力等因素，在应用技术人才培养方面所发挥作用的成效进行调研。据统计，上海Y大学和台湾D大学在此维度的α系数值分别为0.957和0.894，均显著大于0.60，表示此分量表的内部一致性信度均为“非常理想”。评价及其他项目摘要统计量见表3-6。

表3-6 评价及其他项目摘要统计量

学校	项目	均值	极小值	极大值	范围	极大值/极小值	方差	项数
上海Y大学	项的均值	1.929	1.652	2.219	0.567	1.344	0.035	18
	项方差	0.856	0.622	1.099	0.477	1.766	0.016	18
	项之间的协方差	0.474	0.253	0.693	0.440	2.737	0.006	18
台湾D大学	项的均值	2.128	1.746	2.542	0.797	1.456	0.045	18
	项方差	0.542	0.444	0.641	0.198	1.445	0.003	18
	项之间的协方差	0.173	-0.015	0.379	0.394	-24.942	0.007	18

调查数据显示，从整体上看，上海Y大学学生对学校的整体满意度要高于台湾D大学学生。而在具体分项的测分中，两所大学存在一定的差异性（图3-2）。具体结论如下：

（1）在量表各要素的最低级“完全不同意”选项方面，台湾D大学学生全部为0人，而上海Y大学则在每项要素上均存在少部分此类学生群体。

（2）在学校教学资源丰富度、“双师型”教师、行业企业实习、课堂授课内容方面，上海Y大学的学生都比台湾D大学的学生表现出了略高的满意度。

（3）两所学校学生对专业学习兴趣、学习目标明确方面表现则差异性不大。

（4）在学习效果影响方面，台湾D大学的学生认为班级导师（或班主任、学业导师）、同学、自身努力度对学习效果的影响力大，超过上海Y大学的学生；但上海Y大学学生认为辅导员（或生活导师）对学习效果的影响力大，此项得分率基本是台湾D大学学生的2倍。由此可见，大陆思想政治教育辅导员对学生学业的影响力，已完全渗透到学生的日常学习生活之中，且获得了学生们的广泛性认可；对于创新创业或社会实践导师的影响力，两所学校学生的看法则基本接近。

（5）在学校人才培养方面，具备扎实的基础知识、掌握专业技能、提升素质

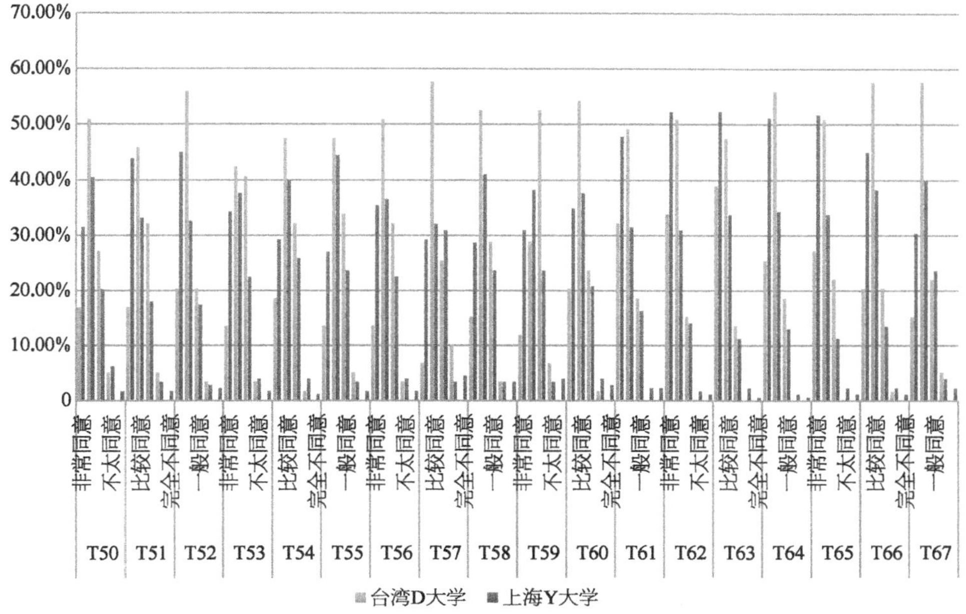

图 3－2　评价及其他项目具体数据的比较

能力、学习社会生存本领、听取行业企业专家意见的重要性等因素，在上海 Y 大学都获得了学生更高的认可度。

四、思考与建议

目前我国应用型高校人才培养已进入快速发展期，能准确认识到不同区域发展中的瓶颈问题和亟须突破的困境所在，借鉴部分区域的成功经验，在人才培养机制或模式中尽量扬长避短，这是大陆众多应用技术型高校的职责所在和发展关键。在比较分析了大陆、台湾地区应用型高校人才培养模式中现存问题的差异性、共通性之后，本书作者对于今后大陆应用型高校人才培养的蓬勃发展进行了深入思考，提出了如下改进性策略与建议。

1. 切实推进课程改革及师资队伍强化进程

在对大陆、台湾两地高校师生的访谈中，我们了解到，目前台湾地区高校的课程设置融入了较多的“职业元素”，在“产学合作”方面体现了较多的行业企业的参与性，自大二年级起基本所有的专业课程中都会有业界教师参与到课程教学中，这些实践课程比例的多少或许不是最重要的，却充分说明：台湾地区高校的实践教学意识比大陆高校要高，且实际教学效果也更好。不论大陆还是台湾，同层次企业职工的时薪与高校教师相比普遍都要高些，同样都存在引入实践型师资困难的情况。但台湾地区高校之所以把业界教师队伍建设得更加完善，一是在于他们的来源，有很多的校友感恩母校教育，较多的师资“反哺”到实践教师队伍中来；二是学校提出了学界教师实践教学工作内容的职责要求及引进培训办法，为较多的学界教师具备实践资质提供了基础条件。

2. 深化课堂教学改革

应用型高级专业人才的培养是以市场和企业需求为导向的专业教育，要按照行业企业和产业对人才的需求进行学科知识的重组，强调行业适用性和现实针对性的课程知识模块①。课堂作为教育史上传授知识的重要媒介与渠道，其教学形式的多样化是提高应用型人才培养质量的关键②。随着信息技术的时代发展，课堂理论知识仅仅是学生知识技能学习的一小部分来源，而真正的实践教学才能吸引学生在课堂上的关注力和参与力，从而激发出学生对学习的主动性和趣味性，才能给学生在知识学习方面带来全身心的愉悦性情绪体验。案例教学法、项目教学法、问题教学法、团队教学法、现场教学法正逐渐成为教学的核心方法，并由次要辅助作用逐步发挥出替代主要教学方法的功能。

3. 提倡大力推广“师徒制”导学模式

“师徒制”是一种以言传身教为主要形式的传授方式，强调“做中学、学中做”，工学交替，促进理论与实践的有效衔接③。从大陆和台湾两所高校学生对班导师（或班主任、学业导师）认可度对比的显著差异上来看，从学生角度折射出了台湾D大学“师徒制”教学管理模式的优越性：一是身份上的改进，师生从进校开始就建立起一种亲密的“师徒”关系，“师”除了学业还从生活、心理等多方面像“师傅”般引导、关爱着“徒弟”成长的关系模式，增进了师生间学习情谊的温度；二是学习内容、学习方式与学习时间的改进，多样化的课程体系和工学交替的学习机制③，以及相对固定的师徒沟通时间，充分体现了因材施教的教育理念，促使教师切切实实提升学生的学业完成度、夯实继续深入专业研究的厚度、拓展习得生活哲理的宽度。这种“师徒制”导学模式值得大陆高校进行学习借鉴和推广。

4. 继续强化并推进思想政治教育工作成效

与台湾地区高校相比，大陆高校的思想政治教育辅导员，其职责本身主要

---

① 陈小虎.“应用型本科教育”：内涵解析及其人才培养体系建构[J].江苏高教，2008(1)：86－88.

② 许杰，刘义荣.探索地方高校转型发展，推进高水平应用型高校建设[J].中国高教研究，2016(12)：31－35.

③ 胡秀锦.“现代学徒制”人才培养模式研究[J].河北师范大学学报(教育科学版)，2009(3)：97－98.

是教育引导大学生思想端正，形成正确的人生观、价值观，带领学生践行社会主义核心价值体系，并协调处理各类有关学生事务的问题。然而在实际调研中发现，辅导员对学生的学习生活也起到了较强的渗透作用，并受到了学生的普遍认可。在政府或教育部提升高校辅导员队伍职业化、专业化水平的同时，进一步加强引导和鼓励辅导员专业知识背景与所带学生专业背景接近，更有利于发挥高校培养合格社会主义建设者和接班人的功能，真正为国家和社会培养、输送知识技术和思想能力“双硬”的可靠人才。

当前，“双一流”建设是高等教育研究的热点问题，是大学与学科统筹推进的协同过程，是向特色优势要竞争力的创新之举，要以一流的人才汇聚为核心，以一流的教育治理为支撑，以一流的社会服务为导向①。进入经济发展新常态，应用技术大学的转型发展应符合国家经济社会发展的需要，准确、合理、科学的定位是关键②。不论是大陆应用技术高校还是台湾地区应用科技高校，肩上担任的都是培养未来社会建设人才的职责，两地高校在培养人才模式上各有优势、互有利弊，我们广大教育者所能做的应该是优势互补、互通有无，共同为国家繁荣富强而努力。

第二节　应用技术大学的实证研究

现代研究讲究科学性和合理性。本书作者在前期梳理文献、理论思考的基础上，对问题进行了实证研究，将理论与实际相结合，以得出更为科学的研究结论。为了全面审视应用技术大学人才培养的现状、寻求人才培养存在问题的根源并找到相应的对策，促进我国应用技术大学人才培养的特色发展，构建完备的特色发展体制机制，本书作者在调查了解当前我国应用技术大学人才培养特色发展现状的基础上，分别围绕应用技术大学在人才培养目标、专业及课程设置、实践教学及应用能力培养、教学方法、师资队伍及管理服务、评价及其他、人才培养特色发展的建议等几个部分的调研数据，进行了详细分析。

一、实证调研

团队成员自2016年5月设计问卷、试测后开始调查，历时一年半时间，先后

① 杨岭，毕宪顺．“双一流”建设的内涵与基本特征［J］．大学教育科学，2017(4)：24－26.

② 许杰，刘义荣．探索地方高校转型发展，推进高水平应用型高校建设［J］．中国高教研究，2016(12)：31－35.

在上海Y大学、台湾D大学、W大学、上海G大学四所高校进行实地走访与调查研究，发放了学生问卷371份、回收349份，回收率为94.07%；发放教师问卷160份、回收152份，回收率为95%；访谈了21名学生、25名教师，访谈记录达20余万字，关于应用技术大学人才培养及其相关问题收集了一手的信息与资料。本部分将对这些实证调查的数据进行统计分析，并结合访谈情况进行论述，科学探讨我国应用技术大学人才培养的现状及其特色发展问题，以期对研究结论发挥科学性论证及坚实的支撑作用。

（一）调研对象的基本信息

此次学生调研剔除无效问卷后为348份，性别比例上男生略多，比较符合以工科为主的应用技术大学类型的性别群体特征；在覆盖所有年级的基础上，由于应用型本科教育应用技术的特色在低年级的呈现度相对较低（这点与综合大学教育同向同行，因为大一学生以专业基础知识学习与通识教育为主）。因此，本书作者向高年级学生进行了倾向性问卷发放，在年级均值上较接近于大三，比较符合大学生对学校及本专业人才培养的认知程度；在学生专业类别上，发放时在不排斥其他专业学生对象的同时，以能够体现应用型本科教育的工科类专业学生为主，以更好地调查我国应用技术大学的本质属性；在调查学生的学业成绩和担任干部情况时，问卷以随机发放形式为主，没有给予倾向性引导。根据回收的数据统计结果来看，调查学生成绩总体趋于良好，过半的学生担任过不同层次的学生干部，部分学生还身兼两职甚至三职，如同时兼任院系学生会、班级干部和社团干部，体现了高校学生的部分社会性角色。特别说明的是，由于台湾地区的大学录取方式与大陆高考形式不同，有学测与甄试两种方式，并且大部分以后者为主，致使部分学生（共20名）在志愿录取的题目选项上有所迷茫，统一选择了“一志愿”。虽然对整体数据结果没有影响，但造成各选项指数高低不同的细微变化，在此特别做一说明。从数据结果来看，调查学生的志愿录取情况逾半数集中于一志愿，这是由于其中两所调查高校位居上海，与上海高考录取方式实行平行志愿具有不可分割的关系。学生问卷调查对象基本信息表中各项调查数据指标的具体情况见表3-7。

表3-7　学生问卷调查对象基本信息表

项目类别	选　项	人数（$N=348$）	比例/%	分值	均值	标准差
性别	男	180	51.72	1	1.48	0.500
	女	168	48.28	2		

续　表

项目类别	选　项	人数(N＝348)	比例/%	分值	均值	标准差
年级	大一	23	6.61	1	3.09	1.054
	大二	96	27.59	2		
	大三	71	20.40	3		
	大四	144	41.38	4		
	大五及其他	14	4.02	5		
专业类别	工科类	206	59.20	1	2.47	2.144
	理科类	33	9.48	2		
	医科类	3	0.86	3		
	管理类	45	12.93	4		
	农科类	1	0.29	5		
	艺术类	25	7.18	6		
	其他	35	10.06	7		
录取志愿	一志愿	212	60.92	1	1.85	1.321
	二志愿	60	17.24	2		
	三志愿	20	5.75	3		
	其他志愿	24	6.90	4		
	调剂	32	9.20	5		
学业成绩	优秀	82	23.56	1	2.09	0.795
	良好	165	47.41	2		
	一般	93	26.72	3		
	较差	5	1.44	4		
	很差	3	0.86	5		
担任干部	校级	11	3.16	1	3.72	1.325
	院系	80	22.99	2		
	班级	65	18.68	3		
	社团	33	9.48	4		
	无	159	45.69	5		

在学生调查问卷中，共包含67道选择性题目和1道开放性题目，除了6道基本信息题目外，从应用技术大学的“培养目标、专业及课程设置、实践教学及应用能力培养、教学方法、师资队伍及管理服务、评价及其他”等六个维度及其建议方面进行了调查。

(二) 培养目标

在应用技术大学人才培养目标维度，共包括11道题目，分别从应用技术大学的特征表现、培养目标、重要因素及主要特点等方面，对指标进行了细化分解。本部分运用统计产品与服务解决方案(statistical product and service solutions，SPSS)软件(版本19.0)对调查数据进行了有关统计分析，应用技术大学人才培养目标维度情况见表3-8。

表3-8　应用技术大学人才培养目标维度情况

<table>
<tr><th>类别</th><th colspan="2">项　目</th><th>频　率</th><th>百分比/%</th><th>有效百分比/%</th><th>累积百分比/%</th></tr>
<tr><td rowspan="18">特征表现</td><td rowspan="6">应用技术性</td><td>1</td><td>140</td><td>40.2</td><td>40.2</td><td>40.2</td></tr>
<tr><td>2</td><td>143</td><td>41.1</td><td>41.1</td><td>81.3</td></tr>
<tr><td>3</td><td>51</td><td>14.7</td><td>14.7</td><td>96.0</td></tr>
<tr><td>4</td><td>11</td><td>3.2</td><td>3.2</td><td>99.1</td></tr>
<tr><td>5</td><td>3</td><td>0.9</td><td>0.9</td><td>100.0</td></tr>
<tr><td>合计</td><td>348</td><td>100.0</td><td>100.0</td><td></td></tr>
<tr><td rowspan="6">专业性</td><td>1</td><td>115</td><td>33.0</td><td>33.0</td><td>33.0</td></tr>
<tr><td>2</td><td>144</td><td>41.4</td><td>41.4</td><td>74.4</td></tr>
<tr><td>3</td><td>73</td><td>21.0</td><td>21.0</td><td>95.4</td></tr>
<tr><td>4</td><td>14</td><td>4.0</td><td>4.0</td><td>99.4</td></tr>
<tr><td>5</td><td>2</td><td>0.6</td><td>0.6</td><td>100.0</td></tr>
<tr><td>合计</td><td>348</td><td>100.0</td><td>100.0</td><td></td></tr>
<tr><td rowspan="6">协同性</td><td>1</td><td>78</td><td>22.4</td><td>22.4</td><td>22.4</td></tr>
<tr><td>2</td><td>128</td><td>36.8</td><td>36.8</td><td>59.2</td></tr>
<tr><td>3</td><td>116</td><td>33.3</td><td>33.3</td><td>92.5</td></tr>
<tr><td>4</td><td>21</td><td>6.0</td><td>6.0</td><td>98.6</td></tr>
<tr><td>5</td><td>5</td><td>1.4</td><td>1.4</td><td>100.0</td></tr>
<tr><td>合计</td><td>348</td><td>100.0</td><td>100.0</td><td></td></tr>
</table>

续　表

类别	项　目		频　率	百分比/%	有效百分比/%	累积百分比/%
特征表现	人文性	1	61	17.5	17.5	17.5
		2	111	31.9	31.9	49.4
		3	130	37.4	37.4	86.8
		4	38	10.9	10.9	97.7
		5	8	2.3	2.3	100.0
		合计	348	100.0	100.0	
	服务性	1	81	23.3	23.3	23.3
		2	104	29.9	29.9	53.2
		3	119	34.2	34.2	87.4
		4	37	10.6	10.6	98.0
		5	7	2.0	2.0	100.0
		合计	348	100.0	100.0	
培养目标	创新型人才	1	147	42.2	42.2	42.2
		2	131	37.6	37.6	79.9
		3	49	14.1	14.1	94.0
		4	16	4.6	4.6	98.6
		5	5	1.4	1.4	100.0
		合计	348	100.0	100.0	
	服务型人才	1	88	25.3	25.3	25.3
		2	140	40.2	40.2	65.5
		3	86	24.7	24.7	90.2
		4	26	7.5	7.5	97.7
		5	8	2.3	2.3	100.0
		合计	348	100.0	100.0	
	促进发展	1	116	33.3	33.3	33.3
		2	139	39.9	39.9	73.3
		3	69	19.8	19.8	93.1
		4	20	5.7	5.7	98.9
		5	4	1.1	1.1	100.0
		合计	348	100.0	100.0	

续 表

类别	项　目		频　率	百分比/%	有效百分比/%	累积百分比/%
培养目标	区域需求	1	135	38.8	38.8	38.8
		2	141	40.5	40.5	79.3
		3	62	17.8	17.8	97.1
		4	6	1.7	1.7	98.9
		5	4	1.1	1.1	100.0
		合计	348	100.0	100.0	
重要因素	利于就业	1	152	43.7	43.7	43.7
		2	126	36.2	36.2	79.9
		3	57	16.4	16.4	96.3
		4	11	3.2	3.2	99.4
		5	2	0.6	0.6	100.0
		合计	348	100.0	100.0	
主要特点	实践动手能力	1	167	48.0	48.0	48.0
		2	120	34.5	34.5	82.5
		3	46	13.2	13.2	95.7
		4	11	3.2	3.2	98.9
		5	4	1.1	1.1	100.0
		合计	348	100.0	100.0	

注:“1”代表“非常同意”,“2”代表“比较同意”,“3”代表“一般同意”,“4”代表“不太同意”,“5”代表“完全不同意”。

不难看出,在应用技术大学特征表现方面,被调查学生认为,“应用技术性”是应用技术大学最显著的特征,选择“非常同意”与“比较同意”选项的学生人数占总调查人数的81.3%,其他特征表现从高到低依次分别为“专业性”74.4%、“协同性”59.2%、“服务性”53.2%和“人文性”49.4%(表3-8中加灰度数字)。其中,“人文性”在几个特征里面表现最低,不足50%。

这一方面说明在工科专业占主要比重的应用技术大学里,工科学生仍是应用型本科教育的主力军;另一方面也说明这与学生对学校的发展历史及未来发展方向的了解不足存在一定的关系,还需要学校加强有关宣传与引导。“服务性”也相对较低,这说明学生对应用技术大学的办学方向、学科定位、专业属性仍缺乏了解,这或许与高等教育传统学术观的历史影响存在一定的关系,需要强化学生对应用技术大学特色发展的认知。图3-3为应用技术大学特征表现的直方图。

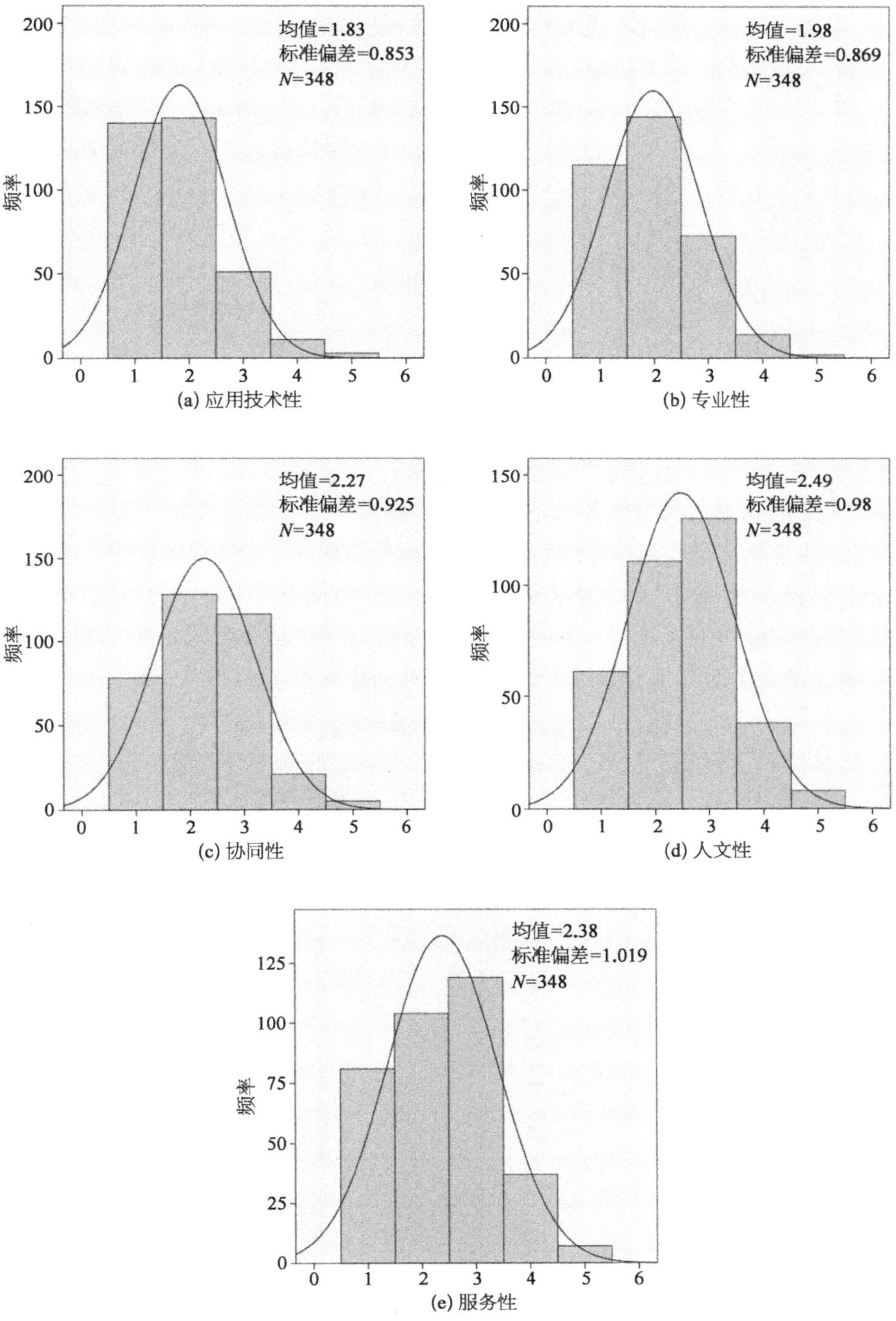

图 3－3　应用技术大学特征表现直方图

从图3－3可以看出，应用技术大学各特征表现中，学生对“应用技术性”特征的认可度较高，“非常同意”和“比较同意”选项人数基本持平、趋于统一，“专业性”和“协同性”特征在“比较同意”选项中达到峰值，而“人文性”和“服务性”特征则在“一般同意”选项中达到峰值，但是学生对应用技术大学五个特征的整体认识仍表现出比较认可，持反对态度的比较少，其比例在2.3%以下、0.6%以上。

应用技术大学培养目标部分统计量见表3－9。从表中可以看出，在应用技术大学人才培养目标二级指标中，“培养创新型人才”“培养服务型人才”“促进高等教育发展”“满足区域经济发展对应用型人才的需求”的培养定位，以及“有利于就业”“实践动手能力强”等六项二级指标的均值均在2.21以下，也就是说学生对这些项目看法的整体调查结果趋于“比较同意”。在培养目标方面，按照学生认可度高低的指数进行排列，培养“创新型人才”与满足“区域需求”基本持平，其次是“促进高等教育发展”和培养“服务型人才”。在这里，应用技术大学对服务型人才的培养与其服务性特征的调研结果排序保持高度一致，均位居最后。这进一步证明了学生对于应用技术大学的办学定位和办学层次的认识还有待提高，仍停留在对“服务”的简单和传统性理解上。经调查还发现，学生对应用技术大学培养的应用型人才要“利于就业”和“实践动手能力强”方面的认可度非常高，甚至高过了对其培养目标的认可，均值分别达到了1.81和1.75。

表3－9　应用技术大学培养目标部分统计量

项　目		创新型人才	服务型人才	促进发展	区域需求	利于就业	实践动手能力
N	有效	348	348	348	348	348	348
	缺失	0	0	0	0	0	0
均值		1.85	2.21	2.01	1.86	1.81	1.75
均值的标准误		0.050	0.053	0.050	0.046	0.046	0.047
标准差		0.926	0.981	0.931	0.849	0.862	0.884
方差		0.857	0.963	0.867	0.721	0.744	0.782
偏度		1.084	0.630	0.747	0.898	0.897	1.191
偏度的标准误		0.131	0.131	0.131	0.131	0.131	0.131
峰度		0.932	0.045	0.158	0.891	0.377	1.263
峰度的标准误		0.261	0.261	0.261	0.261	0.261	0.261
全距		4	4	4	4	4	4

续　表

项　目	创新型人才	服务型人才	促进发展	区域需求	利于就业	实践动手能力
极小值	1	1	1	1	1	1
极大值	5	5	5	5	5	5
百分位数 2	1.00	1.00	1.00	1.00	1.00	1.00

从图 3-4 可以看出，应用技术大学“利于就业”和“实践动手能力强”是获得被调查学生认可度最高的要素，分布曲线方向呈现高度一致，“非常满意”指数最高、均接近 50%，两者在“不太同意”和“完全不同意”看法的调查统计中指数偏低，分别在 3.7%和 4.3%。

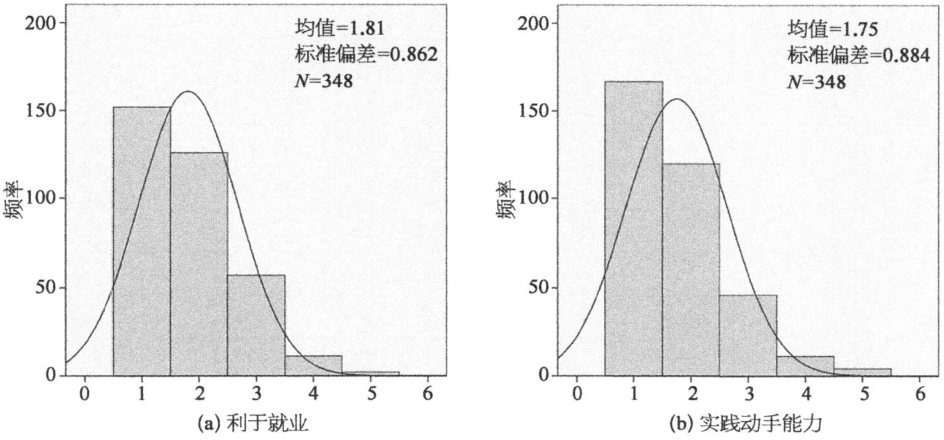

图 3-4　应用技术大学培养目标因素及特点直方图

(三) 专业及课程设置

在应用技术大学人才培养的“专业及课程设置”维度，共包含 10 道题目，分别调查学生对本专业的方向设置，课程衔接顺序的合理性，课程体系是否满足专业培养目标，以及校企合作课程、实验实习课程和专业课程设置对所在专业培养应用技术人才的重要性，专业课程设置与培养学生能力的匹配性，专业课对未来社会工作的应用性功能发挥，专业与课程设置的满意度，专业双证融通平台情况(即学历文凭和职业资格证)等 10 个方面现状情况的了解程度或满意度。应用技术大学人才培养的专业及课程设置情况的具体调查数据见表 3-10。

表 3-10 应用技术大学人才培养的专业及课程设置情况

题目	项目		频率	百分比/%	有效百分比/%	累积百分比/%
T18	专业方向	1	62	17.8	17.8	17.8
		2	160	46.0	46.0	63.8
		3	95	27.3	27.3	91.1
		4	22	6.3	6.3	97.4
		5	9	2.6	2.6	100.0
		合计	348	100.0	100.0	
T19	课程衔接	1	54	15.5	15.5	15.5
		2	134	38.5	38.5	54.0
		3	109	31.3	31.3	85.3
		4	44	12.6	12.6	98.0
		5	7	2.0	2.0	100.0
		合计	348	100.0	100.0	
T20	课程体系	1	54	15.5	15.5	15.5
		2	133	38.2	38.2	53.7
		3	118	33.9	33.9	87.6
		4	35	10.1	10.1	97.7
		5	8	2.3	2.3	100.0
		合计	348	100.0	100.0	
T21	校企合作课程	1	115	33.0	33.0	33.0
		2	126	36.2	36.2	69.3
		3	79	22.7	22.7	92.0
		4	25	7.2	7.2	99.1
		5	3	0.9	0.9	100.0
		合计	348	100.0	100.0	
T22	实验实习课程	1	134	38.5	38.5	38.5
		2	133	38.2	38.2	76.7
		3	64	18.4	18.4	95.1
		4	14	4.0	4.0	99.1
		5	3	0.9	0.9	100.0
		合计	348	100.0	100.0	

续　表

题目	项　　目		频　率	百分比/%	有效百分比/%	累积百分比/%
T23	专业课程	1	135	38.8	38.8	38.8
		2	131	37.6	37.6	76.4
		3	66	19.0	19.0	95.4
		4	13	3.7	3.7	99.1
		5	3	0.9	0.9	100.0
		合计	348	100.0	100.0	
T24	课程设置匹配	1	82	23.6	23.6	23.6
		2	136	39.1	39.1	62.6
		3	100	28.7	28.7	91.4
		4	25	7.2	7.2	98.6
		5	5	1.4	1.4	100.0
		合计	348	100.0	100.0	
T25	专业课应用性	1	64	18.4	18.4	18.4
		2	140	40.2	40.2	58.6
		3	107	30.7	30.7	89.4
		4	33	9.5	9.5	98.9
		5	4	1.1	1.1	100.0
		合计	348	100.0	100.0	
T26	专业课程设置	1	57	16.4	16.4	16.4
		2	112	32.2	32.2	48.6
		3	123	35.3	35.3	83.9
		4	45	12.9	12.9	96.8
		5	11	3.2	3.2	100.0
		合计	348	100.0	100.0	
T27	专业职业双证	1	62	17.8	17.8	17.8
		2	95	27.3	27.3	45.1
		3	98	28.2	28.2	73.3
		4	60	17.2	17.2	90.5
		5	33	9.5	9.5	100.0
		合计	348	100.0	100.0	

从表 3－10 可以看出，目前在应用技术大学人才培养的过程中，专业及课程设置方面仍有较大的改进和发展空间，详述如下：

(1) 在所在专业现有的课程衔接顺序、当前的课程体系能满足专业人才培养目标方面，分别仅有 54.0%和 53.7%的被调查学生认为“比较合理”或“非常合理”，有近半学生对学校现有的课程体系及课程之间的衔接顺序不够满意。

(2) 仅仅有 48.6%的学生对本专业及课程设置“比较满意”或“非常满意”，而超过一半的学生对此项内容还不够满意。

(3) 学生对学校专业当前的双证融通平台不够满意，人数比例达到 54.9%，急需学校和院系拓展此平台的服务功能。

(4) 有 37.4%的学生认为本专业的课程设置与学生能力培养不太匹配，这值得学校有关部门和院系深刻反思，如何进一步改进课程设置，以提升人才培养能力与课程设置的匹配度。

是否这 10 项调查内容在被调查学生的性别、年级及专业类别上有显著差异性体现？基于此，本书分别以学生“性别”“年级”及“专业类别”作为相应分自变量，以此维度的 10 项调查内容作为连续因变量，采用单因子方差分析(analysis of variance, ANOVA)法，从得到的输出数据观察不同“性别”“年级”及“专业类别”的学生在此专业及课程设置维度是否存在显著差异。

1. “性别”变量

以“性别”为二分因变量，采用 SPSS19 软件得出的数据统计可知，不同“性别”变量在应用技术大学人才培养的专业及课程设置维度上无显著差异(因为不同性别的 10 个因变量的“平均数的 95%置信区间”估计值构成的区间，均包含了相应的总平均数 $M_{18}=2.30$、$M_{19}=2.47$、$M_{20}=2.45$、$M_{21}=2.07$、$M_{22}=1.91$、$M_{23}=1.90$、$M_{24}=2.24$、$M_{25}=2.35$、$M_{26}=2.54$ 和 $M_{27}=2.73$，这些点表示不同性别组的平均数与总平均数间的差异性未达 0.05 的显著水平)，但在整体上男生的认可度要高于女生，而男生仅仅在对“专业课程体系满足专业培养人才目标”“实验实习课程对应用技术人才培养的重要性”两项内容上的认可度略低于女生。专业及课程设置的性别描述统计量见表 3－11。

表 3－11　专业及课程设置的性别描述统计量

项目	性别	*N*	均值	标准差	标准误	均值的 95%置信区间		极小值	极大值
						下限	上限		
专业方向	1	180	2.19	0.920	0.069	2.05	2.32	1	5
	2	168	2.42	0.912	0.070	2.28	2.56	1	5
	总数	348	**2.30**	0.922	0.049	2.20	2.40	1	5

续　表

项目	性别	N	均值	标准差	标准误	均值的95%置信区间		极小值	极大值
						下限	上限		
课程衔接	1	180	2.43	0.987	0.074	2.29	2.58	1	5
	2	168	2.51	0.948	0.073	2.37	2.66	1	5
	总数	348	**2.47**	0.967	0.052	2.37	2.57	1	5
课程体系	1	180	2.47	0.960	0.072	2.33	2.61	1	5
	2	168	2.44	0.940	0.072	2.30	2.58	1	5
	总数	348	**2.45**	0.949	0.051	2.35	2.55	1	5
校企合作课程	1	180	1.99	0.989	0.074	1.85	2.14	1	5
	2	168	2.14	0.924	0.071	2.00	2.28	1	5
	总数	348	**2.07**	0.960	0.051	1.96	2.17	1	5
实验实习课程	1	180	1.91	0.932	0.069	1.77	2.04	1	5
	2	168	1.90	0.856	0.066	1.77	2.04	1	5
	总数	348	**1.91**	0.895	0.048	1.81	2.00	1	5
专业课程	1	180	1.89	0.931	0.069	1.76	2.03	1	5
	2	168	1.91	0.854	0.066	1.78	2.04	1	5
	总数	348	**1.90**	0.893	0.048	1.81	2.00	1	5
课程设置匹配	1	180	2.18	1.026	0.076	2.03	2.33	1	5
	2	168	2.30	0.839	0.065	2.18	2.43	1	5
	总数	348	**2.24**	0.941	0.050	2.14	2.34	1	5
专业课应用性	1	180	2.29	0.954	0.071	2.15	2.43	1	5
	2	168	2.41	0.891	0.069	2.27	2.55	1	5
	总数	348	**2.35**	0.925	0.050	2.25	2.45	1	5
专业课程设置	1	180	2.48	1.054	0.079	2.32	2.63	1	5
	2	168	2.61	0.966	0.075	2.47	2.76	1	5
	总数	348	**2.54**	1.013	0.054	2.44	2.65	1	5
专业职业双证	1	180	2.64	1.162	0.087	2.47	2.81	1	5
	2	168	2.83	1.260	0.097	2.64	3.03	1	5
	总数	348	**2.73**	1.213	0.065	2.60	2.86	1	5

注：“性别”栏中数字“1”表示男生，“2”表示女生。

2. “年级”变量

以“年级”为五分因变量，利用SPSS19软件得出的数据统计可知，因为自变量年级的10个因变量的“平均数的95%置信区间”估计值构成的区间，均包含了相应的总平均数$M_{18}=2.30$、$M_{19}=2.47$、$M_{20}=2.45$、$M_{21}=2.07$、$M_{22}=1.91$、$M_{23}=1.90$、$M_{24}=2.24$、$M_{25}=2.35$、$M_{26}=2.54$、$M_{27}=2.73$，这些点表示年级组的平均数与总平均数间的差异性未达0.05的显著水平，所以“年级”五分自变量在此研究维度上整体不存在显著差异。但是，大二和大四年级组在因变量“对专业方向设置的了解度”上存在显著差异，大三在因变量“专业课程对所在专业培养应用技术人才的重要性”认可上存在显著差异，其原因分析如下：

（1）大二和大四在因变量“对专业方向设置的了解度”上的“平均数的95%置信区间”估计值构成的区间（2.31，2.65）与（1.92，2.21），均为包含相应的总平均数$M_{18}=2.30$，表示大二、大四年级组平均数与总平均数间的差异性达到0.05的显著水平。

（2）大三在因变量“专业课程对所在专业培养应用技术人才的重要性”上的“平均数的95%置信区间”估计值构成的区间（1.93，2.38），均为包含相应的总平均数$M_{23}=1.90$，表示大三年级组的平均数与总平均数间的差异性达到0.05的显著水平。此外，从表3-12还可以看出，大一和大四的各项均值系数相差不大，但是大五及其他学生（包含延长生、休学生等异常学籍情况的学生）的均值，整体偏高于其他年级学生。特别是表格中灰底部分数据，说明这部分学生群体对应用技术大学人才培养的专业及课程设置的整体认可度与满意度相对其他年级生较低，这与学生个体的学习能力、学业完成能力、个人认知能力以及对应用技术大学人才培养的理解能力等因素存在一定的关系。专业及课程设置的年级描述统计量见表3-12。

表3-12　专业及课程设置的年级描述统计量

项目	年级	*N*	均值	标准差	标准误	均值的95%置信区间		极小值	极大值
						下限	上限		
专业方向	1	23	2.13	0.869	0.181	1.75	2.51	1	4
	2	96	2.48	0.821	0.084	2.31	2.65	1	5
	3	71	2.45	0.923	0.109	2.23	2.67	1	5
	4	144	2.06	0.887	0.074	1.92	2.21	1	5
	5	14	3.00	1.301	0.348	2.25	3.75	1	5
	总数	348	**2.30**	0.922	0.049	2.20	2.40	1	5

续　表

项目	年级	N	均值	标准差	标准误	均值的95%置信区间		极小值	极大值
						下限	上限		
课程衔接	1	23	2.26	0.864	0.180	1.89	2.63	1	4
	2	96	2.38	0.861	0.088	2.20	2.55	1	4
	3	71	2.66	0.955	0.113	2.44	2.89	1	4
	4	144	2.44	1.022	0.085	2.27	2.61	1	5
	5	14	2.86	1.167	0.312	2.18	3.53	1	5
	总数	348	**2.47**	0.967	0.052	2.37	2.57	1	5
课程体系	1	23	2.22	0.671	0.140	1.93	2.51	1	3
	2	96	2.41	0.865	0.088	2.23	2.58	1	4
	3	71	2.66	0.999	0.119	2.43	2.90	1	5
	4	144	2.36	0.958	0.080	2.20	2.52	1	5
	5	14	3.07	1.207	0.322	2.37	3.77	1	5
	总数	348	**2.45**	0.949	0.051	2.35	2.55	1	5
校企合作课程	1	23	2.22	0.795	0.166	1.87	2.56	1	4
	2	96	2.01	0.877	0.089	1.83	2.19	1	4
	3	71	2.18	1.032	0.123	1.94	2.43	1	5
	4	144	2.01	1.014	0.084	1.84	2.17	1	5
	5	14	2.21	0.802	0.214	1.75	2.68	1	3
	总数	348	**2.07**	0.960	0.051	1.96	2.17	1	5
实验实习课程	1	23	1.96	0.767	0.160	1.62	2.29	1	4
	2	96	1.93	0.849	0.087	1.76	2.10	1	4
	3	71	2.03	0.925	0.110	1.81	2.25	1	5
	4	144	1.81	0.926	0.077	1.65	1.96	1	5
	5	14	2.07	0.917	0.245	1.54	2.60	1	3
	总数	348	**1.91**	0.895	0.048	1.81	2.00	1	5
专业课程	1	23	1.96	0.767	0.160	1.62	2.29	1	3
	2	96	1.88	0.771	0.079	1.72	2.03	1	4
	3	71	2.15	0.936	0.111	1.93	2.38	1	5

续 表

项目	年级	*N*	均值	标准差	标准误	均值的 95%置信区间		极小值	极大值
						下限	上限		
专业课程	4	144	1.76	0.939	0.078	1.61	1.92	1	5
	5	14	2.14	0.949	0.254	1.59	2.69	1	4
	总数	348	**1.90**	0.893	0.048	1.81	2.00	1	5
课程设置匹配	1	23	2.17	0.778	0.162	1.84	2.51	1	4
	2	96	2.22	0.823	0.084	2.05	2.39	1	4
	3	71	2.39	0.918	0.109	2.18	2.61	1	5
	4	144	2.15	1.010	0.084	1.98	2.31	1	5
	5	14	2.64	1.216	0.325	1.94	3.34	1	5
	总数	348	**2.24**	0.941	0.050	2.14	2.34	1	5
专业课应用性	1	23	2.35	0.714	0.149	2.04	2.66	1	4
	2	96	2.36	0.860	0.088	2.19	2.54	1	4
	3	71	2.51	1.026	0.122	2.26	2.75	1	5
	4	144	2.28	0.935	0.078	2.12	2.43	1	5
	5	14	2.14	1.027	0.275	1.55	2.74	1	4
	总数	348	**2.35**	0.925	0.050	2.25	2.45	1	5
专业课程设置	1	23	2.22	0.795	0.166	1.87	2.56	1	4
	2	96	2.52	0.929	0.095	2.33	2.71	1	4
	3	71	2.77	1.031	0.122	2.53	3.02	1	5
	4	144	2.47	1.044	0.087	2.30	2.64	1	5
	5	14	2.79	1.311	0.350	2.03	3.54	1	5
	总数	348	**2.54**	1.013	0.054	2.44	2.65	1	5
专业职业双证	1	23	2.39	1.033	0.215	1.94	2.84	1	5
	2	96	2.77	1.090	0.111	2.55	2.99	1	5
	3	71	2.70	1.212	0.144	2.42	2.99	1	5
	4	144	2.73	1.297	0.108	2.52	2.94	1	5
	5	14	3.21	1.369	0.366	2.42	4.00	1	5
	总数	348	**2.73**	1.213	0.065	2.60	2.86	1	5

注："年级"栏中数字"1"表示大一，"2"表示大二，"3"表示大三，"4"表示大四，"5"表示大五及其他。

3. “专业类别”变量

以“专业类别”为七分因变量，针对10项专业及课程设置指标内容，利用SPSS19软件得出的数据统计可知，“专业类别”七分自变量在此研究维度上整体不存在显著差异。这是由于自变量“专业类别”在专业及课程设置10个因变量指标的“平均数的95％置信区间”估计值构成的区间，均包含了相应的总平均数$M_{18}=2.30$、$M_{19}=2.47$、$M_{20}=2.45$、$M_{21}=2.07$、$M_{22}=1.91$、$M_{23}=1.90$、$M_{24}=2.24$、$M_{25}=2.35$、$M_{26}=2.54$、$M_{27}=2.73$，这些个点表示年级组的平均数与总平均数间的差异性未达0.05的显著水平。但是工科类专业学生在对专业方向设置的了解度上存在显著差异，理科类与管理类专业学生在对课程设置与培养学生能力的匹配度上也存在显著差异。不同专业类别学生对专业及课程设置的描述统计量见表3-13。

表3-13　不同专业类别学生对专业及课程设置的描述统计量

项目	专业类别	*N*	均值	标准差	标准误	均值的95％置信区间		极小值	极大值
						下限	上限		
专业方向	1	206	2.14	0.869	0.061	2.02	2.26	1	5
	2	33	2.27	0.801	0.139	1.99	2.56	1	4
	3	3	2.67	1.528	0.882	-1.13	6.46	1	4
	4	45	2.60	1.009	0.150	2.30	2.90	1	5
	5	1	2.00	—	—	—	—	2	2
	6	25	2.72	1.021	0.204	2.30	3.14	1	5
	7	35	2.54	0.919	0.155	2.23	2.86	1	5
	总数	348	**2.30**	0.922	0.049	2.20	2.40	1	5
课程衔接	1	206	2.44	0.994	0.069	2.30	2.57	1	5
	2	33	2.36	1.141	0.199	1.96	2.77	1	5
	3	3	2.67	0.577	0.333	1.23	4.10	2	3
	4	45	2.56	0.943	0.141	2.27	2.84	1	5
	5	1	3.00	—	—	—	—	3	3
	6	25	2.56	0.712	0.142	2.27	2.85	1	4
	7	35	2.57	0.884	0.149	2.27	2.88	1	4
	总数	348	**2.47**	0.967	0.052	2.37	2.57	1	5

续 表

项目	专业类别	N	均值	标准差	标准误	均值的95%置信区间		极小值	极大值
						下限	上限		
课程体系	1	206	2.43	0.969	0.068	2.30	2.57	1	5
	2	33	2.27	0.977	0.170	1.93	2.62	1	5
	3	3	2.00	1.000	0.577	−0.48	4.48	1	3
	4	45	2.64	1.004	0.150	2.34	2.95	1	5
	5	1	2.00	—	—	—	—	2	2
	6	25	2.68	0.802	0.160	2.35	3.01	1	4
	7	35	2.40	0.812	0.137	2.12	2.68	1	4
	总数	348	**2.45**	0.949	0.051	2.35	2.55	1	5
校企合作课程	1	206	2.03	1.019	0.071	1.89	2.17	1	5
	2	33	1.94	0.933	0.162	1.61	2.27	1	4
	3	3	2.00	1.000	0.577	−0.48	4.48	1	3
	4	45	2.09	0.821	0.122	1.84	2.34	1	4
	5	1	1.00	—	—	—	—	1	1
	6	25	2.24	0.879	0.176	1.88	2.60	1	4
	7	35	2.26	0.852	0.144	1.96	2.55	1	4
	总数	348	**2.07**	0.960	0.051	1.96	2.17	1	5
实验实习课程	1	206	1.86	0.968	0.067	1.73	2.00	1	5
	2	33	1.73	0.761	0.133	1.46	2.00	1	4
	3	3	1.67	0.577	0.333	0.23	3.10	1	2
	4	45	2.04	0.796	0.119	1.81	2.28	1	4
	5	1	4.00	—	—	—	—	4	4
	6	25	2.08	0.759	0.152	1.77	2.39	1	4
	7	35	1.97	0.707	0.119	1.73	2.21	1	3
	总数	348	**1.91**	0.895	0.048	1.81	2.00	1	5
专业课程	1	206	1.84	0.957	0.067	1.71	1.97	1	5
	2	33	1.79	0.857	0.149	1.48	2.09	1	4
	3	3	2.00	1.000	0.577	−0.48	4.48	1	3

续　表

项目	专业类别	N	均值	标准差	标准误	均值的 95% 置信区间		极小值	极大值
						下限	上限		
专业课程	4	45	2.00	0.798	0.119	1.76	2.24	1	4
	5	1	3.00	—	—	—	—	3	3
	6	25	1.96	0.676	0.135	1.68	2.24	1	3
	7	35	2.17	0.747	0.126	1.91	2.43	1	3
	总数	348	**1.90**	0.893	0.048	1.81	2.00	1	5
课程设置匹配	1	206	2.19	0.997	0.069	2.05	2.33	1	5
	2	33	1.88	0.893	0.155	1.56	2.20	1	4
	3	3	2.67	0.577	0.333	1.23	4.10	2	3
	4	45	2.56	0.893	0.133	2.29	2.82	1	5
	5	1	3.00	—	—	—	—	3	3
	6	25	2.36	0.638	0.128	2.10	2.62	1	3
	7	35	2.31	0.796	0.135	2.04	2.59	1	4
	总数	348	**2.24**	0.941	0.050	2.14	2.34	1	5
专业课应用性	1	206	2.29	0.932	0.065	2.16	2.41	1	5
	2	33	2.30	0.951	0.166	1.97	2.64	1	4
	3	3	2.67	0.577	0.333	1.23	4.10	2	3
	4	45	2.44	1.013	0.151	2.14	2.75	1	5
	5	1	3.00	—	—	—	—	3	3
	6	25	2.48	0.714	0.143	2.19	2.77	1	4
	7	35	2.49	0.919	0.155	2.17	2.80	1	4
	总数	348	**2.35**	0.925	0.050	2.25	2.45	1	5
专业课程设置	1	206	2.46	1.039	0.072	2.31	2.60	1	5
	2	33	2.52	1.121	0.195	2.12	2.91	1	5
	3	3	2.33	0.577	0.333	0.90	3.77	2	3
	4	45	2.76	1.026	0.153	2.45	3.06	1	5
	5	1	2.00	—	—	—	—	2	2
	6	25	2.72	0.614	0.123	2.47	2.97	2	4

续 表

项目	专业类别	N	均值	标准差	标准误	均值的95%置信区间		极小值	极大值
						下限	上限		
专业课程设置	7	35	2.71	0.987	0.167	2.38	3.05	1	5
	总数	348	**2.54**	1.013	0.054	2.44	2.65	1	5
专业职业双证	1	206	2.68	1.231	0.086	2.51	2.85	1	5
	2	33	2.67	1.339	0.233	2.19	3.14	1	5
	3	3	2.67	0.577	0.333	1.23	4.10	2	3
	4	45	2.98	1.234	0.184	2.61	3.35	1	5
	5	1	2.00	—	—	—	—	2	2
	6	25	2.88	0.781	0.156	2.56	3.20	1	4
	7	35	2.71	1.274	0.215	2.28	3.15	1	5
	总数	348	**2.73**	1.213	0.065	2.60	2.86	1	5

注："专业类别"栏中数字"1"表示工科类，"2"表示理科类，"3"表示医科类，"4"表示管理类，"5"表示农科类，"6"表示艺术类，"7"表示文科及其他类。

（四）实践教学及应用能力培养

在应用技术大学人才培养的第三个维度"实践教学及应用能力培养"方面，共包含9道题目，分别调查学生对本专业的业界专家进课堂、专业实践教学课程比例、专业实践教学满意度、专业行业企业实习机会满意度、专业实践课程设置对学生职业能力需求的满足、自身应用技术能力是否提高、专业学习与社会技术发展的结合强度、专业未来就业方向趋势以及是否能够胜任未来职业岗位要求等9个方面情况进行了调查(表3-14)。

表3-14　实践教学及应用能力培养维度统计量

项　目		业界专家授课	实践课程比例	实践教学	实习机会	实践课程设置	应用技术能力	社会技术结合	就业方向	职业胜任度
N	有效	348	348	348	348	348	348	348	348	348
	缺失	0	0	0	0	0	0	0	0	0
均值		2.53	2.48	2.48	2.57	2.56	2.42	2.37	2.20	2.49
均值的标准误		0.058	0.053	0.055	0.059	0.054	0.052	0.053	0.048	0.050
标准差		1.075	0.994	1.020	1.102	1.015	0.974	0.991	0.887	0.934

续　表

项　目	业界专家授课	实践课程比例	实践教学	实习机会	实践课程设置	应用技术能力	社会技术结合	就业方向	职业胜任度
方差	1.155	0.988	1.040	1.214	1.031	0.948	0.982	0.786	0.873
偏度	0.261	0.313	0.285	0.298	0.333	0.276	0.388	0.680	0.298
偏度的标准误	0.131	0.131	0.131	0.131	0.131	0.131	0.131	0.131	0.131
峰度	−0.707	−0.370	−0.572	−0.652	−0.397	−0.522	−0.302	0.445	−0.201
峰度的标准误	0.261	0.261	0.261	0.261	0.261	0.261	0.261	0.261	0.261
全距	4	4	4	4	4	4	4	4	4
极小值	1	1	1	1	1	1	1	1	1
极大值	5	5	5	5	5	5	5	5	5

从表3－14可以看出，此维度的10项内容均值均在2.5左右，由于数值“1”代表“非常同意”、“2”代表“比较同意”、“3”代表“一般同意”、“4”代表“不太同意”、“5”代表“完全不同意”，故数值2.5代表调查结果位于“比较同意”和“一般同意”之间，说明被调查学生对学校实践教学及应用能力培养的现状还不够认可，亟须推动应用技术大学进行变革。为了进一步掌握此维度每一项二级指标内容的当前实施情况，本书对相关内容进行了统计分析，实践教学及应用能力培养频率统计见表3－15。

表3－15　实践教学及应用能力培养频率统计

项　目		频　率	百分比/%	有效百分比/%	累积百分比/%
业界专家授课	1	65	18.7	18.7	18.7
	2	114	32.8	32.8	51.4
	3	99	28.4	28.4	79.9
	4	59	17.0	17.0	96.8
	5	11	3.2	3.2	100.0
	合计	348	100.0	100.0	
实践课程比例	1	58	16.7	16.7	16.7
	2	125	35.9	35.9	52.6
	3	113	32.5	32.5	85.1

续 表

项　目		频　率	百分比/%	有效百分比/%	累积百分比/%
实践课程比例	4	43	12.4	12.4	97.4
	5	9	2.6	2.6	100.0
	合计	348	100.0	100.0	
实践教学	1	62	17.8	17.8	17.8
	2	123	35.3	35.3	53.2
	3	104	29.9	29.9	83.0
	4	51	14.7	14.7	97.7
	5	8	2.3	2.3	100.0
	合计	348	100.0	100.0	
实习机会	1	63	18.1	18.1	18.1
	2	112	32.2	32.2	50.3
	3	100	28.7	28.7	79.0
	4	57	16.4	16.4	95.4
	5	16	4.6	4.6	100.0
	合计	348	100.0	100.0	
实践课程设置	1	50	14.4	14.4	14.4
	2	127	36.5	36.5	50.9
	3	109	31.3	31.3	82.2
	4	50	14.4	14.4	96.6
	5	12	3.4	3.4	100.0
	合计	348	100.0	100.0	
应用技术能力	1	63	18.1	18.1	18.1
	2	129	37.1	37.1	55.2
	3	107	30.7	30.7	85.9
	4	44	12.6	12.6	98.6
	5	5	1.4	1.4	100.0
	合计	348	100.0	100.0	

续　表

项　目		频　率	百分比/%	有效百分比/%	累积百分比/%
社会技术结合	1	72	20.7	20.7	20.7
	2	126	36.2	36.2	56.9
	3	108	31.0	31.0	87.9
	4	34	9.8	9.8	97.7
	5	8	2.3	2.3	100.0
	合计	348	100.0	100.0	
就业方向	1	71	20.4	20.4	20.4
	2	171	49.1	49.1	69.5
	3	78	22.4	22.4	92.0
	4	23	6.6	6.6	98.6
	5	5	1.4	1.4	100.0
	合计	348	100.0	100.0	
职业胜任度	1	49	14.1	14.1	14.1
	2	133	38.2	38.2	52.3
	3	121	34.8	34.8	87.1
	4	38	10.9	10.9	98.0
	5	7	2.0	2.0	100.0
	合计	348	100.0	100.0	

从表3-15可以得知，对于参与调查的应用技术大学来说，除了有69.5%的被调查学生表示对本专业未来就业方向趋势表示“较为了解”之外，其余均有近半数的学生表示对本专业的实践教学及应用能力培养体系不够满意，满意度在50.3%～56.9%之间，需要学校对现有的实践教学在业界专家进课堂比例、专业实践教学课程比例、专业实践课程设置及到行业企业的实习机会等方面进行调整增加，并希望紧密结合专业学习与社会技术发展的需求，提升学生的职业能力和应用技术能力，以胜任未来职业岗位的要求。

(五) 教学方法

对应用技术大学人才培养调研的第四个维度是“教学方法”，共包含5道题目，分别围绕小组讨论法、案例式教学法、社会实践及社团活动法、网络课程教法、问题或项目教学法等5个教学方法，对专业应用技术人才培养的有效性进行了调查。同前面几个维度一样，每一道题目分别以五级量表的形式进行测评，分值分别为1、2、3、4、5，代表着"非常同意"到"完全不同意"5个级别，分值越低，说明学生的认可度越高。关于这五项教学方法的有效数据及均值统计量见表3-16。

表3-16　教学方法有效数据及均值统计量

		小组讨论法	案例式教学法	实践及社团法	网络课程教法	问题及项目法
N	有效	348	348	348	348	348
	缺失	0	0	0	0	0
均值		2.17	2.12	2.04	2.34	2.01

从表3-16可以看出，5种教学方法的均值接近2.0，数值代表"比较同意"，说明这些方法都获得了被调查学生的普遍认可，对培养专业学生的应用技术能力比较有效。另外，为了观察每种教学方法的具体频率，本书作者专门对每一种教学方法的认可度进行了统计，各教学方法的认可度统计如图3-5所示。

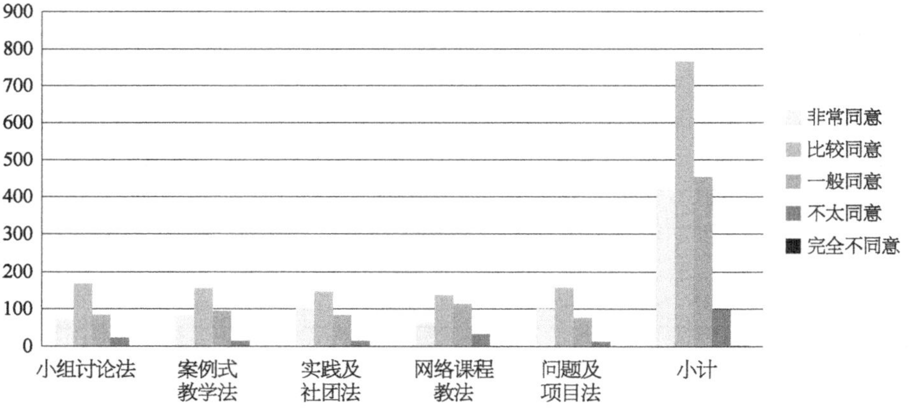

图3-5　各教学方法的认可度统计

从图3-5可知，学生普遍认为，在5种教学方法中，基于问题及项目的教学方法对所在专业的应用技术人才培养最有效，其次从高到低分别是社会实践及社团活动、小组讨论教学法、案例式教学法及网络课程教学法。学生对网络课程教学法的认可度最低，约有57.5%的学生表示认可；其余4种教学方法被学生认可的比例均在70%左右，最高达到了74.1%。这说明，网络课程教学法虽然具有较大的便利性和可复制性，但学习效果与学生的自律意识、学习能力和个人兴趣关系较大。同时学生对于传统课堂上老师一对多的教学形式、建立学习共同体、同伴学习氛围营造的需求仍在。

此外，小组讨论法、案例式教学法和基于问题及项目的教学法在“完全不同意”选项出现了零人数，另外两个教学方法在“完全不同意”选项仅仅各出现一人次，这或许与调查样本人数的总量存在一定的关系，但也再次说明，研究团队所调查的 5 种教学方法获得了学生的普遍认可与接受。在信息化时代，不仅是应用技术大学，对所有高校来说，传统的教学方法都应与时俱进、不断创新，以学生乐于接受的有效形式完成知识的传授与迁移。

以小组讨论法为例，我们观察了不同专业类别的学生对特定教学方法的真实感受。从表 3－17 可以看出，农科、理科、工科和艺术、医科的学生普遍认为，小组讨论法的有效性相对较高，其中农科和医科的学生由于被测学生人数较少，测量结果可能会存在一定的误差。

表 3－17　小组讨论法“专业类别”交叉表

项　目		专业类别							合计
		1	2	3	4	5	6	7	
1	计数	48	9	0	5	1	5	3	71
	专业类别中的百分比/%	23.3	27.3	0	11.1	100.0	20.0	8.6	20.4
2	计数	96	14	3	23	0	13	20	169
	专业类别中的百分比/%	46.6	42.4	100.0	51.1	0	52.0	57.1	48.6
3	计数	46	8	0	15	0	6	10	85
	专业类别中的百分比/%	22.3	24.2	0	33.3	0	24.0	28.6	24.4
4	计数	16	2	0	2	0	1	2	23
	专业类别中的百分比/%	7.8	6.1	0	4.4	0	4.0	5.7	6.6
合计	计数	206	33	3	45	1	25	35	348
	专业类别中的百分比/%	100.0	100.0	100.0	100.0	100.0	100.0	100.0	100.0

小组讨论卡方检验见表 3－18。从表 3－18 可知，χ^2 值为 17.201，伴随概率为 0.509＞0.05，这表明 χ^2 检验不显著，说明小组讨论教学法对学生来说，在专业类别上不存在显著差异的情况。

表 3-18 小组讨论法卡方检验

项 目	值	df	渐进 sig.（双侧）
Pearson 卡方	17.201[a]	18	0.509
似然比	18.477	18	0.425
线性和线性组合	1.031	1	0.310
有效案例中的 N	348		

注：a. 12 单元格(42.9%)的期望计数少于 5，最小期望计数为 0.07。

（六）师资队伍及管理服务

对应用技术大学人才培养特色发展进行调研的第五个维度是“师资队伍及管理服务”，共包含 8 道题目，主要涉及学校为学生所提供的平台及服务。测量内容包括高职称教师队伍对专业应用技术人才培养的关键性、学生对专业师资队伍教学水平的满意度、专业教师培养学生的实践教学能力、学校“三创”（创新、创业、创意）教育平台、学校提供的学科竞赛与社会实践机会、学校职业资格培训机构或平台、学院推进专业人才培养特色的教学管理运行及学院推进专业人才培养特色的师资培训等八个方面的内容，调查测评学生对应用技术大学人才培养所具有内涵与实力的判断。同样，本维度所有题目均以五级量表的形式进行测评，数字 1、2、3、4、5 代表的级别一样，分值高的内容，说明学生的认可度较低（表 3-19）。

表 3-19 师资队伍及管理服务维度统计量

项 目		高职称教师	教学水平	实践能力培养	“三创”教育	竞赛及实践	职业资格平台	教学管理运行	院系师资培训
N	有效	348	348	348	348	348	348	348	348
	缺失	0	0	0	0	0	0	0	0
均值		2.09	2.18	2.22	2.22	2.02	2.32	2.28	2.28
均值的标准误		0.048	0.047	0.050	0.048	0.046	0.048	0.050	0.051
标准差		0.897	0.880	0.929	0.894	0.857	0.891	0.930	0.958
方差		0.804	0.775	0.863	0.799	0.734	0.794	0.866	0.918
偏度		0.542	0.536	0.550	0.384	0.514	0.385	0.513	0.538
偏度的标准误		0.131	0.131	0.131	0.131	0.131	0.131	0.131	0.131
峰度		-0.078	0.168	0.190	-0.112	-0.127	0	0.301	0.137
峰度的标准误		0.261	0.261	0.261	0.261	0.261	0.261	0.261	0.261

续　表

项　目	高职称教师	教学水平	实践能力培养	“三创”教育	竞赛及实践	职业资格平台	教学管理运行	院系师资培训
极小值	1	1	1	1	1	1	1	1
极大值	5	5	5	5	5	5	5	5

从表 3－19 可以得知，学生对应用技术大学的师资队伍及管理服务整体“比较满意”，对师资队伍的整体满意度均值为 2.16，对管理服务的整体满意度均值为 2.22，对管理服务的满意度略低于师资队伍的满意度，这与学生参与高校民主治理的范围、内容、途径与方式都存在着紧密的逻辑关系。这八项内容的单项评价均值从低到高分别为：学校提供的学科竞赛与社会实践机会 2.02；高职称教师队伍对专业应用技术人才培养的关键性 2.09；学生对专业师资队伍教学水平的满意度 2.18；专业教师培养学生的实践教学能力与学校“三创”教育平台的满意度均为 2.22；院系推进专业人才培养特色的教学管理运行及师资培训满意度均为 2.28；而学校职业资格培训机构或平台则为 2.32，满意度最低。这说明学生对应用技术大学人才培养的就业导向比较注重，在当前职业资格认可由专业部门进行评定审核的背景下，需要各高校进行推广强化与服务提升。师资队伍及管理服务各指标频率见表 3－20，表中数字 1～5 代表的级别与前面相同。

表 3－20　师资队伍及管理服务各指标频率

项　目		频　率	百分比/%	有效百分比/%	累积百分比/%
高职称队伍	1	98	28.2	28.2	28.2
	2	144	41.4	41.4	69.5
	3	85	24.4	24.4	94.0
	4	18	5.2	5.2	99.1
	5	3	0.9	0.9	100.0
	合计	348	100.0	100.0	
实践能力培养	1	81	23.3	23.3	23.3
	2	142	40.8	40.8	64.1
	3	100	28.7	28.7	92.8
	4	18	5.2	5.2	98.0
	5	7	2.0	2.0	100.0
	合计	348	100.0	100.0	

续 表

项目		频率	百分比/%	有效百分比/%	累积百分比/%
"三创"教育	1	79	22.7	22.7	22.7
	2	140	40.2	40.2	62.9
	3	107	30.7	30.7	93.7
	4	18	5.2	5.2	98.9
	5	4	1.1	1.1	100.0
	合计	348	100.0	100.0	
竞赛及实践	1	106	30.5	30.5	30.5
	2	145	41.7	41.7	72.1
	3	83	23.9	23.9	96.0
	4	12	3.4	3.4	99.4
	5	2	0.6	0.6	100.0
	合计	348	100.0	100.0	
职业资格平台	1	62	17.8	17.8	17.8
	2	146	42.0	42.0	59.8
	3	112	32.2	32.2	92.0
	4	23	6.6	6.6	98.6
	5	5	1.4	1.4	100.0
	合计	348	100.0	100.0	
教学管理运行	1	73	21.0	21.0	21.0
	2	137	39.4	39.4	60.3
	3	114	32.8	32.8	93.1
	4	15	4.3	4.3	97.4
	5	9	2.6	2.6	100.0
	合计	348	100.0	100.0	
院系师资培训	1	76	21.8	21.8	21.8
	2	137	39.4	39.4	61.2
	3	105	30.2	30.2	91.4
	4	21	6.0	6.0	97.4

续　表

项　　目		频　率	百分比/%	有效百分比/%	累积百分比/%
院系师资培训	5	9	2.6	2.6	100.0
	合计	348	100.0	100.0	

从表3－20可以看出，我国应用技术大学在师资队伍与管理服务方面取得了一定的进步与发展，各高校也围绕相关内容做了不少的工作。其中学生对“所在学校提供了很多的学科竞赛和社会实践机会”方面满意度最高，表示“非常满意”与“比较满意”者高达72.1%。学生对“本专业师资队伍的教学水平很满意”方面的满意度高达67.5%。有69.5%的学生认为，高职称教师队伍对所在专业的应用技术人才培养很关键，有64.1%的学生认为专业教师培养学生的实践能力很强。虽然62.9%学生对学校具有较好的“三创”教育平台表示“比较满意”，但是当前应用技术大学在这方面仍然存在较大的提升空间。例如，有61.2%的学生认为所在院系在推进专业人才培养特色的师资培养做得很好，有60.3%的学生认为所在院系在推进专业人才培养特色的教学管理运行方面做得很好，有59.8%的学生认为所在学校具有较好的职业资格培训机构或平台。在调研问卷的开放性题目和访谈中，学生普遍认为学校应加大与行业企业的合作培训，为学生就业做好充分的职前资格准备。

（七）评价及其他

此维度包含18道题目，主要从学生对学校培养人才的其他方面进行评价，内容主要有教学资源、“双师型”教师、企业行业实习、课程讲授内容、专业学习兴趣、专业学习目标，专业教师、班导师（或班主任）、创新创业或社会实践教师、辅导员、同学、学生自身对学习效果的影响力，基础知识、专业技能、素质能力、社会生存本领、企业或行业专家的意见，以及对学校应用技术人才培养特色发展的整体满意度等18个方面。本维度所有题目亦采用五级量表的形式进行测评，数字1、2、3、4、5代表的级别与前面相同。具体的评价及其他维度统计量见表3－21。

表3－21　评价及其他维度统计量

项　目	N	均值	标准差	极小值	极大值
教学资源	348	2.20	0.934	1	5
双师型教师	348	2.01	0.906	1	5
企业行业实习	348	1.90	0.878	1	5

续 表

项　目	N	均值	标准差	极小值	极大值
课堂讲授	348	2.16	0.899	1	5
专业兴趣	348	2.18	0.889	1	5
专业学习目标	348	2.18	0.878	1	5
专业教师影响力	348	2.07	0.922	1	5
班导师影响力	348	2.39	1.036	1	5
“三创”教师影响	348	2.13	0.898	1	5
辅导员影响力	348	2.39	1.078	1	5
同学影响力	348	2.13	0.941	1	5
自身影响力	348	1.77	0.841	1	5
基础知识	348	1.74	0.789	1	5
专业技能	348	1.68	0.769	1	5
素质能力	348	1.72	0.751	1	5
生存本领	348	1.75	0.806	1	5
业界专家意见	348	1.90	0.822	1	5
整体满意度	348	2.18	0.880	1	5

从表3－21可以得知，此维度考察的10项指标内容的调研结果均值在2.0左右，分别从教学、专业学习、学习效果影响力、人才培养的重要因素和学校应用技术人才培养特色发展整体满意度等5个方面进行评价和考量。这5个方面的整体均值分别为2.07、2.18、2.15、1.76、2.18，这表明基础知识、专业技能、素质能力、社会生存本领、行业企业专家意见等，是影响应用技术大学人才培养的重要因素，学生对这些因素的满意度达到83.3(假设满意度满分值为100)。而学生对专业学习和学校人才培养特色发展的整体满意度分别为66.1和66.4(假设满意度满分值为100)，这说明还有1/3的学生对当前院系和学校的人才培养现状不够满意，需要进一步改进提高。评价及其他的满意度统计如图3－6所示。

从图3－6可知，77.0%的学生认为，一定的行业企业实习对实现专业人才培养目标很重要，72.1%的学生认为具有理论教学与相应实践经验或应用技能的“双师型”教师对学生所在专业的应用技术人才培养很关键，64.7%的学生认

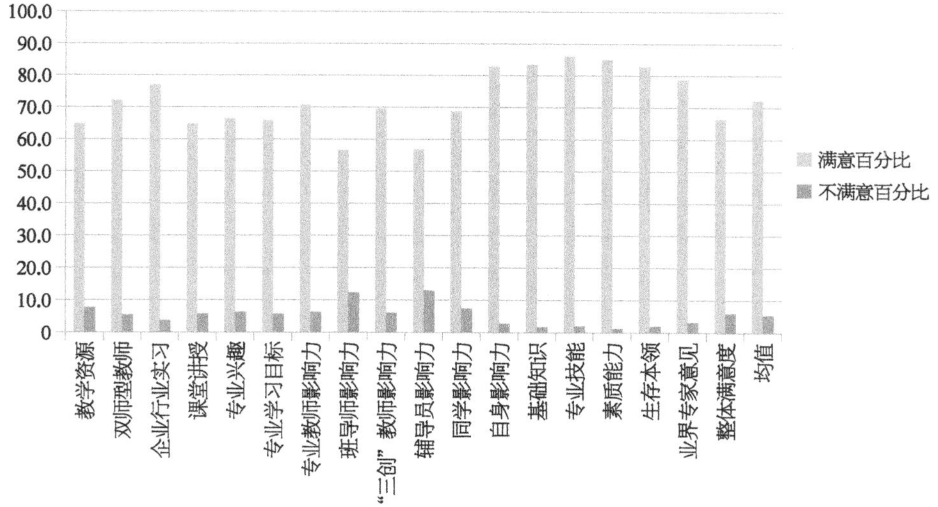

图 3-6　评价及其他的满意度统计

为本校教学资源丰富、课堂讲授内容对所在专业应用技术人才培养有效。另外，有 66.0%左右的学生表示对专业有学习兴趣、具有明确的专业学习目标。在学习效果的影响方面，学生的自身努力是影响学生学习效果的最重要因素，其他因素按照影响力的大小从高到低排列依次是专业教师、创新创业或社会实践导师、同学、班导师和辅导员。其中班导师和辅导员的影响力基本相同，学生的认可度均刚刚过半，接近 57.0%。这与大陆班导师和辅导员的工作职责和岗位内容息息相关，尤其是辅导员角色，主要负责服务管理班级学生事务和学生思想政治教育工作，而班导师则负责班级学生学习的教育引导。

需要说明的是，班导师对学生学习效果影响的调研结果却不容乐观。由于大陆高校的班导师普遍由专业教师兼职，大部分班导师对带领班级没有授课任务，担任班导师仅仅是出于满足职称评审条件所需，再加上远郊办学、专业教师的非坐班制度，使得班导师与班级学生的实际接触时间较少，对班级学生学习的引导自然会较少、关心关注不到位，他们对学生学习的影响作用相对有限。

二、对策建议

为了搜集教师与学生对学校或院系在专业人才培养或特色发展方面的相关资料，课题组特意在问卷最后设置了一道相关的开放性题目，补充选择性问卷所未收集到的内容或信息，以利于分析我国应用技术大学当前在人才培养方面的相关问题。经汇总梳理后,内容总结如下。

1. 理论知识与实践应用相融合

在人才培养过程中,应把知识与实践相结合,在日常生活中应多应用并巩固学到的基础知识与专业知识。有些专业学生认为,学校制定在一个学期中把理论课和实践课分开来上,使得有些知识不能得到很好的运用。学生们还认为,学校不要过多片面宣扬学生从事创业的成功案例,毕竟还有学生甚至是在社会上摸爬滚打多年的社会人士,他们有很多创业失败的案例,掌握专业知识才是大学生学习的基本目标。作为信息化时代的青年人,在网络资源日益丰富的当今校园,他们更喜欢接受注重理论与实践相结合的教学方式。对于有学术研究潜力的学生来说,他们则更希望知识传授时结合更深层次的理论,加强理论教学与实践动手的无缝对接,以理论学习为基础,又有很多的实践机会。他们认为,比较理想的情况是实践课时和理论课时比例为 1∶1,注重实践动手能力,多些亲自尝试的机会。

2. 注重能力培养

学校培养应用技术人才,应符合行业企业对人才的需求标准。应用技术大学可以重点培养一批适合行业企业发展的优秀学生,在校内外形成典型代表,并努力发掘每一个学生的潜能。同时,应用技术大学应着重加强学生工作能力的培养,做好与社会接轨的底气与准备,将专业教育与人文教育相结合。学校应多建立与行业企业的合作关系,一来有利于将理论研究推向市场试行或推广,二来有利于为行业企业发展加油助力,三来有助于学生应用技术能力的提高。部分学生认为,学校对于学生专业技能的培养目前还不够全面,学校应引导并鼓励学生在通识教育的基础上,朝着某种专门技能的方向发展。培养过程可以采用“项目探险”(project adventure, PA)的方法,启发学生潜能发展。

3. 课程设置要合理

对于应用技术大学来说,专业教育具有显著的特征,因材施教更重要。只是个别课程的设置,会受到专业师资力量的限制。因此,课程设置应与行业企业的实际需求接轨,应具有较强的专业针对性,不能以偏概全。专业类课程可以提供给学生更多的选择,内容更丰富,被调研的学生建议实用性较弱的基础课应减少些课时,数学、物理的课时也可适当减少,把更多的教学时间留给专业课程。应用技术大学也应注重设置与未来工作应用性、关联性较强的课程,增加实践课的数量和比例,教学过程中把实践与教育融合起来效果会更好。学校应重视探索将理论课与实践课相结合的教学系统与教学模式,对于工科类专业还可以考虑适当增加实验课的课时。

4. 加强校企合作

“产学研”互动是校企合作的纽带与桥梁，其突破高校与行业企业之间沟通合作的壁垒与瓶颈，是增强学校与行业企业衔接的重要保障。行业企业可以为学生多提供一些实习的平台与机会，高校可以发挥校友的群体功能和作用，不断加强与行业企业的联系和对接。在当前大学郊区化办学的现实背景下，高校应鼓励学生利用寒暑假去企业参观与实习，置身于公司实体运行工作模式之中，可以将近期学到的专业知识进行及时的运用、检验，低年级学生也可以在专业知识掌握不太全面的情况下进行实践学习，在实际摸索中学会更快地掌握知识，以不断提高自身的学习能力。同时，校企合作不要仅流于形式，单纯地为应付学校各方面的检查评估需要，而要有真实有效的成果体现。

5. 教学方法注重实践与创新、追求务实与发展

应用技术大学应侧重引导教师在教学过程中教授学生更多地接触专业实践与社会实习的内容。比如，可以多尝试开展校企联合的教学，由行业企业专家来高校授课，能够更具体生动地让学生感受到当前行业企业的现实需要与发展情况。加强实践教育，要引导学生多动手做实验、提升动手操作能力，这是应用技术类大学教育的根本。集中一定的课时对专业课进行密集训练，比如可以与企业联合设立一些项目工程，由专业任课教师与企业相关人员联合指导全班学生合作完成。此外，在教学过程中还要培养学生思想的独特性与开放性。

6. 实习实践与课程运用

据调查与访谈情况来看，学生对于实践课程教学的需求普遍较大。他们迫切希望教师能够在课程教学的过程中紧密结合实践，尽量多地讲解一些实验课题目，多开展一些实践教学，加强实践课程运用的内容，并有较多的实践实习机会。有个别学生认为，当前学校安排的实践实习课时还不够，实践课不是较少，就是存在一定的形式或水分。他们建议一定要突出应用型大学的专业性与应用性，多实践、多实验、多动手，减少理论空谈，多注重实际操作。实践课可采取逐步增加课时的方式，提高专业实验实践课的数量和比例，如果校外平台不够，还可以考虑增加课内实践活动的方式。校外资源有限时，可以采用公平竞争的方式进行安排，无形中提高学生的就业竞争力。院系作为培养应用型人才的主阵地，应多与公司和工厂对接，并在课程设计上多安排与公司和工厂的合作，联合安排学生假期内在公司和工厂进行技术培训，做到真正的技术应用、产学合作。

7. 引领学生学会规划

学校应注重引领学生学会规划大学生涯及未来的就业导向，在大一新生进校时召开教学计划说明会，便于安排大学几年不同阶段的学习计划与进度。院系在专业基础课学习时就适当增加实践类课程，以便学生认清专业方向。由于基础教育阶段以升学为主要目的，学生在进入大学之前对专业了解较少，专业认知能力亟须提升。例如，被调研的某校公共事业管理专业的学生认为前途一片渺茫，甚至以为自己毕业后可能会去社区当保安；该学生应认识到社区管理需要一定的公共管理能力，应积极提升自身的管理能力。学生普遍表示，希望院系进行专业培养计划的相关介绍说明，因为大多数同学根本不了解院系的专业培养计划，也就无法进行专业学习规划和设计。

8. 积极搭建培养平台

在调研中，有的学生表示，自己虽身处应用技术大学，但从大一到大四没有拿到一张职业资格证，对此深感遗憾，希望学校和院系多提供"双证通融"的平台和机会。文科类学生应适当增加当前世界上使用人数较多的语言类课程，而理工科类学生则希望以实验为评价标准。同时大家都期待学校或院系能够提供工作内容丰富、岗位质量好、专业对口率较高的就业职位。应用性特征显著的动手操作类专业，可延长实验室的开放时间，提升实验室原料的更新频率。学校应多组织开展与行业企业加强沟通的实践活动，强化职业资格培训平台的建设。

9. 丰富教学资源

一方面，有学生认为学校的硬件教学资源不够使用，如自习室太少，环境条件好的教室也少，每年春季开学图书馆就成为大家通宵达旦排队抢占座位的焦点。同时，在教学设备和基础教材方面，高校可以进一步修订与调整，以提供更加丰富的学习资源，完善教学设备，使资源和设施相配套。特别是要针对大类专业的实际特色做课程内容的微调，与专业课程教育结合起来，增加课程设计内容。在师资力量方面，高校可以从国外引进高级别的专业人才来授课或以讲座的形式进行授课，多邀请一些名师专家进课堂，发挥专业学者的辐射力和影响力，积极搭建教师与学生之间交流对话的平台。

10. 完善教师评价制度

构建科学化的教师考核机制，以教学效果为重要考量标准。要"有上有下"，对于学生动手能力培养与理论知识学习效果不佳的教师，应实施暂停教学的警训，经过业务培训后再继续实施教学行为。如果培训期间表现不好或恢复教学后效果仍不佳者则解聘，让专业教师队伍具备危机意识，清醒认识到教学工作不是随便混日子的工作。有的学生认为，当前部分教师教学水平和教学态度有待提高，尤其是教风和学风建设困难重重。学校应大力加强师资队伍建设，采取有效措施进行提升。

11. 其他

在调研中，有的学生表示，希望存在这样的理想状态：学生愿意学习的专业均可获得满足，而不根据成绩的高低来进行专业区分。对于位居二三线城市或不发达区域的应用型高校来说，提升就业率是学校一项很重要的工作，而不是首先讲究科研产出。院系应积极开展与行业企业的多种合作，让学生全面深入了解所学专业在实际生产中的应用，可以提前了解社会需要什么样的人才，并在大学期间为此进行多方面的准备。人才培养不仅仅是学校和院系职责所在，也是学生自身的重要事务，学生要积极主动找老师指导，认清并学会处理个人发展与学校、专业发展的关系。在应用技术大学人才培养特色发展方面，院系应关注发展重点与特色，才能与同类学校和院系有所区别，形成自身的特色。此外，学生也希望可以在学习创作中能够拥有更大的自由度，从而充分认清自身的真实想法，并愿意付诸努力去实现。

第三节　我国应用技术大学特色发展的案例分析

为了进一步了解被调研高校的具体人才培养计划，本书作者对几个高校进行了实地调查走访，收集到了最直接的相关数据，以期全面、客观地审视专业人才培养特色发展的内在规律性和要求。本节选择具有鲜明专业发展特色的上海Y大学和上海G大学的机械工程类专业进行案例分析。

一、上海Y大学人才培养的特色发展

上海Y大学作为应用技术大学，在应用技术人才培养方面进行了应用型本科试点专业建设。与同类院校相比，Y大学有8个专业制定了卓越人才培养计划，并持续进行了相应的改革和推进。为了与G大学的机械工程类专业培养计划具有可比性，本部分特以Y大学2017级机械设计制造及其自动化专业的人才培养方案为例，进行了介绍和分析。

（一）培养目标

上海Y大学的机械设计制造及其自动化专业旨在培养德智体全面发展的

人，培养具有宽厚的机械设计制造及其自动化的基础知识，掌握机械产品的数字化设计与制造的基本理论和技能；在工程科学技术方面具有创新精神和实践能力、独立工作能力和团队精神，具备较高文化素质、良好职业道德、高度社会责任感与国际视野；适应现代企业高端制造技术要求，具备相应的企业实习经历，从事机械设备、产品和工程的数字化设计、制造、开发、应用研究与生产运行管理的高层次应用型工程技术人才。

该专业的毕业生在就业初期主要从事依据产品工艺规划进行工艺设计、程序编制、仿真分析、刀具规划、夹具设计、设备管理、质量控制等企业现场技术运用工作；经过3～5年企业培养或进一步深造学习，可升迁至工艺规划、设备维修、高技能管理者等企业设计、开发与管理岗位，在各阶段从业岗位上能熟练运用数字化设计与制造专长、解决高端制造现场的工程技术问题，并促进企业的技术创新。

(二) 培养要求

该专业的学生需要掌握机械工程及自动化学科的基本理论和基本知识，主要包括外语知识、计算机知识、自然科学知识、人文社科知识、专业基础知识、专业特色知识、素质与能力拓展知识。

该专业旨在培养具有良好的职业素养和创新精神、工程实践能力、工程研究能力、国际视野以及综合能力，以一线工程师为主的高层次应用技术人才。

该专业要求毕业生毕业时必须取得数控程序员(高)职业资格证书或行业著名企业认证工程师证书。

(三) 学制、学分与学位

该专业学制四年，学生必须修完172.5学分才能毕业。毕业于该专业的学生被授予工学学士学位。

(四) 主干课程、核心课程、实践教学及课程体系

该专业的主干课程是机械工程和力学。其核心课程包括三维建模与工程制图1、三维建模与工程制图2、理论力学、材料力学、机械原理、机械制造基础、机械设计、金属切削原理与刀具、现代数控技术、机械制造工艺学、现代制造装备、机电控制与PLC应用、数控加工工艺与编程等。

该专业的实践性教学内容主要包括各类实习实训(12学分)、课程设计(3学分)、毕业设计(12学分)、工程实践与科技创新项目(10学分)等。

该专业的课程体系主要包括公共基础教育课程、学科基础教育课程、专业特色教育课程、工程实践课程和个性化教育课程等(表3-22)。该专业在

教学计划中对各类课程的具体课时和学分做出了相应的规定和要求（表 3－23）。

表 3－22　上海 Y 大学 2017 级机械设计制造及其自动化专业的课程体系

类　别	类　目	课　程
公共基础教育	综合基础	思想道德修养与法律基础、中国近现代史纲要、马克思主义基本原理、毛泽东思想和中国特色社会主义理论体系概论、企业管理； 军训、体育类； 形势与政策、大学生职业生涯发展与规划
	基本技能	外语类； 高等数学； 大学物理实验； 计算机类
学科基础教育	工程类	线性代数 A
专业特色教育	专业基础平台课	三维模型与工程制图、理论力学、机械设计制造基础、材料力学、机械原理、电工学、互换性与技术测量、金属切削原理与刀具、测试技术、机械设计、液压与气压传动
	专业特色类	数控加工工艺与编程、现代数控技术、现代制造装备、机电控制与 PLC 应用、先进制造技术、机械制造工艺学
工程实践	校内工程实践	工程实训； 电工电子实训
	企业工程教育	认识实习、毕业实习； 工程师认证； 专业生产实习
	专业特色实践	先进成图技能实践、产品设计与制造实训（含工艺与夹具）、测试技术综合实践、机械设计课程设计、数字化设计与制造综合实践、机电控制与 PLC 应用课程设计、工程实践与科技创新项目、三维建模综合实训
个性化教育	专业选修课	
	跨专业选修等	
	企业课程	工程师认证； PDM 原理与应用； 工程技术应用讲座

表 3-23　上海 Y 大学 2017 级机械设计制造及其自动化专业课程设置和学分要求

分类	课程代码	课程名称	学分	理论课时	实践课时	周学时	周数	学期
公共基础课	B*******	初级通用学术英语	4	64	0	4	16	1
	B*******	马克思主义基本原理	3	32	16	3	16	1
	B*******	高等数学(工)1	6	96	0	6	16	1
	B*******	体育 1	1	32	0	2	16	1
	B*******	形势与政策(1)	0.5	8	0	2	16	1
	B*******	大学生职业生涯发展与规划	1	16	0	2	16	1
	B*******	中级通用学术英语	4	64	0	4	16	2
	B*******	思想道德修养与法律基础	3	32	16	3	16	2
	B*******	大学物理 A1	3	48	0	4/2	10/4	2
	B*******	大学物理实验 1	0.5	3	21	3	8	2
	B*******	高等数学(工)2	4	64	0	4	16	2
	B*******	体育 2	1	32	0	2	16	2
	B*******	形势与政策(2)	0.5	8	0	2	4	2
	B*******	程序设计基础(C)	3	32	32	4	16	3
	B*******	高级通用学术英语	4	64	0	4	16	3
	B*******	中国近现代史纲要	2	24	8	3/2	10/1	3
	B*******	大学物理 A2	3	48	0	4/2	10/4	3
	B*******	大学物理实验 2	1	0	24	3	8	3
	B*******	体育 3	0.5	32	0	2	16	3
	B*******	形势与政策(3)	0.5	8	0	2	4	3
	B*******	学术英语阅读与翻译	2	32	0	2	16	4
	B*******	毛泽东思想和中国特色社会主义理论体系概论(上)	3	32	16	3	16	4
	B*******	体育 4	0.5	32	0	2	16	4

续　表

分类	课程代码	课程名称	学分	理论课时	实践课时	周学时	周数	学期
公共基础课	B *******	形势与政策(4)	0.5	8	0	2	4	4
	B *******	学术英语写作	2	32	0	2	16	5
	B *******	毛泽东思想和中国特色社会主义理论体系概论(下)	3	32	16	3	16	5
	B *******	大学生体育测试(一)	0.5	0	8	2	4	6
	B *******	大学生就业与创业指导	1	16	0	2	8	6
	B *******	大学生体育测试(二)	0.5	0	8	2	4	7
学科大类基础课	B *******	线性代数 A	2	32	0	2	16	3
	B *******	工程化学	2	32	0	2	16	4
学科专业基础课	B *******	机械工程导论	1	16	0	2	8	1
	B *******	三维建模与工程制图 1(双语)	4	56	8	4	16	1
	B *******	理论力学	3	48	0	3	16	2
	B *******	机械制造基础	2	28	4	2	16	2
	B *******	三维建模与工程制图 2	3	48	8	4	14	2
	B *******	材料力学	4	58	6	4	16	3
	B *******	工程热力学	2	32	0	4	8	4
	B *******	机械原理	3	44	4	4	12	3
	B *******	互换性与技术测量	2	28	4	4	8	4
	B *******	机械设计	4	60	4	5/4	8/6	4
	B *******	工程流体力学	2	32	0	4	8	4
	B *******	金属切削原理与刀具	2	28	4	4	8	4
	B *******	电工学	2	28	4	4	8	4
	B *******	液压与气压传动	2	26	6	4	8	5
	B *******	测试技术	2	28	4	4	8	5

续　表

分类	课程代码	课程名称	学分	理论课时	实践课时	周学时	周数	学期
专业必修课	B*******	现代制造装备	3	44	4	6	8	5
	B*******	机械制造工艺学	3	44	4	6	8	5
	B*******	现代数控技术	3	44	4	4	12	6
	B*******	机电控制与PLC应用	2	26	6	3/2	10/1	6
	B*******	先进制造技术	2	28	4	3/2	10/1	6
	B*******	数控加工工艺与编程	3	32	32	5/6	8/4	6
专业选修课	B*******	机械工程材料	2	32	0	4	8	5
	B*******	表面工程技术及应用	2	32	0	4	8	5
	B*******	PDM 原理与应用	2	16	16	4	8	5
	B*******	机械动力学基础	2	32	0	4	8	5
	B*******	3D 打印技术	2	16	32	6	8	5
	B*******	有限元分析及应用	2	32	0	4	8	5
	B*******	概率论与数理统计	3	48	0	3	16	6
	B*******	特种加工	2	8	4	4	8	6
	B*******	逆向工程	2	24	16	5	8	6
	B*******	机械创新设计项目训练	2	0	64	32	2	6
	B*******	精益生产	1	16	0	2	8	6
	B*******	质量控制	1	16	0	2	8	6
能力与创新模块	B*******	三维建模综合实训	2	0	64	32	2	2
	B*******	先进成图技能实训	2	0	64	32	2	3
	B*******	数字化设计综合实训	3	0	96	32	3	5
	B*******	数控机床操作综合实训	3	0	96	32	3	6

续　表

分类	课程代码	课程名称	学分	理论课时	实践课时	周学时	周数	学期
实践教学	B *******	军事理论	2	0	64	32	2	1
	B *******	工程实训	3	0	96	32	3	1
	B *******	军训	1	0	32	32	2	1
	B *******	电子电工实训 A	1	0	32	32	1	4
	B *******	机械设计课程设计	2	0	64	32	2	4
	B *******	专业生产实习	1	0	32	32	1	4
	B *******	测试技术综合实践	1	0	32	32	1	5
	B *******	产品设计与制造实训(含工艺与夹具)	6	0	192	32	6	6
	B *******	机电控制与 PLC 应用课程设计	1	0	32	32	1	6
	B *******	毕业设计(论文)	12	0	512	32	16	8

二、上海 G 大学人才培养的特色发展

上海 G 大学 2016 级人才培养方案明确规定，作为该校的机械工程类专业学生，公共基础平台课应修满 65.5 学分、学科基础平台课应修满 37 学分、专业课程平台课应修满 21.5 学分、集中实践教学环节平台课应修满 42 学分、第二课堂平台课应修满 4 学分。上海 G 大学机械工程类专业具体人才培养方案主要内容如下所述。

(一) 指导思想

为了适应我国社会和经济发展对高等工程技术人才的需求，以及机械工程及自动化行业发展中对多学科人才的需要，以满足现代工业数字化和信息化技术发展的要求，本专业坚持加强理论基础、突出学科交叉、重视新兴技术的专业特色，采取“理论 + 技术实践 + 新技术在本专业的应用”的人才培养模式，重视知识、能力、素质的协调发展，着力提高学生的工程意识、工程素质和实践能力，强化创新能力的培养，为社会不断输送有理想、有道德、有文化、有纪律的优秀人才。

(二) 培养目标

该专业旨在培养具有合格的个人素质、职业素养及职业道德，具有较强的

人际交往及合作能力，具有扎实的自然科学基础理论知识，具有整合思维、工程推理、解决问题和管理组织的能力；能够研究、设计针对复杂机械工程问题的解决方案，能够设计满足特定需求的机械系统、机械单元（部件）或加工工艺流程，能够从事现代机械工程及自动化领域内的机械设计制造、自动化检测与控制技术、科研开发、应用研究、运行管理等方面工作的应用型高级工程技术人才。

（三）专业方向及特色

该专业以现代机械工程及自动化为背景，加强机械工程与微电子、自动化、信息化和管理学等学科的交叉渗透，将传授知识、能力培养与素质教育紧密结合，培养学生具有针对现代机械工程及自动化领域产品的开发设计、加工制造、应用研究及运行管理需求的能力。

（四）毕业要求

该专业的学生主要学习机械工程及自动化的基础理论，学习微电子技术、计算机技术和信息处理技术的基本知识，接受现代机械工程师的基本训练，熟悉机电一体化系统，具有进行机械工程及其自动化产品设计、加工制造、运行管理的基本能力。

该专业的毕业生应获得以下几方面的知识和能力：

（1）工程知识。能够将数学、自然科学、工程基础和专业知识用于解决复杂工程问题。

（2）问题分析。能够应用数学、自然科学和工程科学的基本原理，识别、表达并通过文献研究分析复杂工程问题，以获得有效结论。

（3）设计开发。能够设计针对复杂机电工程问题的解决方案，设计满足特定需求的机械系统、机械单元（部件）或加工工艺流程，并能够在设计环节中体现创新意识，考虑社会、健康、安全、法律、文化以及环境等因素。

（4）研究探索。能够基于科学原理并采用科学方法对复杂机械工程问题进行研究，包括设计实验、分析与解释数据，并通过信息综合得到合理有效的结论。

（5）使用工具。能够针对复杂机械工程问题，开发、选择与使用恰当的技术、资源、现代工程工具和信息技术工具，包括对复杂机械工程问题的预测与模拟，并能够理解其局限性。

（6）工程社会。能够基于工程相关背景知识进行合理分析，评价专业工程实践和复杂工程问题解决方案对社会、健康、安全、法律以及文化的影响，并理解应承担的责任。

(7) 环境发展。能够理解和评价针对复杂工程问题的专业工程实践对环境、社会可持续发展的影响。

(8) 职业规范。具有人文社会科学素养、社会责任感，能够在工程实践中理解并遵守工程职业道德和规范，履行责任。

(9) 个人团队。能够在多学科背景下的团队中承担个体、团队成员以及负责人的角色。

(10) 沟通。能够就复杂机械工程问题与业界同行及社会公众进行有效沟通和交流，包括撰写报告和设计文稿、陈述发言、清晰表达或回应指令。并具备一定的国际视野，能够在跨文化背景下进行沟通和交流。

(11) 项目管理。理解并掌握工程管理原理与经济决策方法，并能在多学科环境下应用。

(12) 终身学习。具有自主学习和终身学习的意识，有不断学习和适应发展的能力。

(五) 主干课程、核心课程及课程体系

该专业的主干课程是力学和机械工程。其核心课程是工程力学(一)、工程力学(二)、机械原理、机械设计 A、电工技术(含实验)、电子技术(含实验)、工程材料学、制造技术基础 A、互换性与技术测量 A、控制理论基础、分布式控制系统、机电传动控制、流体力学与液压传动、机电一体化系统设计等。

该专业的课程体系包括设计制造系列课程和控制系列课程两个模块。其中设计制造系列课程包括现代工程图学、互换性与技术测量 A、机械原理、机械设计 A、机械 CAD/CAM 技术、机电一体化系统设计、工程材料学、制造技术基础 A、数控技术。控制系列课程包括电子技术(含实验)、微机原理及接口技术、机械工程测试技术基础、控制理论基础、PLC 技术基础、机电传动控制、分布式控制系统、工程机应用技术、智能控制系统。

(六) 实践教学

该专业的实践教学内容主要包括实验、实习、课程设计、毕业设计(论文)、军训等。

1. 实验

该专业注重学生的实验技能训练，专业基础课和专业课安排有相关的实验教学环节，并开设了 5 门独立的实验课程。这 5 门实验课程的具体学时安排如下：

(1) 基础物理实验。安排在第二学期，14 学时。

（2）综合物理实验。安排在第二学期，14 学时。

（3）设计创新性物理实验 1。安排在第三学期，12 学时。

（4）设计创新性物理实验 2。安排在第三学期，12 学时。

（5）机电系统创新实验。安排在第七学期，1 周。

2. 实习

该专业的专业实习主要包括基础实习、认知实习、顶岗实习、见习实习等。其中制造技术基础实习 A 安排在第一学期，时间为 3 周。机械工程及自动化认知实习安排在第二学期企业实践环节，时间为 2 周。由上海 G 大学选择设备先进的机械制造厂，目的在于帮助学生了解机电产品和工程系统中的加工作业自动化、物流自动化、信息流自动化、管理自动化、常见的柔性机械制造自动化系统等知识，为后续专业课程打好基础。

机械工程自动化顶岗实习安排在第六学期企业实践环节，时间为 8 周。目的在于帮助学生熟悉机电产品和系统中的机械技术，了解在机电产品和系统生产一线进行机电产品和系统设计、研制、开发、制造和解决机电产品与系统生产实际问题的过程。

机械工程及自动化见习实习安排在第七学期的企业实践环节，时间为 6 周。旨在帮助学生熟悉机电产品和系统的生产组织实施和管理过程。

3. 课程设计

该专业的课程设计主要包括机械设计课程、专业课程和分布式控制课程的设计。其中，机械设计课程设计安排在第五学期，时间为 2 周，在学生修读完机械设计 A 课程后进行，主要是对机械传动装置进行结构设计及计算分析。专业课程设计安排在第七学期，时间为 3 周，在学生完成所有的专业课程教学后进行，主要是选择典型的机械电子系统进行总体设计、控制软件设计及系统调试等。分布式控制课程设计安排在第六学期，时间为 1 周，在学生完成分布式控制系统课程教学后进行，主要是选择典型的控制系统进行总体设计、控制软件设计及系统调试等。

4. 毕业设计（论文）

该专业的毕业设计（论文）安排在第八学期，时间为 16 周。其主要目的在于训练学生如何把四年来所学到的知识应用在工程设计或课题研究中，旨在培养学生调查研究、收集资料、提出方案、图纸设计、计算编程、翻译外文资料、书写报告及论文答辩等综合能力。毕业设计的内容是结合科研和工程的实际需要，完成机械电子工程及相近专业的工程课题、研究课题或实验课题。

5. 军训

该专业的军训安排在第一学期，时间为2周。

（七）第二课堂

依据上海G大学第二课堂学分的实施办法，该专业的第二课堂共有4学分，包括创新创业类和素质拓展类两大模块，每个模块都是2学分。

（八）学制及毕业规定

该专业的基本学制为4年，学生可在3～6年内完成学业。学生在规定的学习年限内须修满专业培养计划规定的各教学模块的学分，总计达到170学分，才能毕业。其中各类必修课程应达到128.5学分，选修课程应达到41.5学分（含第二课堂4学分）。

（九）学位

符合上海G大学学士学位授予工作细则规定的毕业生，被授予工学学士学位。

（十）课程设置及学分要求（共170学分）

1. 公共基础平台课程

上海G大学要求该专业学生应在“机械能源材料类”公共基础平台课中修满65.5学分（表3－24）。

表3－24　上海G大学2016年机械工程类专业公共基础平台课

课程组	课程代码	课程名称	学分	总学分	讲课课时	实验课时	上机课时	考核方式	建议修读学期	学分要求
思政就业创业类	*****	中国近现代史纲要	2	32	24	8	—	—	1上	
	*****	思想道德修养与法律基础	3	48	32	16	—	—	1下	
	*****	形式与政策	3	56	56	—	—	—	1～6、8	
	*****	大学生创业基础教育	0.5	8	8	—	—	—	1	
	*****	军事理论	0.5	8	8	—	—	—	1	
	*****	马克思主义基本原理	3	48	40	8	—	—	2	
	*****	毛泽东思想和中国特色社会主义理论体系概论（一）	3	48	32	16	—	—	5	

续　表

课程组		课程代码	课程名称	学分	总学分	讲课课时	实验课时	上机课时	考核方式	建议修读学期	学分要求
思政就业创业类		*****	毛泽东思想和中国特色社会主义理论体系概论(二)	3	48	32	16	—	—	6	14
		*****	大学生就业指导	1	16	16	—	—	—	7	
		合计		14							
数学类	Ⅰ	*****	一元微积分(上)	3	48	48	—	—	—	1上	12
		*****	一元微积分(下)	3	48	48	—	—	—	1下	
		*****	多元微积分(上)	3	48	48	—	—	—	2上	
		*****	多元微积分(下)	3	48	48	—	—	—	2下	
		合计		12							
	Ⅱ	*****	一元微积分(上)	3	48	48	—	—	—	1上	10
		*****	一元微积分(下)	3	48	48	—	—	—	1下	
		*****	多元微积分(上)	2	32	32	—	—	—	2上	
		*****	多元微积分(下)	2	32	32	—	—	—	2下	
		合计		10							
物理类	Ⅰ	*****	力学	2	32	32	—	—	—	2上	10.5
		*****	电磁学	2	32	32	—	—	—	2下	
		*****	基础物理实验	0.75	14	4	10	—	—	2上	
		*****	综合物理实验	0.75	14		14	—	—	2下	
		*****	波动和光学	2	32	32	—	—	—	3上	

续　表

<table>
<tr><th colspan="2">课程组</th><th>课程代码</th><th>课程名称</th><th>学分</th><th>总学分</th><th>讲课课时</th><th>实验课时</th><th>上机课时</th><th>考核方式</th><th>建议修读学期</th><th>学分要求</th></tr>
<tr><td rowspan="9">物理类</td><td rowspan="4">Ⅰ</td><td>*****</td><td>热学和近代物理</td><td>2</td><td>32</td><td>32</td><td>—</td><td>16</td><td>—</td><td>3下</td><td rowspan="3">10.5</td></tr>
<tr><td>*****</td><td>设计创新性物理实验(一)</td><td>0.5</td><td>12</td><td>2</td><td>10</td><td>—</td><td>—</td><td>3上</td></tr>
<tr><td>*****</td><td>设计创新性物理实验(二)</td><td>0.5</td><td>12</td><td></td><td>12</td><td>—</td><td>—</td><td>3下</td></tr>
<tr><td colspan="2">合计</td><td>10.5</td><td colspan="7"></td></tr>
<tr><td rowspan="4">Ⅱ</td><td>*****</td><td>物理实验</td><td>1</td><td>24</td><td>4</td><td>20</td><td>—</td><td>—</td><td>2</td><td rowspan="3">5</td></tr>
<tr><td>*****</td><td>力学</td><td>2</td><td>32</td><td>32</td><td></td><td>—</td><td>—</td><td>2上</td></tr>
<tr><td>*****</td><td>电磁学</td><td>2</td><td>32</td><td>32</td><td></td><td>—</td><td>—</td><td>2上</td></tr>
<tr><td colspan="2">合计</td><td>5</td><td colspan="7">仅工业设计专业选模块Ⅱ</td></tr>
<tr><td rowspan="5">计算机类</td><td rowspan="2">Ⅰ</td><td>*****</td><td>计算机应用基础</td><td>2</td><td>32</td><td>16</td><td>16</td><td>—</td><td>—</td><td>1上</td><td>2</td></tr>
<tr><td colspan="2">合计</td><td>2</td><td colspan="7"></td></tr>
<tr><td rowspan="3">Ⅱ</td><td>*****</td><td>VB程序设计</td><td>3</td><td>48</td><td>24</td><td>24</td><td>—</td><td>—</td><td>2</td><td rowspan="2">3</td></tr>
<tr><td>*****</td><td>C语言程序设计</td><td>3</td><td>48</td><td>24</td><td>24</td><td>—</td><td>—</td><td>2</td></tr>
<tr><td colspan="2">合计</td><td>6</td><td colspan="7"></td></tr>
<tr><td colspan="2" rowspan="5">体育类</td><td>*****</td><td>体育(一)</td><td>1</td><td>32</td><td>32</td><td>—</td><td>—</td><td>—</td><td>1</td><td rowspan="4">4</td></tr>
<tr><td>*****</td><td>体育(二)</td><td>1</td><td>32</td><td>32</td><td>—</td><td>—</td><td>—</td><td>2</td></tr>
<tr><td>*****</td><td>体育(三)</td><td>1</td><td>32</td><td>32</td><td>—</td><td>—</td><td>—</td><td>3</td></tr>
<tr><td>*****</td><td>体育(四)</td><td>1</td><td>32</td><td>32</td><td>—</td><td>—</td><td>—</td><td>4</td></tr>
<tr><td colspan="2">合计</td><td>4</td><td colspan="7"></td></tr>
<tr><td colspan="2" rowspan="3">英语类</td><td colspan="3">基础阶段</td><td colspan="6" rowspan="2">具体课程见《本科英语类课程一览表》</td><td>12</td></tr>
<tr><td colspan="3">拓展阶段</td><td>2</td></tr>
<tr><td colspan="2">合计</td><td>14</td><td colspan="7"></td></tr>
<tr><td colspan="2" rowspan="3">公共选修课</td><td colspan="9">本科类</td><td>4</td></tr>
<tr><td colspan="9">跨科类</td><td>2</td></tr>
<tr><td colspan="2">合计</td><td>6</td><td colspan="7"></td></tr>
</table>

2. 学科基础平台课程

上海G大学要求该专业学生应在“机械能源材料类”学科基础平台课中修满37学分(表3-25)。

必修课程主要包括工程力学(一)、工程力学(二)、制造技术基础A、线性代数、信息检索、概率论与数理统计、现代工程图学(一)、现代工程图学(二)、互换性与技术测量A、机械设计A、机械原理、大学化学、电子技术、电工技术。

表3-25　上海G大学2016年机械工程类专业学科基础平台课

课程组	课程代码	课程名称	学分	总学时	讲课课时	实验课时	上机课时	考核方式	建议修读学期	学分要求
1 必修课程	*****	线性代数	2	32	32	—	—	—	2上	15
	*****	工程力学(一)	3	48	48	—	—	—	3	
	*****	概率论与数理统计	3	48	48	—	—	—	3	
	*****	制造技术基础A	3	48	48	—	—	—	3	
	*****	信息检索	1	16	8	—	8	—	3	
	*****	工程力学(二)	3	48	42	6	—	—	4	
2	*****	现代工程图学(一)	3	48	48	—	—	—	1	5
	*****	制图基础	3	48	48	—	—	—	1	
	*****	现代工程图学(二)	2	32	32	—	—	—	2	
	*****	计算机辅助工业设计(一)	3	48	20	—	28	—	2下	
	*****	工业工程软件Pro/E	2	32	16	—	16	—	4上	
	*****	固态相变原理	2	32	26	4	—	—	4下	
	*****	电力电子技术	2	32	26	6	—	—	4下	
	*****	流体输配管网	2	32	32	—	—	—	5上	
3	*****	大学化学	2	32	32	—	—	—	1	11
	*****	设计思维与表达	2	32	32	—	—	—	2上	

续　表

课程组	课程代码	课程名称	学分	总学时	讲课课时	实验课时	上机课时	考核方式	建议修读学期	学分要求
3	*****	设计心理学	2	32	24	—	8	—	2下	11
	*****	流体力学	3.5	56	54	2	—	—	4	
	*****	工程热力学	3.5	56	54	2	—	—	4	
	*****	机械原理	3	48	44	4	—	—	4	
	*****	机械原理及零件	4	64	60	4	—	—	4	
	*****	材料科学基础(一)	3	48	44	4	—	—	4上	
	*****	材料科学基础(二)	2	32	28	4	—	—	4下	
	*****	材料科学基础	4	64	56	8	—	—	4	
	*****	检测与传感技术	2	32	30	2	—	—	4下	
	*****	互换性与技术检测A	2	32	28	4	—	—	5上	
	*****	机械设计A	4	64	60	4	—	—	5	
	*****	材料热力学	2	32	32	—	—	—	5下	
4	*****	现代工业设计史	2	32	32	—	—	—	1上	6
	*****	物理化学	3	48	48	—	—	—	3	
	*****	机械制图	2	32	32	—	—	—	3上	
	*****	设计图形表现	2	32	32	—	—	—	3下	
	*****	电工技术	3	48	44	4	—	—	3	
	*****	电工与电子技术	3	48	44	4	—	—	3	
	*****	电子技术	3	48	44	4	—	—	4	

3. 专业课程

上海G大学要求该专业学生应在“机械能源材料类”学科专业平台课中修满21.5学分(表3-26)。

表 3 - 26　上海 G 大学 2016 年机械工程类专业学科专业平台课

课程组	课程代码	课程名称	学分	总学分	讲课课时	实验课时	上机课时	考核方式	建议修读学期	学分要求
1 必修课程	*****	控制理论基础	3	48	46	2	—	—	5 上	12
	*****	工程材料学	2	32	28	4	—	—	5 上	
	*****	流体力学与液压传动	3	48	44	4	—	—	6 上	
	*****	分布式控制系统	2	32	28	4	—	—	6 下	
	*****	机电一体化系统设计	2	32	28	4	—	—	7 下	
	合计		12							
专业选修课 设计制造选修模块	*****	机械 CAD/CAM 技术	2	32	28	4	—	—	5 上	4
	*****	机械优化设计	2	32	26	6	—	—	5 下	
	*****	机电传动控制	2	32	28	4	—	—	6 上	
	*****	精密与特种加工技术	2	32	32		—	—	6 上	
	*****	专业英语	2	32	32		—	—	6 下	
	*****	三维 CAD 设计	2	32	32		16	—	6 下	
	*****	数控技术	2	32	32	2	—	—	7 下	
	*****	气动技术	2	32	32	4	—	—	7 下	
	合计		16							
专业选修课 自动化选修模块	*****	PLC 技术基础	2	32	26	6	—	—	5 上	5.5
	*****	机械工程测试技术基础	1.5	24	22	2	—	—	5 下	
	*****	微机原理及接口技术	2	32	28	4	—	—	6 上	
	*****	机器人导论	1.5	24	24		—	—	6 上	

续　表

课程组		课程代码	课程名称	学分	总学分	讲课课时	实验课时	上机课时	考核方式	建议修读学期	学分要求
专业选修课	自动化选修模块	*****	计算机控制技术	2	32	28	4	—	—	6下	5.5
		*****	工控机应用技术	2	32	28	4	—	—	7下	
		*****	智能控制系统	2	32	26	6	—	—	7下	
		合计		13							

4. 集中实践环节

上海G大学要求该专业的学生应在“机械能源材料类”学科专业实践平台课中修满42学分(表3-27)。

表3-27　上海G大学2016年机械工程类专业学科专业实践平台课

课程组	课程代码	课程名称	学分	总学时	考核方式	建议修读学期	学分要求
1 必修课程	*****	制造技术基础实习A	3	3周	—	1上	—
	*****	军训	1	2周	—	1下	—
	*****	机械工程及自动化认知实习	2	2周	—	2下	—
	*****	机械设计课程设计	2	2周	—	5下	—
	*****	分布式控制课程设计	1	1周	—	6下	—
	*****	机械工程及自动化岗位实习	8	8周	—	6下	—
	*****	机械工程及自动化见习实习	6	6周	—	7上	—
	*****	机电系统创新实验	1	1周	—	7下	—
	*****	专业课程设计	3	3周	—	7下	—
	*****	毕业设计(论文)	16	16周	—	8	—
	合计		42	—	—	—	—

5. 第二课堂

上海 G 大学要求该专业的学生应在学校第二课堂平台课中修满 4 学分(表 3－28)。

表 3－28　上海 G 大学 2016 年机械工程类专业第二课堂平台课

模　块	类　别	学　分	建议修读学期	学分要求
第二课堂	创新创业类	2	1～8	4
	素质拓展类	2	1～8	

第四章　应用技术大学人才培养特色发展的目标定位

马克思主义唯物辩证法认为，事物是普遍性和特殊性、共性和个性、统一性和多样性的统一。随着世界经济一体化的不断融合，我国正处于工业现代化进程日渐加深、经济结构面临调整、产业结构亟须升级的转型时期，这势必给高等教育改革提出了更高要求，迫切需要构建与产业结构升级换代相适应的职业教育体系，迫切需要培养大量高水平技术型人才作为经济转型发展的“助推器”。党的十八届五中全会指出，高等教育应当坚持创新驱动，协调发展、绿色发展、开放发展和共享发展。着力促进教育公平，着力优化教育结构，着力开展深化改革，提升高等教育质量，促进教育的国际化发展。我国的高等教育经历了由精英化向大众化发展的阶段，应用型高校的发展理念和模式正在逐步完善，体现了高等教育人才培养的普遍性和特殊性、统一性和多样性、共性和个性协调发展的道理。因此，应用技术大学的人才培养特色应聚焦于技术的研发、积累和转化，既要扎根于学校独特的办学传统，又要致力于满足区域经济发展的行业需求，更要形成符合自身特点的人才培养方案。

第一节　应用技术大学人才培养特色发展的规律

“规律”概论产生的历史较早，在认识论出现之前已经在古希腊哲学中出现。“逻各斯”是古代欧洲和中世纪哲学话语中经常出现的概念，意思是可理解的事物变化的尺度。赫拉克利特（Heraclitus）最早将这个概论引入哲学，主要用来说明事物虽然千变万化，但人可以从中把握一定尺度。后经斯多葛学派的发展，把“逻各斯”界定为自然界事物的理性和规则。赫拉克利特说的“思想是最大的优点，智慧就在于说出真理”“一切都遵循着这个逻各斯”阐述了

“逻各斯”的普遍性[①]。亚里士多德指出，“无论在哪里，科学研究的对象，都是那个最根本的、其他的东西所依靠并赖以得名的东西”[①]；“认为科学地认识的东西是不可改变的……凡是出于必然的东西，当然能被科学地认识，当然是永恒的东西。而凡是出于必然而存在，条件是永恒的。”[②]从而论述了必然存在是永恒的，是来自对事物科学的认识。后来他强调的“科学就是对普遍者和那出于必然的事物的把握”为科学认识论的发展打下了理性基础。因此，规律的内涵也就包含了“普遍”“必然”“永恒”的基本特性。

从马克思主义哲学角度来看，规律就是事物之间本质的、必然的联系。扈中平等将教育规律定义为教育系统在其运动发展过程中内部诸要素之间、教育系统与其环境（物质的、精神的、社会的）之间的一种本质或必然的联系[③]。顾明远主编的《教育大辞典》(1998)中对教育规律的定义为“教育发展过程中的本质联系和必然趋势”。不难看出，我们讲的教育规律是指涉及教育过程中一切事物之间本质的、必然的联系。这种联系在马克思主义哲学来看，应该分为两种：一种是普遍联系，另一种是特殊联系。在这个层面上，按照性质教育规律可分为一般发展规律和育人规律，一般发展规律主要包括教育理论、教育发展以及教育与社会的关系等。有的学者指出教育的不同方面、不同阶段、不同层次、不同活动中的规律，如德育、体育、智育等过程中的规律[④]。对于育人规律，赵沁平(2012)认为“实际上是反映人的成长规律，是符合人成长的规律，能够促进人成才的教育思想、理念和方法”。因此，他把育人规律分为循序渐进、因材施教、理论与实践相结合三个部分。从这个角度来看，教育具有自主性、能动性，即“主体性”。综上所述，如果说在认识自然界规律的过程中离不开人的主观因素，那么在改造世界的实践活动中更包含了“人”的主体色彩。马克思主义理论关照中的教育规律既有一定的客观特性，也受教育主体的影响，具有主体性特色。这对应用技术大学育人实践有一定的理论意义和实践意义。因此，应用技术大学的人才培养活动，既要符合教育规律，也要体现各个高校的自身特色；既要符合人才成长的规律，也要体现培养特色。

所谓人才培养规律，一般是指对人才成长进行一定的教育、培训或管理等行为过程中，系统内部各要素以及系统与环境其他事物之间所体现的可重复的或

---

① 北京大学哲学系外国哲学史教研室. 西方哲学原著选读：上卷[M]. 北京：商务印书馆，1981：22－25，124.

② 亚里士多德. 亚里士多德全集·尼各马可伦理学[M]. 苗力田，译. 北京：中国人民大学出版社，2003：121－124.

③ 扈中平，等. 现代教育学[M]. 北京：高等教育出版社，2000：113.

④ 柳海民. 教育原理[M]. 长春：东北师范大学出版社，2000：459.

概率性重复的联系。从哲学层面上看，规律具有多样性、系统性和层次性。人才培养规律也同样具有这三个特性。就其影响的范围而言，主要体现在人才培养一般规律和特殊规律的区别上。人才培养的一般规律是指不同历史时期、不同社会条件下，教育主体对人才成长进行一定的教育、培训和管理的规律；人才培养的特殊规律是指教育主体在一定历史时期、一定社会条件下对其本科人才进行独特的、显著区别于其他教育主体的教育、培训或管理的规律。

一、应用技术大学人才培养的一般规律

人才培养总是在具体的社会历史环境中进行的一系列教育、培训和管理的过程。马克思主义哲学认为教育是在社会环境中进行的活动，因此人才的培养过程总是受社会历史条件和自然规律的制约。人才培养的一般规律要符合社会生产力发展水平和社会传统历史文化的积淀。亚当·斯密认为"生产力上最大的改良，以及在任何处指导劳动或应用劳动时所用的熟练技巧和判断力的大部分，都是分工的结果"①。社会分工的进程必然带来职业上的分化，这为各行各业从事机械化大生产准备了大量的受过良好职业训练且能够熟练运用这些技能的人才。其中有普通人才，也有杰出人才。然而，即使是社会各个领域的普通人才，他们也为各行各业的经济发展、生产力进步，贡献出了自己理性睿智的逻辑思维、追求真理和探索规律的理性精神。正是这些普通人才推动了世界的进步，创造出了以往几个世纪所达不到的文明成果。这些发现，是在日益开放的社会环境下进行的，是在社会历史文化积淀基础上重新创新发展的。因此，社会经济的发展水平、民主法治的社会环境、平等自由的交往规制、尊重人和崇尚知识的精神文化都会成为人才培养的"土壤"。

基于以上观点，一些专家学者根据人才培养的主体特性、外在形式和发展方向总结出了三条一般性的育人规律：循序渐进规律、因材施教规律和知行合一规律。

1. *循序渐进规律*

人的思维能力、心理层次都会随着年龄的增长而不断成长。这是人学习知识、完善人格的自然基础。人类认识社会、改造社会的过程中积累起来的经验体系、真理规律是靠历史进程中一代又一代的人不断开创和检验而来，因而教育人学习和实践也需要一步一步去完成。孔子在《论语·宪问》中指出："不怨天，不尤人，下学而上达。"朱熹注释这句话说："此但自言其反己自修，循序渐进耳。"朱

---

① 亚当·斯密. 国富论[M]. 郭大力，王亚南，译. 南京：译林出版社，2011.

熹认为,孔子对子贡说的这句话,表达出了他认为育人需要按照客观规律经过一定的过程而实现。

从人才培养的过程来看,人才的成长应该体现出对立统一。从对立的角度来看,人才的培养是将主体经过一定的程序、方法,借助一定的工具对受教育者进行教育、管理或培训的过程,这恰好充分体现了受教育者的量变和质变的对立。人才培养过程中的量变就是把受教育者的智力发展、综合素质、实践操作等元素按照一定的程序组合起来。人才培养的质变是量变发展到一定阶段的结果,量变发展到临界点后发生质的突变,从而实现人才培养的阶段性飞跃。从统一角度来看,人才培养过程中的量变向质变的转化,是统一于人才培养的实践过程中,指向教育的最终目标。应用技术人才的培养要遵循专业技能学习、认知和内化的规律。受教育者掌握技能的过程是技术不断积累、内化和提高的过程,是通过"理论认识—实践—理论提升—再实践"的循序渐进过程。应用技术大学人才实践能力的培养是从理论学习入手,通过在不断实践中把理论知识转化为解决生产实际问题的能力,再从中不断积累和提升已经学到的理论知识,从而不断追求创新、解决问题。其中,可能要面临失败的煎熬和痛苦,但最终会突破临界点,得以掌握技术,从而培养了实践能力。

2. 因材施教规律

"世界上没有两片相同的树叶"这句名言是各类哲学经常使用的经典。它主要说明事物之间的共性与个性、一般与特殊的关系。辩证唯物主义认为,世界上任何事物都是共性和个性、一般和特殊的统一。莱布尼茨之所以会认为"世界上没有两片相同的树叶",是因为世界上的事物千差万别,其具有区别于其他事物内在规定性的本质属性,即个性。但事物之间的联系是普遍的,相互联系的事物之间有共同的属性,又决定了事物之间存在共性。共性总是存在个性之中。一般和特殊是对立关系,但一般又在一个个特殊中存在,没有特殊,一般也就失去了载体,因此,一般和特殊统一在事物运动发展过程中。根据因材施教规律,应用技术大学在培养人才的过程中应注重每个学生的主体性原则,即每个受教育者都是不同的个体。这里的不同,包括了受教育者的经历、知识结构、性格、兴趣、人格、能力、环境等各个方面的异质性。

教育者在分析影响人才成长的因素时,既要考虑到受教育者的内在因素,也要分析环境、群体等外在因素,协调个人努力和外在环境制约的关系、个人奋斗和群体合作的关系、人才培养与社会经济发展需求的关系。首先,要认识到受教育者个体的独特性,教育的本质是育人。教育者要从受教育者的主体出发,了解每个主体的特点,才能制定出针对他的培养方案。其次,个人努力需要和终身发展相统一。虽然强调每个受教育者的个性，但并不是否定教育的共性。受教育者的人才培养方案需要结合经济社会发展需求和意识形态要求。应用技术大学制定的人才培养方案需要体现“多样化人才”观，遵循“人人都能成才”的理念，为学生的终身发展服务。最后，应用技术大学人才培养需要团队协作完成。因材施教注重人才的特殊性，但需要按照一定的培养方案去完成。然而培养方案的制定往往需要团队成员一起通过调研、实施、检验等一系列协作过程去完成。应用技术大学人才培养要勇于打破传统本科教育的模式，制定符合地方应用技术大学自身特色的人才培养方案，才能体现共性和个性、一般和特殊的统一。

3. 知行合一规律

认识世界是为了改造世界。《马克思恩格斯全集》第3卷中提出，“人的思维是否具有客观的真理性，这不是一个理论的问题，而是一个实践的问题。人应该在实践中证明自己思维的真理性”，这是马克思主义哲学的实践本质。关于实践学说，不仅仅只有马克思主义哲学这么认为，我国传统哲学也有关于实践的论述。余秋雨在《君子之道》认为，中国文化的最终成果不是艺术品，也不是江山社稷，更不可能是穿着打扮，而是一种集体人格——君子。“孔颜乐处”说明了君子固本，通过不断自省达到儒学追求的“内圣外王”境界。虽然儒学追求“修身”，但其理论色彩是指通过“修身”指导之后的实践，因而其本质是实践向度。王阳明在“龙场悟道”中的核心是“此心具足，不假外求”。后面的“知行合一”思想是该核心思想的延伸。“心之体”本身没有善恶，要用良知去判断这些善恶，达到为善去恶的目标。“知行合一”的本质是要用更高的“认知”去驱动自己的“行为”，“认知”是要追求的目标；“行为”的目的是提升自己的“认知”；途径是用实践去检验自己的“认知”。应用技术大学在人才培养上应遵循“知行合一”的规律，敢于打破专业之间的壁垒，让学生可以根据自身实际选择喜欢的专业，发挥产学研的驱动优势，侧重于培养学生的创新实践能力，将课堂上所学的理论知识，通过校企合作项目，直接参与到解决企业生产实际问题的过程中。“知行合一”规律目的是要通过产学研合作来发现新的学科前沿领域和新的知识增长点，“反哺”学校的学科发展和教育教学，形成和提升学校学科特色、人才培养的优势。

二、应用技术大学人才培养的特殊规律

应用技术大学人才培养的特殊规律既是指应用技术大学本科生教育培养的高水平应用型人才，与传统本科教育培养的研究型、教育型、综合型人才类型不同；也是指应用技术大学人才培养应服务于地域经济、区域行业特征和产业技术

领域的需求，体现出区别于其他应用型本科高校人才培养的根本特点。

规律是事物本质的、必然的联系。应用技术大学必须在遵循规律的基础上，实施特色化的人才培养实践。从某种程度上来说，这些理念化的“规律”，贯穿在师生共同的教育、学习、管理和研究活动中，需要不断地加以丰富和发展。概括起来说，应用技术大学人才培养的特色规律有“四个要”：要体现学校办学定位、要引领区域产业升级和技术进步、要满足行业企业需求、要体现以学生为本。

1. 人才培养特色要体现学校办学定位

应用技术大学的办学定位要求其人才培养是以技术为特长的高水平应用型人才。由此而形成的产教融合、理论与应用结合、校企合作等人才培养模式，与其他类型高校注重培养的科研型、综合型或操作层面职业技能型人才的路径应有所区别，应体现出符合经济社会发展的鲜明色彩。因此，应用技术大学的人才培养要具有针对性，侧重于技术特长：一方面，要以大学生专业技术能力培养为出发点和落脚点，以企业需求为核心制定人才培养方案，以校企联合开放课程为核心设计教学；另一方面，要加强应用能力培养，要在学时、课程设置上对接产业需求，加大企业实践时间，严格企业实践考核，要让学生接触到所学专业前沿技术和生产实际，提升职业技能。

2. 人才培养要引领区域产业升级和技术进步

应用技术大学技术人才的培养不是一蹴而就的结果，它体现了技术学习和掌握的规律。从受教育者的角度来看，应用技术大学所培养的学生应具备一定的理论水平、扎实的专业基础知识和持续学习能力；从外界环境来看，高水平应用型本科人才的技术学习和教育主要着眼于服务或者超越经济社会的产业升级和技术发展水平，其中还包括了区域产业技术发展水平、教师的工程实践教学能力和技术实训条件等。应用技术大学的人才培养要跟上区域经济社会产业技术的发展，甚至还要引领区域产业技术的升级转型。因此，在保证基本技能训练条件得到满足之外，应用技术大学要积极跟进区域产业的前沿技术，通过参与企业生产实践过程中实际问题的解决，来“反哺”人才培养过程中的本科技术教育。因此，应用技术大学必须在师资队伍建设、课程设置和实训条件方面要符合行业产业的科技发展水平，甚至要适度地超前发展。而先进技术的学习和教育，则需要通过建立面向产教融合的开放式人才培养体系来实现。

3. 人才培养目标要符合行业企业标准

应用技术大学的人才培养应体现出“行业性、应用性、区域性、创新性、职业性”的特点。在设计人才培养方案时，应用技术大学应主动融合地方经济和行业企业的发展需求，坚持把大学生的就业能力、职业发展或创新创业需求与行业企业的人才标准、人才市场的供需导向、区域经济社会的发展要求结合起来。在人才培养方案中应引入行业企业对应用型高校人才培养的评价机制，并将此融入人才培养方案的制定、课程体系、课堂教学、专业实践内容、考核评价、教学组织方式、思想政治教育、第二课堂活动、职业生涯发展教育等人才培养的全过程中。

4. 人才培养特色发展的根本是要体现以学生为本

当前，党中央、国务院关于引导部分地方普通本科高校向应用型高校转变的战略部署，将引领地方老本科院校、新建本科院校等一批高校走向应用型高校转型发展的“快车道”。党和国家关于地方本科院校转型发展的政策逻辑，是要解决高校人才培养类型与经济社会发展需求的结构性矛盾，引导地方院校将办学思路转到服务地方经济社会发展上来。其目的在于解决人才培养定位模糊、教学模式脱节、办学封闭化等关键问题，真正落实到“为了学生的终身发展”的价值逻辑上。

办学定位的转向必然会使得地方应用型高校人才培养模式从封闭化、停滞化，走向应用技术技能型的人才培养目标定位及其创业创新能力上。一方面，应用技术大学迫切需要在培养模式设计、专业教材上，既要强调学生的创新能力，也要注重学生基础理论知识的学习以及学生应用能力的培养，更要注重学生综合型知识体系框架的搭建，使学生的就业能力和职业素养能够满足行业企业的需求。另一方面，在课程设置、教学设计等方面，应用技术大学要注重校企合作、产教融合、工学交替，通过课程改革，将课程教学引向过程化、项目化、实践化、讨论化、协同化式教学，基于企业需求，在课程教学中把行业企业生产过程所需的实际能力细化为模型，打通学科专业之间的壁垒，通过课程之间的错位搭配组合，培养学生基于企业需求的职业能力体系。

如果说综合型大学沿用的是“学习—素质”，在校期间通过学习理论知识，在职业发展中以理论开发、高端技术创新为岗位要求，那么，应用技术大学的人才培养特色发展模式应结合自身发展传统和区域经济社会的实际需求，构建出符合自身特色的“学习—实践”模式。在校期间以技术知识体系搭建以应用为主，在职业发展过程中以技术创新和转化应用为主的人才类型特色。这是应用技术大学制定人才培养特色发展战略和人才培养目标定位策略的一个基本依据。

第二节 应用技术大学人才培养特色发展的目标

当前，我国已经建成了世界上最大规模的高等教育体系，为现代化建设做出了巨大贡献。但随着经济发展进入新常态，人才供给和需求关系发生了深刻变化，面对经济结构深化调整、产业升级步伐的加快、社会文化建设的不断推进特别是创新驱动发展战略的实施，高等教育的结构性矛盾更加突出，同质化倾向严重，毕业生就业难和就业质量低的问题仍未得到有效缓解，生产服务一线紧缺的应用型、复合型、创新型人才培养机制尚未完全建立，人才培养结构和质量尚不能适应经济结构调整和产业升级的要求。

因此，国家必须不断推进高等教育分类、分层次的转型发展。围绕“创新驱动发展”“中国制造 2025”“互联网 + ”“大众创业万众创新”“一带一路”等，引导地方高校主动融入区域经济社会发展，为行业企业技术进步服务，在校企合作中实现“为学生终身发展”的办学目标。地方应用型本科高校开始把办学思路真正聚焦到服务地方经济社会发展，通过不断优化产教融合、校企合作模式，共同培养应用技术技能型人才，不断增强学生就业创业能力，全面提高学校服务区域经济社会发展和创新驱动发展的能力。

一、国际视野下应用技术大学人才培养目标的内涵

教育政策的发展总是伴随经济技术进步而不断革新。传统意义上的大学主要是培养综合素质的人才，但是经济结构的转型发展推动了社会分工的加速，传统大学的人才培养体系已不能满足不断变化的市场对于一线技术人才的渴求。企业在经济转型过程中，迫切需要大批高水平的应用型人才，要求他们既懂得科学理论知识，又具备解决生产过程中实际问题的能力。作为高水平的职业教育，应用技术大学的人才培养目标应处于职业教育的最高层次。站在人才培养的国际化视角来看，具有本科水平的理论知识、具有解决企业生产实践问题的能力、具有创新能力和国际化视野是应用技术大学人才培养特色发展目标的基石。

1. 欧洲应用技术大学人才特色培养目标着力点在“应用”

以德国职业教育为例，其人才培养目标不同于研究型、教学型和综合型大学，具有鲜明的特色，通过对学生进行高等工程技术教育及企业实训，使其成为某一领域既具备专业理论知识又拥有较强的技术应用能力，可解决企业生产过程实际问题的高级应用技术人才。因此，德国的应用型大学以培养高层次应用技术型人才为目的，即在掌握扎实的科学知识与方法的基础上，能够胜任相关行业工作岗位要求的技术人才；而职业学院培养的则是兼具初步理论知识和实践操作能力的实践型、技能型人才。

瑞士应用技术大学积极开展面向中小企业的应用型研究、提供相关成果的转化及后期服务与技术支持，为企业难题提供创新性解决方案。通过产教结合，

学校和企业获得“双赢”：一是应用型研究为企业解决实际问题，并提供创新研究成果，拓展企业业务，给企业带来实际收益；二是应用型研究为学校培养创新应用型人才。

作为欧洲应用技术大学的典型，荷兰应用科技大学人才培养形成了自己的特色。其主要特色在于：把培养适应技术密集型产业发展、具有创新实践能力的应用型人才作为目标定位，形成了中本贯通机制，为经济发展提供有力的人力支持；积极开展校企合作，注重与产业界保持良好互动关系；推进国际合作与交流，培养学生的国际化视野等①。

爱尔兰理工学院的人才培养目标则直接面向经济生活，培养社会经济建设急需的实用型、创造型人才，从技术员到高级工程师都是在其培养目标之列。应用型科研强调科研与教育、社会服务相结合②。

2. 我国应用技术大学人才特色培养目标具有“多元化”

高校的根本任务是为中国特色的社会主义现代化建设培养建设者和接班人，高校应根据我国市场经济建设和区域社会发展的需要，实现人才培养的多元化。技术创新的应用研究和国家及区域产业技术转型升级的需求，是应用型本科院校人才培养特色持续发展的内在动力。因此，只有满足区域经济社会发展，提升引领支撑行业企业技术进步对人才培养的需求，才能扩展地方应用型本科高校人才培养特色的持续发展空间。在国际化视野下，我国应用技术大学所培养的高水平应用型人才应具备深厚的理论基础，掌握科学的研究方法，具有跨学科或行业的视野或思维，精通某一行业的专业知识并能够解决该行业具体生产问题的实践能力③；同时应具有创新精神和国际视野，为以一线工程师为主的技术型人才。

二、应用技术大学人才培养特色发展的目标分析以及与高等职业院校的比较

政策背景的变革促使我国高等教育要不断适应经济社会形势的变化，发展本科及以上层次的职业教育成为我国职业教育及高等教育领域面临的重要难题。根据教育部、国家发展和改革委员会、财政部发布的《关于引导部分地方普通本科高校向应用型转变的指导意见》，建设一批高水平应用技术大学，形成以应用技术为本，建设具有中国特色的应用技术人才培养体系，是高等教育改革的

① 王云儿. 荷兰应用科技大学发展特征探析[J]. 江苏高教，2014(1)：151－152.
② 孙诚. 欧洲应用技术大学的发展思路[J]. 中国高等教育，2014(12)：60－63.
③ 李玉静. 应用型本科教育：人才培养的目标定位[J]. 职业技术教育，2013(25)：1.

必然。那么，应用技术大学和传统意义上的大学及高职高专层次高校在人才培养发展上有何区别？这些问题成为近年来教育理论界普遍关心的议题，然而解决这个问题的关键在于形成符合应用技术大学自身人才培养特色的发展目标。

1. 应用技术大学人才培养目标的特色定位

在应用型本科高校向应用技术大学转型发展的过程中，如何提升高水平应用技术大学人才培养的特色和优势，是破解我国高等教育分类、分层次转型发展的重要路径。人才培养目标的类型差异直接体现在高校的发展方向和最终教育成果上，这种差异性是地方应用型本科高校结合自身特色确定办学定位，进行转型发展的基础。

学术界比较一致的看法是，应用型人才可分为工程型、技能型和技术型人才[①]。工程型人才是负责工程或产品设计、项目规划或决策、复杂技术处理或及管理工作；技能型人才是操作型人才，主要工作在生产第一线，为社会直接创造经济效益的人才；技术型人才是将工程型人才的成果通过自己的理解、加工甚至创新，转化为物质形态或对社会直接产生效益的一类人才，他们在生产第一线或劳动现场，是社会利益的直接创造者。

与工程型人才相比，技术型人才具有宽泛的专业理论知识和研究能力，但理论知识并没有工程型人才要求的专业和资深，而是要突出其具备具体分析和解决生产实际问题的能力；生产一线的工作更具有协同性和团队性，与工程型人才相比，技术型人才更加强调协同团队工作的组织能力和管理能力。在人才培养特色发展过程中，技术型人才必须突出在生产实践过程中理论应用的能力，因此要求其理论知识必须宽广。

与技能型人才相比，虽然技术型人才和技能型人才都属于高等职业技术教育，但培养的层次不同。技能型人才的培养目标侧重培养人才熟练操作生产工具的技能和必需的专业知识；而技术型人才则侧重培养人才对专业知识的应用能力，能够综合运用各种知识创新解决实际问题的能力。技能型人才在工作现场中需要和技术型人才广泛合作，需要接受技术型人才的指导。

作为本科层次的职业技术教育，应用技术大学的人才培养特色发展的目标需要具有宽广的知识，突出理论的应用和实践能力，能解决生产一线的实际问题，特别是创造性解决问题的能力。因此，技术型人才更符合应用技术大学人才培养特色发展的目标。职业院校是专科层次的职业技术教育，主要偏重技能的

---

① 刘冬，侯晨. 应用技术大学与高职高专院校人才培养目标比较分析[J]. 职业技术教育，2017(17)：22.

熟练操作和必要的理论知识学习，更符合技能型人才的培养目标定位。

2. 应用技术大学人才培养目标的职业特色

从人才培养特色发展的职业特色来看，应用技术大学人才培养特色发展的目标是针对"在工作现场直接从事为社会创造效益的高级应用型人才"。从语义学上看，"应用"的意思是"适应所需，以供用之"。可见，"应用"一词含义甚广，涉及领域众多。从学校教育的发展历程来看，现代大学是以专业为载体实行人才培养的机构。

美国著名教育家布卢姆(B. S. Bloom)提出了"教育目标的分类系统"和"掌握学习"理论。他把教育目标分为认知、情感、动作技能三大类，每类目标又分成不同层次，排列成由低到高的阶梯。技术型人才的培养是从"知识载体中学"，以学习系统理论知识为主，注重实践能力培养；技能型人才培养是从"做中学"，以熟练掌握动作技能为主，同时学习一些必要的知识①。可见，应用技术大学所培养的人才要具备系统理论知识，能在同一企业中适应不同部门的生产需要。毕业生具有系统的理论知识，可以适应产业技术升级和国家经济结构转型对岗位能力的要求，既可以在生产一线从事生产、管理或服务的技术人员，也可以在产品设计、复杂技术处理、项目运行决策等高技术部门就业。总之，应用技术大学人才培养特色发展的目标是培养满足生产一线的技术、管理、组织等部门需要的高级应用型人才。

高等职业院校是以培养技能型人才为目标，兼以与本科院校贯通培养的任务，即高职高专院校的毕业生在毕业阶段通过一定形式的理论考试，达到要求后可以继续在应用型本科高校继续学习。与技术型人才的职业定位相比，技能型人才培养主要面向特定的岗位，学生在学校所掌握的技能能够满足生产、管理或服务现场中具体岗位对人才的要求。这类人才培养特色在于十分强调技能的熟练掌握，在生产现场十分精通生产工具或服务流程的使用、维护和工艺改进，并具备一定的理论知识。因此，高职高专院校主要培养的是企业生产过程中所需要的大量具备一定理论知识和熟练技能的高级技术工人。与专科院校的人才培养相比，应用技术大学人才培养的职业特色更加突出技术水平，强调就业口径更宽，职业发展空间更大。

3. 应用技术大学人才培养目标的能力特色

应用技术大学人才培养目标中的能力特色主要体现在毕业生具有扎实而系统化的专业理论知识，具有较强的理论应用能力，可以将所学的专业知识应用在

---

① 严雪怡. 为什么必须区分技能型人才和技术型人才[J]. 职业技术教育，2011(3)：3－5.

生产现场的全过程中，能够创造性地解决生产的实际问题，通过处理、创新复杂技术以优化工艺流程，沟通、管理和协调生产现场各个岗位人员，直接为社会创造效益。专科院校人才培养目标中的能力特色主要体现在生产中的特定岗位需要，强调从“做中学”，他们并不需要具备系统的理论知识，而是注重将所学知识应用到岗位工作中，强调在现场特定生产岗位上通过精准学习、快速操作、改进操作，熟练掌握相关操作技能，注重效率，为企业生产直接创造效益。

与专科院校相比，应用技术大学的人才培养是本科层次的高等职业教育。其人才特色更多体现在高技术水平即具有创新能力、实际问题解决能力、组织协调管理能力、技术应用能力和较强的职业能力等。综上所述，应用技术大学人才培养和专科院校，具有“同行不同向”的特点。“同行”主要体现在两种人才培养模式都属于职业技术教育体系，都以职业教育和应用性为主要定位，职业定位面向生产一线，为社会直接创造效益的岗位。而“不同向”主要体现在人才培养特色发展目标的差异性上，专科人才多偏向技能型，属于“生产—技能”链条，突出技能性和操作性；而应用技术人才多偏重技术型，属于“技术—生产”链条，突出应用性和实践性。因此，应用技术大学人才培养特色的发展目标应服务于区域经济社会发展和产业结构的升级，突出区域行业企业的需求导向。

第三节　应用技术大学人才培养特色发展的定位

应用技术大学人才培养特色的定位是该类高校所独有的，区别于其他类型高校的人才培养定位。主要体现在目标定位、学科定位和科研定位等方面。

一、目标定位：突出应用技术型本科人才培养

应用技术大学的人才培养特色发展定位与该类高校的办学定位密不可分。如果把应用技术大学比作一棵“树”，那么人才培养是树的“主干”，办学定位就是树的“根”。从马克思主义哲学的角度来看，办学定位是主要矛盾，人才培养定位是主要矛盾的主要方面。《中华人民共和国学位条例》中规定“高等学校本科毕业生要获得学士学位必须要较好地掌握本门学科的基本理论、专门知识以及基本技能”，这是对本科人才最基本的要求。而应用技术大学的人才培养定位与其办学定位都应该统一在“应用技术”的理念上。可以说“应用”是其办学“特色”。应用技术型本科的人才培养主要是以市场需求为导向，培养学生应具备较强的

应用能力和复杂技术转化、解决能力。而要实现学生应用能力的培养，应更加注重实践教学，这是应用技术型人才培养的本质要求，主要体现在以下三个方面：

1. 厘清人才培养定位

在高等职业教育转型发展的过程中，我们不能忽视两个迫切而重要的问题：一是新建本科院校的人才培养目标是要继承历史传统还是要另辟蹊径？二是新建本科院校升格大学之后的人才培养层次如何体现自身特色？按照人才的培养类型划分，高校所培养的人才可以分为学术型、工程型、技术型和技能型四种类型①，后三类人才统一称为应用型人才。

从人才培养目标上来看，新建本科院校虽然"新"，但与历史传统是"剪不断"的关系，如果一味求"新"而舍弃历史传统，那么新建本科院校的人才培养就缺乏深刻的价值底蕴。与此同时，新建本科院校也不能拘泥于历史传统办学，在转型为应用技术大学之后，这类院校的人才培养定位应考虑是工程型人才还是技术型人才。如果把培养工程型人才作为应用技术大学的目标定位，那么应用技术大学与已有的工程型大学的人才培养目标相比，自身的办学特色又如何体现？因此，应用技术大学人才培养目标的特色在于厘清其与高等教育体系中现有大学类型之间的差异性。作为高等职业教育的重要内容，应用技术大学在人才培养过程中应紧密融合区域经济体系中各类企业的发展需求，形成"校企共同体"，在校企合作中服务行业企业的突出需求，培养方案应主动对接国家产业结构的战略调整，培养掌握现代高新技术转化、应用和解决生产一线实际问题的高水平技术型人才。

黄河科技学院自 2000 年被教育部批准升格为本科院校以来，短短十几年时间内逐步建设形成了以理工科等应用学科为主、多学科协同发展的学科专业布局。该校 2013 年被教育部批准为"应用科技大学改革试点战略研究单位"，并成为中国应用技术大学联盟的首批成员和河南省首批转型发展试点高校。在新建本科院校转型发展的探索中，该校在人才培养定位方面走的是一条"应用型创新创业人才"的新路子。黄河科技学院始终坚持应用型人才的培养目标，以应用技术大学建设为核心，通过加强创新创业教育和技能实训，把创新创业教育融入专业人才培养的全过程中。为了给学生提供"三创"教育的实践平台，学校先后与华为、中科物联网研究发展中心等一批行业龙头企业、科研院所共建行业学院，校外实训基地达 316 个，为学生技能实训搭建了良好的平台空间。黄河科技学

① 王丹中. 基于战略视角的应用技术大学发展路径——兼论当前应用技术大学发展中亟需关注的若干问题[J]. 教育发展研究，2014(17)：6－11.

院大学科技园被认定为国家级科技企业孵化器。

2. 凸显实践教学

在教学内容安排上，应用技术大学的课堂教学应该以项目教学代替传统的理论灌输。教师在课堂教学过程中，应将理论知识讲授融入具体的科研项目中，将理论课程分成若干项目，以培养学生应用理论知识解决实际问题的能力，而项目的设计和选择应和教师参与的校企合作项目密切相关。在对人才培养方案进行改革时，应将理论教学与实践教学相结合，增加实践学期的学时，并使其成为本科人才培养计划的一个重要组成部分。在实践学期内，学生在学校的安排下必须完全进入相关行业企业进行实习，实习企业由学院通过产学研合作平台来选择。同时，学校应将企业课题纳入学生毕业设计课程中，在大学四年级的学期内，学生可以选择到实习企业完成毕业论文，由实习企业根据生产需要提出毕业论文选题，学院会评估企业提出的选题，并分配给实习学生相应专业的校内指导老师。学生在实习企业的毕业论文研究期间，实行“双导师制”，即既要完成校内导师提出的毕业论文相关规定和阶段性要求，也要在企业导师的指导下就生产一线中的技术问题开展研究。一般来说，应用技术大学在企业中完成毕业论文的时间应占毕业学生总学习时间的一定比例。

在教学课程安排上，实践教学的学时在规定学期内所占比重应有所提高，包括实验、工程或专业实训、项目教学和大学生科技创新实践等。在第二课堂教学过程中，学校应充分利用社团活动、创新创业、志愿服务、社会实践等活动培养学生的创新意识、理想信念、团队合作等企业所需要的综合素质。在社团活动中，应用技术大学的第二课堂教学，应围绕应用性学科广泛建立学科性社团，发挥社团培养大学生“三创”兴趣和能力的优势，不断吸引学生将理论与创新创业实践结合起来。在志愿服务、社会实践课程方面，应着力培养学生的理想信念教育和团队合作精神，通过广泛结合社会、深入企业生产一线，熟悉企业生产环境，强化职业素养，将实践课程与理论课堂教学相辅相成，共同构成学生综合素质的培养体系。

上海 Y 大学机械工程学院在探索“应用型本科人才培养”过程中，发挥产学研协同创新平台的优势，主动对接企业需求，在校企合作过程中“反哺”应用型人才培养。机械学院自 2015 年开始，每年定期选拔符合条件的应届毕业生去上海名古屋精密机械有限公司、上海东富龙股份有限公司等行业企业顶岗。在实习过程中，学生可以结合该企业实习工作中的具体项目，在企业申请毕业设计的研究主题，通过向学院申请通过后，学院通过学生的企业项目分配一名指导老师，学生在校内导师和企业导师的联合指导下完成企业项目。在毕业设计的研究过程中，毕业生需要接受企业和学校教师的联合指导，在学院和企业联合评审通过后，才能申请毕业证和学位证。这种“双导师制度”既能实现学生职业素养的提升，又锻炼了学生工程实践应用和研究能力的培养。学院向企业输送应届毕业生的数量在稳步提升。

3. 强化职业素养

从人才未来的职业发展来看，应用技术大学的人才面对的是一线生产实践环节中的岗位群。对于毕业生的职业能力要求主要体现在：应用技术型人才既要精通专业理论知识，用于解决、创新企业生产一线环节中存在的各种具体技术问题；又要具有管理技能，能够通过组织、沟通、协调和整合资源保证企业生产一线各个环节和流程的有序性，保障企业的生产经营。因此，基于生产一线的岗位群需求，应用技术大学可以根据毕业生的不同能力和兴趣，在企业生产过程中为其选择不同的岗位，并不仅仅局限于某一具体的岗位。在人才培养过程中，应用技术大学的毕业生除了具备较为深厚的理论知识之外，还要努力培养面向企业生产一线的职业能力。在企业生产实践中，毕业生要具有较高的岗位适应能力，能面对岗位变化及时调整自身的知识储备，不断主动学习新的知识，具备创新意识，善于技术创新，能适应产业转型升级和企业技术创新发展的需要，能将复杂技术转化用于企业具体生产实践的各个环节。

合肥学院的前身是创办于 1980 年的合肥联合大学。2002 年 3 月，经教育部批准，原合肥联合大学和合肥教育学院、合肥师范学校合并组建合肥学院。学校是“中德教育合作示范基地”，首批承担“卓越工程师教育培养计划”61 所学校之一，全国应用型本科高校专门委员会副主席单位，长三角地区应用型本科高校联盟主席单位，安徽省地方应用型高水平大学建设单位。该校在人才培养过程中，通过校企深度合作，走访大量的行业企业进行调研，了解社会、行业企业对人才的需求，了解专业对应生产实践中的岗位群以及岗位所需要的系统的职业能力，在此基础上，注重学生的“能力本位”，吸收最新的行业前沿知识，所有课程实施模块化教学，解决人才培养和社会需求适应度不高的问题。2014 年，合肥学院的《突破学科定势　打造模块化课程　重构能力导向的应用型人才培养教学体系》获得国家级教学成果一等奖。

二、学科定位：以产业需求为导向凸显应用性

应用技术大学人才培养特色的发展方向是要在区域产业经济发展需求的基础上，建设应用型学科专业。当前，应用型本科高校在行政隶属上多属于地方主管，服务于地方经济社会发展，满足区域产业对技术创新的需求是此类高校人才

培养特色和办学实力的有力支撑。服务社会需求并不等于没有特色，强调应用技术也不是放弃基础研究。在产业结构升级转型的背景下，区域产业经济对应用技术的渴望也促进了地方应用型高校不断走出校门、迈向企业，依托多学科协同来解决企业技术创新难题，最后反哺学生专业应用能力的培养。

1. 建设应用性学科融合

当前高等教育在学科发展上呈现两个趋势：一是走向细化，二是走向整合。从目前我国高等教育学科的发展特征来看，研究型大学在人才培养的学科细化、分化领域走在前列，而正在转型的地方应用型本科大学普遍是由多个院校合并或者由专科院校升级而建。然而由于这些大学的本科教育历史较短，学科建设无法与传统研究型大学竞争，因此不应该模仿传统研究型大学，而要走符合国家经济社会发展战略、具有地方特色的职业教育向度。与此同时，滥觞于高等职业教育的应用技术大学，应该发挥其本身的特色优势，贴近区域产业结构转型升级的实际，大力发展应用型学科，即通过与企业广泛融合，整合学科优势，形成学科创新平台，服务于企业技术创新，在产教融合进程中建设交叉学科，实现学科建设新的增长点，服务于区域经济社会发展。如上海Y大学的专业设置与所在区域的主导产业、特色行业以及周边长三角城市群的产业经济结构有着密切的联系。化工产业是当地的支柱性经济，基于化工区的产业技术优势，整合资源，当地政府率先在全国建立“东方美谷”产业区，瞄准“美丽健康”市场，生产化妆品等产品。上海Y大学凭借特色的“香精香料与化妆品”专业，不仅满足了园区中化工企业对人才的需求，而且也整合了学校自身的专业优势，形成了“东方美谷”的研究院，与化工园区企业成立创新中心，不断地增强专业人才的培养特色。

2. 优化应用性课程设置

应用技术大学人才培养模式的一个突出特点就是应用性。因此，应用技术大学在建设应用型学科的基础上，要把重点放在学科对专业课程的支撑上，专业课程的优化设置也要契合学科建设的特色。建设一批应用性学科，要设置相应的应用型专业课程体系和教学计划，以一定的理论课为基础，不断增强课程体系的应用性。应用技术大学人才在知识结构、技术水平和综合素质上要体现“基础扎实、知识面宽、应用能力强、综合素质高、具有较强的创新精神”[①]的要求，要不断加大实践教学设计在专业课程中的比重，锚定应用技术大学人才培养的目标职业群，紧密对接该职业群对人才的长远需求标准，通过优化课程配置，改革教学模式，不断增强培养学生的应用能力。目前，应用技术大学的人才培养模式应

① 陈世魁. 根植沃土新芽绽放[N]. 北京：中国教育报，2004-06-22(4).

在课程改革中凸显实践教学的重要特色，引导教师转变传统的教学模式，加强“过程考核”“顶岗实习”“双师融通”等不同资源融合的教学设计，让学生在课堂上将专业理论知识与实践应用能力结合起来，不断强化学生的实践能力和理论应用能力。

合肥学院从2005年开始，在吸取德国应用技术大学办学特色的实践中，开始研究制定体现我国应用型特点的人才培养方案，不断优化应用型课程体系设置。该校首先对毕业生就业的行业企业进行跟踪调研，与这些企业的毕业生、企业主管、生产一线员工进行访谈，分析岗位对人才的能力需求，确定能力培养目标，然后根据企业人才的需求改革教学方案，把企业对岗位群的能力要求细化归类为职业核心能力，融合到课程教学的专业基础模块和核心能力模块中，而且一个模块或者若干模块必须对应学生一项专业能力，这些模块可能是一门课或一门实验，也可能是几门课或几门实验的整合。这就成为合肥学院围绕学生核心能力培养而大规模开展的模块化教学改革。

3. 加强“双师型”队伍建设

“双师型”师资队伍建设是应用技术大学内涵式发展的内生动力。应用技术大学建设应用型学科平台，优化应用型专业群，培养应用型人才，关键在于拥有一批“双师型”的师资队伍。应用技术大学的教师既不同于擅长基础研究的学术型高校教师，又不同于擅长应用实践的高职院校教师，这就决定了他们必须是一支既懂工程实践，又具备扎实专业理论基础的“双师型”队伍。《国务院关于印发国家教育事业发展“十三五”规划的通知》指出，要提升“双师型”队伍建设水平。教育部在《现代职业教育体系建设规划(2014—2020年)》(以下简称“《规划》”)提出要完善“双师型”教师培养培训体系。鼓励职业院校按照国家相关规定聘请企业管理人员、工程技术人员和能工巧匠担任专兼职教师。《规划》同时指出，应用技术大学教师都要从整体上达到理论和实践并重的标准。

因此，现阶段应用技术大学的师资队伍建设应实行“两条腿”走路的战略。“一条腿”应加强引进专业理论素养较高的教师，“另一条腿”应通过优化互补，吸收具备企业工程实践丰富经验和能力的教师。在产学研协同平台建设过程中，应用技术大学应鼓励偏向专业理论的教师积极参与到企业产学研项目中，不断提升这类教师在解决企业生产实践技术难题过程中的工程实践经验。针对另一部分教师，应通过校企合作项目、出国交流、专业进修等形式加强师资的专业理论知识学习。在与企业长期合作中，既可以逐步实现教师教学模式的转变以及应用基础研究水平和工程实践能力的稳步提升，又可以“反哺”应用技术大学的人才培养，在扩大高校学生实践空间的同时，为培养应用技术人才工程实践能力和职业素养提供广阔的平台。

浙江科技学院成立于1980年，2001年更名为浙江科技学院。该校是教育部确定的中德合作培养高等应用型人才的试点院校，教育部首批实施“卓越工程师教育培养计划”高校，“国家级大学生创新创业训练计划”入选学校和“国家‘十三五’教育现代化推进工程——产教融合发展工程”建设高校。该校吸收德国应用科技大学的办学经验，打造了一支“既有扎实的科学理论知识，又有丰富的实践经验”的“双师型”教师队伍，保证了应用型人才培养的教学质量。浙江科技学院建立了青年教师进企事业单位实践进修制度，要求赴企事业单位“挂职”，通过“跟班”锻炼、产品科技开发等途径，提升了青年教师的实践应用能力，了解了地区产业发展的最新动向。在高层次应用型人才培养中，过去青年教师愁讲课案例少，实践进修也比较好地解决了这一难题。学校还通过相关制度和政策，引进高级工程师充实教师队伍，制定《企业师资聘请和管理办法》，聘请企业高水平工程专家来校兼职任教，推进“双师型”师资队伍建设。卓越计划各试点专业更是严格遴选教师，如机械制造及其自动化专业就要求理论课程主讲教师应具有博士以上学历和5年以上企业工作经历，实践课程教师应由具有中级以上工程系列职称和8年以上企业工作经历的教师或企业工程师担任。这些具有丰富工作经验的师资为应用型人才培养提供了师资保障①。

三、路径定位：产学研协同的人才培养模式

《规划》指出，一方面，要研究制定促进校企合作办学的有关法规和激励政策，深化产教融合，鼓励行业和企业举办或参与举办职业教育，发挥企业重要办学主体作用；另一方面，要同步规划职业教育与经济社会发展，协调推进人力资源开发与技术进步，推动教育教学改革与产业转型升级衔接配套。因此，大力加强产学研合作教育，是国家建设应用技术大学，实现人才培养特色发展的必由之路。对比国外发达国家应用技术大学的办学经验，我国应用技术大学的人才培养更要体现中国特色社会主义高等教育的本质内涵。中国特色社会主义高等教育建立在中国特色社会主义市场经济发展基础之上，高等职业教育应更加紧贴国家和地方的产业技术需求，把产学研结合看作是应用技术大学人才培养特色可持续发展的“坐标”。需要指出的是，地方应用技术大学基本都属于新建本科院校，本科办学历史较短，办学实践中存在一定的“磨合”和“探索”期。因此，在人才培养特色的“顶层设计”上，地方应用技术大学产学研协同育人的任务、目标

① 20年中德合作培养应用型人才[N]. 中国教育部，2012-12-29(2).

和方案，要体现出其自身特色。

1. 传统知识生产模式更迭，促进教师教学模式改革

相关研究主张应用技术大学应瞄准“社会需求”，以“能力培养”为主导，它既不同于研究型大学，也不同于一般性的应用技能型大学。应用技术大学是相对于研究型大学和教学研究型大学而言的，是以本科层次的应用教育为主，并从事相关实用研究的大学，其科研是基于应用情境的跨学科、跨行业的研究，更加强调研究结果的绩效和社会效用。在新的知识生产模式下，应用技术大学应具备企业（市场）生产过程中的“问题识别”和“问题解决能力”，科研模式应具有极强的应用指向，科学研究的重心应从自由探究转向问题解决。随着科学与技术、基础研究与应用研究以及学科间界限的愈益模糊，传统的知识生产二分法“基础-应用”已演变为“基础被应用”。这种转变并不仅是知识生产模式的转变，其本质上也是人才培养目标策略的转向。这种产学研模式具有重要的作用，它将带动应用技术大学的教学模式更加贴近实际，突出解决实际问题和创新的能力培养，实现了科研“反哺”人才培养的良性互动。

2. 面向行业企业，建立多元的学生实践训练中心

高水平应用型大学的特色科技创新体系作为一种新型的产学研模式，是以高水平应用型人才培养为根本，以跨学科应用研究组织、校企互动、产学研多元协同为重点的“三位一体”体系。其旨在提升应用技术大学的科技成果转化能力、解决企业实际问题的能力，以及多元主体协同创新的能力。因此，应用技术大学应针对区域经济市场特点，开展市场区分，集中优势学科力量，聚焦发展并做大做强若干特色应用型专业；面向行业和区域经济社会发展的现实需求，以更加开放的机制加强与行业企业的实质性战略联盟，主动与战略性新兴产业的对接；与政府、企业、市场用户协同解决问题，着力提升服务产业的技术革新能力；引入企业、政府和社会资源，建立实践训练实验室，以支撑学生实践能力的培养。

3. 引入企业文化进入校园，建立校企文化共同体

把企业文化引入大学文化，既是文化的扩散，也是文化吸纳的必然选择。文化不是一种静止状态的存在，而是具有流变性。在校企合作过程中，不论学校还是企业，都会影响其内部人员的行为和观念。校企文化共同体旨在将企业的经营理念和管理思路投射到应用型人才的职业教育过程，在行为层面上培养企业所需要的技术型人才，在精神层面上形成职业化的共同目标。校企文化共同体是企业文化和应用型大学文化的融合，关键在于“转化”。这种“转化”要求校企双方突破各自的组织边界，双方互惠、互融互信，实行工学交替、产教融合的双向

学习路径，跨越培养体系和就业需要，融合工程技术和职业能力的过程①。

从一定层面上看，校企文化共同体是让企业文化中利于学校发展和学生成长的文化成分，接近或渗透到学校文化中，同时有效地让校园文化中利于企业发展的文化成分服务于企业的生产需求②。因而，校企文化共同体是应用型高校学生职业能力培养的应有之义，校企合作中的校园主体文化与企业文化在不断交流和渗透中走向融合。这种融合有利于产学研人才培养创新模式的形成，有利于吸引实务专家对课程设置、教学计划和教学内容的广泛参与。具体来说，一方面，围绕产业动态需求和学生职业素养的培养要求，应用技术大学应聘请企业工程师现场授课，面向本科人才就业的职业群和企业生产实践需要，制定与之相匹配的人才培养计划和课堂教学内容，增强学生的职业胜任力；另一方面，应用技术大学既要加强学生基础理论知识的学习，又要培养学生在企业生产一线的问题解决能力，帮助学生学会运用所学的专业理论解决现实生产中的实际技术问题。

宁波工程学院2004年转型升本以来，2010年被教育部列入“卓越工程师教育培养计划”首批实施高校，2015年成为浙江省应用型建设示范试点高校，2016年入选国家产教融合发展工程应用型本科试点建设高校。该校明确应用型的办学定位，将“突出应用性和地方性特色”写入大学章程。该校人才培养与产业协同实施，学校先后与杭州湾汽车学院与杭州湾管委会、大众和吉利汽车等以理事会形式共同建立“政产学研”人才培养教育联盟；与中科院材料研究所、中石化镇海炼化、宁波市安监局共建材料与化学工程学院；与宁波市交通委、宁波市住建委、宁波市建设集团共建建筑与交通工程学院；与象山县政府共建象山研究院。通过校企融合，该校与企业共同制订培养目标，共同建设课程体系和教学内容，共同实施培养过程，共同组建“双师型”师资队伍，共同评价培养质量，探索出了一条地方应用型本科院校的特色发展之路。

第四节　应用技术大学人才培养特色发展的策略

党的十九大报告指出，优先发展教育事业，建设教育强国是中华民族伟大复

① 姜惠. 当代国际高等职业技术教育概论[M]. 兰州：兰州大学出版社，2002：63.
② 丁钢. 文化吸纳：校企合作的纵深发展[J]. 职教通讯，2007(2)：27－29.

兴的基础工程，必须把教育事业放在优先位置，加快教育现代化，办好人民满意的教育。对教育事业的高度关注体现了广大人民的期待，也是全面贯彻落实立德树人根本任务的内在要求。“人工智能”“大数据”和新媒体都对当前高校的教育事业提出了新的挑战，对应用技术大学来说，在教育创新驱动的时代背景下，解决“如何培养人，培养怎样的人”的命题，提升育人质量是一个迫切而重要的课题。所谓应用技术大学人才培养特色发展的策略，是为了实现符合学校办学定位、特色的人才培养目标及规格所采取的具有可操作性、实效性的方法和措施。景泰蓝是体现国家传统文化的一种特殊金属工艺品类，一直以典雅精美的造型、高标准的工艺而闻名遐迩，受到世界各国人民的喜爱和好评。殊不知，景泰蓝的制作过程是非常考究的。只有经过不断地着色、固色和增色，坚持打磨，才能彰显出更加金碧辉煌、富丽高贵的风格。景泰蓝的生产过程是一个逐步积淀、沉淀的过程。应用技术大学人才培养的特色发展过程就如同景泰蓝的生产过程一样，是在已有文化积淀的基础上，打造属于自身的特色。那么，应用技术大学的人才培养过程是如何“掐丝”“着色”“固色”，并进一步“打磨”呢？

一、“掐丝”：应用技术大学人才培养特色发展的定向

“掐丝”是景泰蓝制作过程中的初步环节。通过“掐丝”，先给胎体打上一个“模”，然后再在上面着色。如果没有这个“模”作引导，那么整个着色过程就显得凌乱，从而会影响到景泰蓝工艺品整体的美感。应用技术大学人才培养的特色发展，就如同这个景泰蓝制作一样，要想培养出符合自身学校发展特色的人才，必须先要进行“掐丝”，即先要给人才特色培养规定一个方向，即“定向”。定向的过程可能是漫长的，也可能是异常艰难的。但从应用技术大学本身来看，人才培养特色的“定向”带有自我批判的色彩。所谓“自我批判”，即按照事物发展的客观规律，对自身进行否定，然后在此基础上再进行一次“否定”，以实现否定之否定的自我跃迁。

1. 做好市场需求分析

应用技术大学人才培养特色的“定向”，需要基于学校自身实际和区域经济发展现实之间的动态关系，认真做好调研分析。第一，要结合党的教育方针政策，制定符合自身实际的特色发展目标。作为地方性大学，要在区域内区分应用技术大学与其他类型大学的人才培养特色，形成初步的办学方向。第二，在形成鲜明的办学方向后，要结合学校自身的学科优势，对接区域产业发展方向，通过学校所在区域产业经济对技术革新的需求实际，整合专业，形成专业交叉，理顺

校企合作机制。第三，技术的革新最终需要人的劳动来完成。应用技术大学应围绕区域产业对产学研的相关需求，通过专业整合、优势互补，“反哺”人才培养需求；通过产教融合导向，实现人才培养特色与产教研用平台的双向互动，从而不断形成特色鲜明的人才培养方向。

2. 关注机制创新

对于应用技术大学来说，要关注机制创新。2017 年 5 月由中央全面深化改革委员会第三十五次会议审议通过，同年 9 月中共中央办公厅、国务院办公厅印发的《关于深化教育体制改革的意见》，明确了我国深化教育体制改革的指导思想、基本原则和主要目标等。在高等教育的机制方面，该意见指出“要健全促进高等教育内涵发展的体制机制。强调要创新人才培养机制。高等学校要把人才培养作为中心工作，全面提高人才培养能力。不同类型的高等学校要探索适应自身特点的培养模式，着重培养适应社会需要的创新型、复合型、应用型人才”。

国务院办公厅印发的《关于深化产教融合的若干意见》（简称“《意见》”）是从国家层面推进产教融合，对如何推进产教融合的机制体制的创新进行了部署。2018 年 2 月，中共中央办公厅、国务院办公厅印发的《关于分类推进人才评价机制改革的指导意见》特别指出：“注重对师德师风、教育教学、科学研究、社会服务、专业发展的综合评价。坚持分类指导和分层次评价相结合，根据不同类型高校、不同岗位教师的职责特点，分类分层次分学科设置评价内容和评价方式。”这些规定表明，应用技术大学的发展改革要体现出分类指导、分层次评价，应用技术大学应在找准自身办学定位的基础上，制定出适合自身的评价体系。应用技术大学需要明确“高、专、技”的人才培养标准，加强专业内涵建设，注重对专业进行工程认证，对教师进行准入标准构建，完善职前、职中、职后的培养机制和应用技术人才的评价体系，构建“专兼结合”的“双师型”教师队伍。

3. 坚持独特的人才培养模式

应用技术大学的人才培养要形成特色必须长期坚持独特的人才培养模式。这个模式，一方面要围绕高等职业教育的发展方向，长期服务于地方经济的转型发展，形成稳定的校企合作模式；另一方面要着力突出“应用技术”的优势，契合区域或地方产业结构发展的特色，体现出丰富的地域性、应用性和职业性。总之，应用技术大学人才培养特色的形成，需要特别强调“精准化、实践化、立体化和职业化”的四大特征。

二、“点蓝”：应用技术大学人才培养特色的精准化

应用技术大学的人才培养改革是教育部关于高等职业教育围绕国家创新发

展战略，推动经济转型升级的重大教育教学改革。应用技术大学一般都由地方新建本科院校转型发展而来，在人才培养过程中必然带有浓厚的地方色彩。然而这种“地方色彩”主要体现在应用技术大学要融合到地方经济社会和文化发展中，全面参与区域经济、社会和文化的发展过程，应用技术高校的人才培养要满足区域经济社会发展的需求。应用技术大学的人才培养只有满足区域经济发展的需求，才更能体现出“应用型”的特色；应用技术大学的人才培养特色只有不断增强“应用性”，才能更好地满足区域经济的发展需求。这是一对矛盾关系，两者相辅相成。

1. 制定契合行业发展要求的人才培养方案

应用技术大学要契合行业发展实际，牢牢把握地方经济发展的实际情况，制定人才培养方案，满足地方经济发展对人才专业知识和能力的具体需求，体现精准化的人才培养要求。虽然地方的产业结构发展差异性较大，但对应用型人才培养的本质上“大同小异”。大致来说，应用型人才培养既要注重专业基础知识的学习，也要关注企业生产实际知识的学习；既要强化解决岗位或岗位群实际技术问题的能力培养，也要注重综合能力的培养，从而能够更好地适应相应岗位群的需要。

2. 形成人才培养特色的文化内涵

应用技术大学应基于学校的办学特色制定教育理念、发展策略、办学思想。通过思想大讨论和校园特色文化精神的凝练、表达和传播，在全校师生中间形成符合学校发展特色的舆论氛围和精神面貌，形成人才培养特色的文化内涵。应用技术大学要狠抓学科专业群建设，精准分析学校所在地区产业发展的重点行业企业，主动瞄准人才的需求标准，找准专业建设的方向，契合产业结构转型和企业生产技术变革的实际，搭建学科创新平台，促进学科建设。专业设置应聚焦地区经济社会和文化发展的重点领域，如上海 Y 大学在学科建设上，学校始终坚持以“应用技术”为本，始终保持着与冶金、化工、轻工、制造、轨道交通等行业的紧密联系，形成了学科优势。应用技术大学人才培养的特色是“应用”，标准也是在“应用”，在面对去精英化的生源环境中，要改革过去传统单一、重理论轻实践的人才培养模式，不断探索适合应用型大学人才培养的标准，要明确培养目标，凸显人才培养成果的就业层次。

三、“烧蓝”：应用技术大学人才培养特色的实践化

应用技术大学要发挥产教融合的政策优势，加强校企合作，突出人才培养的实践化。

1. 建立分阶段、多层次的实践教学体系

应用技术大学应建立工程创新实训、专业基础实训、大学生科技创新训练和企业顶岗实训为主要内容的分阶段、多层次的实践教学体系。以课堂教学、校内实训、企业实习为平台，以“四个课堂”（教学课堂、企业课堂、实训课堂、创新课堂）为抓手，依托校企合作项目、基础技能训练、专业能力提升训练、实践创新能力训练等教学制度，着力强化学生专业实践能力的培养。

2. 加强学校与企业的深层次合作

在教学改革方面，不断增大企业和学校融合的深度和广度，开放校企合作教材、校企合作课程、校企合作项目、引入企业评价制度，不断夯实产教融合的力度；做好企业实习课程，推行“3+1”试点专业改革，将毕业生在大四阶段全部投入企业顶岗实习；引入企业真实项目，完成学生毕业论文（设计）；学生在企业的实习结果计入学分管理体系；通过“双导师”制强化企业导师对学生的职业指导，加强学生职业能力的培养。

3. 构建“双师型”教师队伍

应用技术大学普遍从地方专科院校升格而来，本科办学历史不长，教师知识结构和学历结构都侧重于理论和传统科研的发展，对企业实践经验和校企合作研究既不感兴趣也没有经验，严重制约了学校应用型人才的培养。因此，应用技术大学在人才培养特色的发展上，需要制定政策和制度，鼓励年轻教师去企业实践，引导职称高、经验丰富的老教师与企业开展技术合作；同时邀请企业经验丰富的工程师为兼职导师，不断发挥应用技术大学转型发展历史短、包袱轻的优势，鼓励优秀教师走进企业，共同为企业生产技术革新开展合作研究，推进企业乃至行业的转型升级发展。此外，应用技术大学引入企业的真实项目，有利于促进高校的学科专业群建设，“反哺”应用技术大学的人才培养实践，从而不断凝练和增强自身特色。应用技术大学还要引导教师重视企业横向课题的开发和研究，将重点放在影响区域经济发展的重点行业上，将高校的科研技术转化为企业实际所需要的成果，真正有助于解决企业生产实践中的生产技术难点。同时也可以通过把横向研究成果引入课堂教学，以项目的形式培训教师，加强“双师型”师资队伍的培养。

四、“打磨”：应用技术大学人才培养特色的立体化

针对生源结构多元化的特点，应用技术大学应以学生发展为本，实现多维度培养。这既要在人才培养目标上体现立体化，又要在培养体系上实现多元化。

1. 人才培养目标的立体化

针对学生知识、能力和地域的差异性，应用技术大学应注重挖掘学生的优势和不足，发挥微媒体的传播效果，加强学生自主学习、自主管理的能力培养。学校应将人才培养目标向实践能力强化和职业发展转移，建立教师、学生、企业和家庭共同参与的等多元评价制度，探索校园治理的新模式，鼓励学生参与校园管理，不断增强现代大学的治理能力。学校应将学生的被动学习转变为主动学习、主动实践、主动生活的全方位自主发展，建立人才培养目标的多样化评价制度。通过立体化的人才培养，激发学生树立乐观开朗、健康向上的价值观，为区域经济社会发展做出贡献。

2. 人才培养体系的多元化

应用技术大学应积极变革传统人才的培养思路，从以理论传授为主的综合型教育转变为以实践能力培养为主的应用型教育。学校要把专业教学与社会企业实习、工程实训、大学生科技创新紧密结合起来，不断加强学生的创新意识和实践能力培养。应用技术大学要积极实施教师坐班答疑制度、社区导师制度、班导师制度、“校企合作课程”制度，有序开展创新性实验、大学生科技竞赛、社会实践、学生社区和社团文化建设等活动，注重人才培养体系的多层次化。

高校培养的人才最终是要经受市场的经验，职场素质与职业能力在当今社会是衡量一个学生能被企业或其他单位青睐与否的重要因素。职业化人才培养就是要培养学生的职业素养，主要涉及道德品德、价值观、专业素养、网络素养、工作能力、职场礼仪等。培养的方式可根据学生现有的基础和自身需求，自主设定目标，采取多样化的形式进行培养。培养的成效是检验应用技术大学人才培养质量的重要因素，也是进行培养方案修订、培养模式改革的突破口。做到立体化人才培养的关键在于“教学管理工作”的多元化，这需要教师具有多元化的知识储备，能够因材施教，并能成为学生职业化成长过程中的人生导师。

五、“镀金”：应用技术大学人才培养特色的职业化

“职业化”是指以职业能力提升为导向，通过强化应用，培养学生的专业能力和综合素养，使其具有职业化行为规范和专业化技能的过程。从应用技术大学的人才培养实践来看，“职业化”的人才培养路径是应用型大学办学成果的外在表现。一所大学人才培养质量的优劣，最终取决于其培养的学生在工作岗位上的工作能力。“职业化”人才培养策略的前提是要应用技术大学深化校企合作机制。通过校企合作，学生才能知道自己所学的理论知识是否能应用到实践，是否能帮助企业解决实际问题，是否还需要再改进等。学生根据企业反馈，再返回优

化理论学习，通过“回炉”后的理论提升再次投入到实践中，如此循环往复，实现职业能力由零基础到初级，再由初级向中级管理层面提升，从而实现人才培养“职业化”的跃迁。

1. 实现“职业化”需要产教融合

仅依赖企业给出的“帮助”并不能促进学生的完全成长，学校的教学需要和企业实践相结合。人才培养过程是融会贯通的过程，如果把人才培养过程人为地切割成几个阶段，不仅违背学生的成长规律，也不利于学校形成体系化的人才培养方案。因此，“职业化”人才培养策略需要基于校企合作基础之上，实现“全过程”管理。这个“全过程”是学生在学校成长的完整生涯过程。教学上要改革课程体系，对接企业的实际生产要求，以该专业的职业能力分析为基础，根据该专业匹配岗位群的能力要求、性格特征和工作过程调整课程设置，将专业核心课程按照企业岗位所需要的能力进行模块划分。发挥学科创新平台优势，加强专业整合和融通，把课程所涉及的专业知识，引入到企业的实际生产环境，采取多专业教师共同讲授的方法，有效推动学科专业之间的整合，促使专业教师协同参与产学研工作，有力促进学生知识结构的多元化。

2. 促进专业教师协同参与产学研

专业学习的真实环境让很多大学生感到“不满意”。现在的学生普遍认为，虽然学习了专业知识，但是缺乏直接的经验感知，现有的教学模式并不能促进他们对专业的具体了解。为使学生能够更加深入地了解专业所对应工作岗位的真实环境，学校可以开设网络慕课，提倡学生提前自主学习，课程教学结合企业的真实项目，通过过程考核、情境设计等方法，强化课堂教学效果。学校也可以实行“双导师”制度，聘请企业导师进课堂，吸引企业专家与一线生产技术管理人员来校授课，将行业发展的前言动态传授给学生，提升学生对职业的感知。学校也应变革考核方式，将传统考核方式逐步转变为灵活多样的考核方式，将重理论知识学习转变为理论学习和实践能力培养并重的教学模式，不断促进学生在学习过程中实现职业能力提升的发展目标。

六、牛津大学人才培养的特色发展策略

自中世纪大学诞生以来，人才培养一直是大学发展的根本使命与职责。英国高校保持着中世纪欧洲大学的特色与传统，历来重视本科生的教育培养。众所周知，牛津大学是一所高水平的全球顶尖高等学府，保持着卓越的本科教育质量，是精英大学的典型代表，“学院制”和“导师制”是其人才培养模式的显著特色和亮点。本书作者有幸曾于2017年8—9月，对牛津大学进行了访问考察，牛津

大学人才培养的特色理念和做法，对应用技术大学的人才培养具有重要的借鉴意义和启发价值。

1. 亮点一：跨学科教育

牛津大学人才培养的亮点之一体现在其学科设置上。牛津大学现有38所学院（College）和6所具有宗教性质的永久性私人学院（Permanent Private Hall）组成。独特的学院制使得每所学院显得相对独立，学院内部有着来自不同学科的同学，每一个学院都以一个中世纪四合院为主体构成，各学院的风格虽然迥异，但显得和谐厚重。牛津大学按照学科类别划分为四大学术部门（academic division），每个学部下又设若干个系科（department、faculty、school）、研究中心（center）、研究所（institute）等组织机构。对于每位教师来说，在牛津大学这个矩阵式的组织结构中，他们既是所在系科的一员，又是学院的一员。在本科专业设置方面，开设的专业更多侧重于交叉学科、跨学科，如哲学政治和经济学（Philosophy, Politics and Economics）、工程经济管理（Engineering, Economics and Management）等。跨越学科界限的知识视野和思维习惯不仅能够帮助学生树立整体的知识观，而且能够促进学术学习的综合化，有利于学生开展跨学科的学术研究和创新创业实践活动。

2. 亮点二：导师制

众所周知，牛津大学除了有课堂教学（Lecture）和研讨性教学（Seminar）以外，最有特色的就是导师制教学。导师制（Tutorial System）在大学人才培养与建设中具有举足轻重的作用，是牛津大学教学的核心特征，也是牛津大学源远流长、引以为傲的学术模式，是一种精英式的人才培养方式。其主要具有以下几个特点：

（1）与传统的课堂教学模式不同，导师制是一位老师对两到三名学生，甚至是一名学生，导师根据学生实际制定有针对性的教学方案，以实现精细化、个性化的教学，体现了“因材施教”。

（2）强调思辨性思维，通常导师要求学生在规定的时间内完成专业相关书籍的阅读与思考，并形成读书笔记、论文或其他的研究报告。在思考与写作的过程中，学生与老师之间可以进行深入地交流探讨，互动性强，有利于培养学生独立思考问题的能力，老师的熏陶影响对学生发展具有良好的潜移默化作用；同时，老师也会因为学生的深度思考而有所启发，更好地实现“教”“学”相长。

（3）具有开放性，老师可以很快地了解学生的知识掌握情况，进一步对学生提出更新、更高的要求，提高学习的难度和强度。

目前，对于我国的大学来说，虽然一周一次面对面的精细化辅导很难做到，但是实行“导师制”将会较大地提升学生的学术研究能力、语言表达能力、分析与解决问题的能力等。在这个过程中，导师对学生有着较为全面的了解，学生就业或继续深造都离不开导师的推荐信，甚至社会资源丰富的导师还可以帮助学生推荐工作。

3. 亮点三：合力育人机制

牛津大学全力、合力育人机制的形成，除了有各种资源平台的搭建、资源多层面的供给，还有朋辈互助、“酒吧（PUB）”功能的充分发挥以及“传帮带”机制的辐射。学校设有残疾学生的服务和咨询中心，专门为特殊群体提供分类辅导和服务。该服务咨询中心通常重点关注的学生类型有三种：① 有身体残疾的；② 有阅读障碍或学习障碍的；③ 有心理问题的学生，比如考试焦虑、抑郁症、进食障碍等。

4. 亮点四：独树一帜的创业教育

牛津非常注重创新型人才的培养，比如创业教育中心的创业教育就独树一帜。牛津大学的就业创业工作机构主要包括：创业中心、职业服务中心、牛津孵化园，以及一些学院和系内的相关机构。创业教育中心旨在通过提高对创业精神的认识，提供创业教育和培训，在大学营造一种创业文化，激发牛津研究基地的创业精神。哈佛商学院的 Howard Stevenson 教授认为创业的要义是创业在超越目前所能控制或拥有资源的基础上对机会的追求。隶属牛津大学赛德商学院（Oxford Said Business School）的创业教育中心（Entrepreneurship Centre）就是创业教学与实践的集合点，也是搭建学生与企业交流融合的桥梁，其培养目标在于培养学生的创新创业思维，提升创业技能，传播前沿的创业知识与最新政策，提供商业理念和资源，连接具有影响力的创业型项目，加速知识转化，支持和帮助学生打造成功的企业。同时，该中心还运营着一个被誉为“牛津大学发射台”的铸造创业中心，它是牛津地区创业生态圈中重要的枢纽平台，为师生和创业社区等免费提供学习创业、组建团队、共享办公及互助交流的空间。创业教育中心的工作主要聚焦三个方面：思想领导力（thought leadership）、体验式学习（experiential learning）和网络召集（networks and convening）。其中体验式学习主要包括：风险创意探索工作坊（venture idea exploration workshop，VIEW）、博士生参与创业实战的 I2I 活动（ideas to impact）、牛津种子基金（the Oxford Seed Fund），网络召集主要包括商业系列讲座、年会、牛津赛德创业论坛等。

创业教育中心工作的开展主要围绕：① 运行牛津发射台形成联合办公空间；② 整合学术圈与职业圈资源；③ 发挥 MBA 课程和校内其他课程的优势；④ 创建学生与校友强大的社交一体化网络；⑤ 提供在线商务课程、技能工作坊、研讨会、网络会议；⑥ 支持在校学生和校友共创企业或进一步扩建企业规模，促进企业发展；⑦ 不断加强中心的创业教育研究能力，通过调研更好地理解成功创业背后的驱动因素；⑧ 将创业精神贯穿在整个大学中，形成更广泛的牛津创业生态系统。

牛津创业教育中心的工作形成了具有三个层次的“三角锥体”：锥体的最底部是帮助本科生、研究生、早期职业探索者找到创新创业的机遇与灵感；中间层是学生学以致用，亲身参与尝试不同的领域；最顶层是学生形成创业团队后与企业家、创业者、投资人等开展合作、付诸创业行动。该中心开设的系统化、分层次系列课程不仅教学生了解创业是什么，还教学生掌握创业的基本规则，以及懂得如何创业等；而且注重实用性知识的学习操作，锻炼学生将理论转化为实践、将创意转化为突破性业务的能力。创业教育的核心课程主要有创业讲座（Building a Business lectures）、企业家技能工作坊（Skills Workshops for Entrepreneurs）、风险创意探索工作坊（VIEW）、牛津赛德创业论坛（Oxford Saïd Entrepreneurship Forum）和牛津种子基金（The Oxford Seed Fund）。其中，VIEW 共有两个系列课程：第一系列课程（VIEW1）聚焦在探索一个创业的想法，并论证是否有潜在的可行市场，主要涉及客户价值、市场规模、竞争格局和市场调研；第二系列课程（VIEW2）比 VIEW1 更高级，试图将正在研究或论证的创业想法转化成一个可行的商业项目，主要涉及商业模式、顾客获取、竞争优势和财务分析。每个系列的课程都是为期六周，一周一次，全免费，每学年的所有三个学期中都会设置，在形成创业团队时必须要有一名成员是牛津大学在校学生、校友或在校工作成员，每周都会有相关领域的专家莅临指导，包括演讲、接收不同专家的反馈、教授理论知识和互动练习。

此外，牛津大学还有孵化中心，是牛津大学的全资子公司，其主要为研究人员提供商业咨询、资金专利申请和法律费用、谈判第三方许可证和签订公司协议，以及为牛津大学的学术界提供咨询和管理咨询机会。该中心从事大学研究部门的项目主要有医学、数学、物理、生命科学、人文和社会科学，其业务活动主要涉及许可咨询服务、资金投资和管理三大领域。2015 年 9 月，该中心荣获企业女王奖，这是英国企业的最高荣誉。据统计，截至 2016 年 7 月，在过去的 16 个月间该中心已获得收入 2 210 万英镑。同时它为世界上 32 个国家提供了技术转让培训和支持创业，并接待了来自 25 个国家的来访者。这种大学孵化器对牛津创业中心的建设发挥了至关重要的支撑作用，且由于创业资金来自社会，市场化程度相对高，它更关注如何构建创业团队以及创始人每周的学习收获。

总体说来，以牛津大学为代表的英国私立高校，因其悠久的文化传统，在学业促进方面有着独特的支持系统，“导师制”对于学生的精细化培养发挥着举足轻重的作用。对于应用技术高校来说，除了要注重办学定位的特色以外，体现人才培养质量的育人模式特色也要得以凸显。近年来，随着我国高等教育发展步伐的加速，无论是在学科专业设置还是在人才培养、社会服务等方面，都在逐步实现大学应有的功能，然而在此过程中，高校也始终坚持以育人为本、教学为本、本科为本的国际高等教育内涵式发展路径。牛津大学人才培养的经验启示我们：应用技术高校的人才培养与其他类型的高校一样，需要始终贯彻以学生发展为中心的育人理念，以学生的获得感为评价标准，全过程、全方位、全员育人。同时高校也需要不断提升管理的现代化水平，满足高校师生的发展需求，为师生提供更多、更大和更充分的发展平台。

七、我国高校人才培养特色的发展策略

在学习国外高校先进育人经验的基础上，我国不少高校都在努力开展多样化的实践，以满足学生多元化的个性发展，契合社会多样化的需求，从而不断提升高校自身的办学水平，适应国际化的发展需要。如注重学生学术精神培养和能力培育的书院制，基于《中国制造 2025》培养创新创业型人才和杰出校友的探索，其目的都在于通过构建师生成长和发展的共同体，以培养学生的能力，开拓学生的思维。同时，我国高校非常关注朋辈辅导在高校学生成长中的重要性。朋辈辅导主要通过以下方式进行：

（1）发挥不同年级学生之间天然的“传帮带”默契，即学长、学姐与大一新生面对面，与他们深入交流并传授在校学习、生活、人际交往等方面的经验，交流的方式多种多样，如面对面座谈、网上直播和一对一的志愿帮扶等，从而快速让新生熟悉并适应大学生活。

（2）以班级为单位，组建学习互助小组，由班干部组织和倡导，在固定时间、固定地点开展共同学习、自修及研讨，形成共同学习、共同进步的优良学习氛围。一些班级还开设了学习讨论班的自组织课程，由专业老师命题，围绕一个专业研究问题，开展多次不等的讨论学习。

（3）各类学生社团以兴趣为核心，相互支持、相互帮助。

（4）针对部分相对困难的基础课，深入到学生社区（宿舍）、学院教室开展答疑活动。应用技术高校旨在培养高层次的应用技术型专门人才，培养具有工匠精神、国际视野和创新创业精神的一线工程师。

总之，在大学四年期间，应用技术大学应以社会岗位为基础，实施有针对性的分层、分类引导，提升学生的知识集成水平，发展学生的实践应用能力和职业素养。全校上下目标一致才能齐心协力，实现共建高水平应用技术大学的发展目标。

第五章 应用技术大学人才培养特色发展的路径选择

随着我国高等教育体系的不断发展,其大众化阶段的特点与普及化发展方向日益显著,高校的分类发展、特色发展以及创新发展成为必然要求。国家政府启动对部分普通本科高校向应用型本科院校转型发展的引导与重视,各地方新建本科高校也主动适应教育政策的新趋势,积极推进试点院校的转型发展。高等院校转型发展的关键问题是人才培养问题,在明确应用技术大学人才培养特色的目标定位之后,选择适合应用技术大学人才的培养路径是实现人才培养特色发展的关键所在。

第一节 应用技术大学人才培养特色发展的学科专业

学科和专业是高校发展及人才培养的核心载体,其建设不仅是高校的重要任务,也是实现人才培养的重要途径。不同类型的高校根据定位不同,学科和专业也有不同的特点。由于应用技术大学的学科和专业有着自身的特色,其内部的学科与专业的关系也独具特色。对于学术型大学而言,学科是前提,不仅先于专业,地位也高于专业;而对于应用技术大学而言,专业设置是面向社会需求的,会随着社会需求的变化而产生相应的变化,不再主要依据学科发展的需求而变化。实际上,应用技术大学的教育是以专业为导向的教育,学科则处于从属地位,人才培养的目标决定了学科专业的选取[①]。

一、应用技术大学人才培养特色发展的学科特色

应用技术大学的学科发展水平对应用型人才的培养发挥着重要作用,具体表

---

① 高林.应用性本科教育导论[M].北京:科学出版社,2006:64-65.

现在自身的优势学科能为企业输送高素质的应用型人才、打造自身的应用型高校品牌、赢得良好的内外部发展环境与资源等。研究型大学的学科体系一般比较完善，学科门类较为齐全，文理工管兼具。应用技术大学限于学科基础及发展水平等因素，其学科建设不可能以研究型大学的标准来发展自身，而应充分发挥自身的优势和特色，打造自己的特色学科①。应用技术大学学科的主要特点如下所述：

1. 学科的行业性

这种行业性特征主要体现在两个方面：一是应用技术大学的学科建设致力于满足行业发展需求，关注行业面临的实际问题和发展动向；二是应用技术大学学科发展的实现路径必须依托于行业，只有加强与企业的产学研合作，以技术为导向，才能促成技术向产品的转换，进而实现技术知识的转换，促成学科完善。如天津中德应用技术大学，依托完善的校企合作机制，实现学校与企业之间的深度合作。该校注重与行业龙头企业、世界500强企业及中小微企业开展校企合作，成功与大火箭、空客、天津航空、麦格纳、大众变速器、NZWL等企业开展项目合作，还实施了“双元制”等不同模式的“订单班”，如学校132名“火箭订单班”的学生全程参与了长征七号运载火箭发射的相关工作②。“订单班”的人才培养模式将学科的发展融入行业的需求，在满足行业需求的同时促进了学科的丰富和完善。值得一提的是，与行业龙头企业的深入合作将更加准确的把握行业发展的最新动态及最新需求，有助于提升学科的行业竞争力。

2. 学科的应用性

应用技术大学肩负着培养应用型人才的重任，其实现途径必须依赖于应用型学科。其应用性主要围绕区域产业结构发展的需求，找准自身定位，确定自身的特色学科方向。这要求学校要侧重应用研究和试验开发研究，以促进应用研究成果的转化，为行业企业提供坚实的技术支持。例如，上海工程技术大学的上海高校Ⅲ类高峰学科“材料科学与工程”学科，现有各类实验场地近5 000平方米，其中包括上海高校知识服务平台“高强激光智能加工装备关键技术产学研开发中心”高能束智能制造技术与装备工程研究中心、激光工业技术研究所、材料及构件可靠性测试分析实验室等专业教学与研究实验室。该学科拥有IPG-5000光纤激光加工系统、通快TruDisk-16002超高功率碟片激光加工系统、Pro-Beam超高功率电子束加工系统等材料微观组织与性能测试设备。该学科坚持依托产业办学，在船舶、航天、高铁、核能等领域取得了多项关键技术突破，

① 潘懋元，车如山. 做强地方本科院校的理论与实践研究[M]. 北京：高等教育出版社，2016.

② 天津中德应用技术大学. 天津中德应用技术大学[J]. 环渤海经济瞭望，2016(10)：2，89，90.

与上海船舶工艺研究所、上海电气集团、上海航天设备制造总厂、国核电站等战略合作单位联合签订了战略合作协议，在学科上形成了以“高能束智能加工与绿色制造技术研究”和“新材料研究”为核心的特色研究方向①。在实验设备和系统的硬件条件保障下，再依托产业办学，学科的应用性得到了最大程度的发挥。

3. 学科的区域性

应用技术大学的教育服务于区域经济的发展，其人才培养应紧密围绕区域行业发展的需求。作为面向社会需求的教育，其学科发展与建设受到诸多因素的影响，如学校自身的发展水平及其拥有的内外部资源、行业发展的动向、社会分工等，最关键的影响因素当属区域经济的发展需求。因此，服务于当地经济的发展是应用技术大学学科建设的立足点与落脚点所在②。例如，上海 Y 大学高水平学科基地平台建设成效显著，化学工程与技术学科入选上海市Ⅱ类高原学科，建成了上海香料香精工程技术研究中心、上海市香精香料及化妆品协同创新中心、上海药物合成工艺过程工程技术研究中心、上海精密轴承研发测试专业技术服务平台等市级平台。该平台主动对接上海经济社会发展和行业企业技术发展的需求，新建轨道交通等社会急需学科专业，并与主校区所在的上海市奉贤区政府共同建立了“东方美谷”研究院③，应用创新能力不断提升，学科的区域性特色更为鲜明。

二、应用技术大学人才培养特色发展的专业特色

专业是高校人才培养的基本单元，办学方向和定位的不同，专业也有所差异。应用技术大学专业设置面向社会需求，即以市场就业需求为导向，其专业主要特点如下所述。

1. 专业与企业密切合作

应用技术大学的专业能满足社会需求的首要前提便是与企业保持密切合作，建立完善的校企合作机制。其蕴含了三层含义：① 在专业开设之前，学校须做好社会需求调研工作，只有满足社会需求且具有良好发展前景的专业才能被考虑纳入设置范围；② 在专业人才培养的过程中，需要依托于行业，深入与企业在各个环节进行合作；③ 在专业建设和完善过程中，也要不断与企业密切联系，将企业的意见和建议吸纳到专业改革和发展中。例如，皖西学院致力于培养高

---

① 上海工程技术大学. 高峰学科[EB/OL]. (2016－11－30)[2018－3－2]. http://kyc.sues.edu.cn/e3/0c/c9588a123660/page.html.

② 林尉天，刘晓保. 试论应用技术大学的学科建设之路——以上海某高校为例[J]. 职业技术教育，2014(7)：27－31.

③ 上海应用技术大学. 学校简介[EB/OL]. (2017－09)[2018－3－2]. http://www.sit.edu.cn/s/97/t/297/p/100/c/5751/d/5752/list.html.

质量的应用型人才，全面落实推进“合作办学、合作育人、合作就业、合作发展”机制，与合作单位共建学科专业、共建创新平台与实践基地、共建共享资源。该学院依托校级及以上立项建设的国家、省、校三级特色专业、专业综合改革试点专业、卓越人才培养计划专业等平台，结合安徽省“两个计划”推进，遴选专业与合作单位，创造条件，设立“产学研合作教育人才培养模式改革创新实验区”，试点探索“订单式定向培养模式”“‘项目’+‘基地’合作研发模式”“教学工厂模式”“顶岗实习实训、校企共同评价实习成果模式”“专业见习体验学习模式”等人才培养新模式，推进产学研合作育人模式的改革实验①。

2. 专业的应用性

专业的应用性指的是专业的设置应该与社会分工的需求相一致，专业与职业具有一定的关联性②。例如，黄淮学院大力发展应用性较强的专业，突出应用特色，该校的应用型专业比例达到所有专业总数的80%以上③。根据市场需求，增设社会效益好、就业门路广的新兴应用型专业，大力推进内涵建设，不断提高专业建设质量。重点建设以下两个应用性极强的特色专业集群：

（1）工学类专业集群Ⅰ：在原有的电子科学与技术、计算机科学与技术、软件工程、电子信息工程、通信工程等专业的基础上，新增信息工程、网络工程、数字媒体技术等专业。

（2）工学类专业集群Ⅱ：在原有的建筑学、土木工程、城市规划等土木建筑类专业的基础上，新增景观建筑设计、给水排水工程等专业④。

3. 专业的区域特色

专业的区域特色是应用技术大学服务于区域经济发展的前提保障，这要求学校应根据区域产业需求及时调整专业结构。例如，广西壮族自治区的钦州学院所在的钦州市是北部湾经济区的中心、东南亚的重要枢纽，也是我国大西南最便捷的出海通道。为了充分发挥地理优势，促进北部湾海洋经济的发展，该校主动承担起海洋人才的培养重任。该校开设水产品加工及贮藏工程、北部湾海洋资源保护与开发利用等广西高校优势特色重点学科，以开设海洋类专业为优势，其中海洋科学已成为省级稀缺专业。在专业调整时，将区域发展需求作为主要依据，例如，随着北部湾对东南亚特色人才的需求与日俱增，该校还针对东南亚

① 安徽高教网.安徽省教育厅关于地方高水平大学建设方案的公示[EB/OL].（2014-11-14）[2018-3-2]. http://www.ahgj.gov.cn/72/view/2969.

② 潘懋元，车如山.做强地方本科院校的理论与实践研究[M].北京：高等教育出版社，2016.

③ 郝雪.人才市场需求导向的应用技术大学专业设置研究[D].哈尔滨：哈尔滨理工大学，2015.

④ 黄淮学院.黄淮学院“十二五”学科专业和师资队伍建设规划[EB/OL].（2013-05-14）[2018-3-2]. http://cms2.huanghuai.edu.cn/s.php/jwc/item-view-id-11876.html.

地区经济社会的发展需求，在国际经济与贸易、旅游管理等专业增设了东南亚地区的方向，为广西与东南亚地区的经济往来输送匹配的专业人才。

第二节　应用技术大学人才培养特色发展的课程体系

但凡与课程相关的研究，均不可避免地受到“当代课程理论之父”、科学化课程开发理论集大成者拉尔夫·泰勒(Ralph Tyler)的影响，其课程理论被誉为“现代课程理论的圣经”[①②]。泰勒在《课程与教学的基本原理》一书中，围绕教学目标、学习活动、教学内容和教学评价四个要素展开论述，提出了课程编制需要回答的四个问题[③]：学校应该达到怎样的教育目标？学校应该提供什么教育经验以达到这些教育目标？这些教育经验如何才能有效地加以组织？如何才能判断这些教育目标的实现？

这四个问题是任何研究课程的人必须首先面对的问题，正如《国际教育百科全书》中对泰勒课程原理的评价：“如果不探讨泰勒提出的四个基本问题，就不可能全面地探讨课程问题。[④]”泰勒提出的四个基本问题，实际上就是：确定怎么样的课程目标？选择什么课程内容？如何实施这些课程？如何进行课程评价？泰勒理论的实质见表5-1。

表5-1　泰勒理论的实质

四个基本问题	问题的实质
学校应该达到怎样的教育目标？	课程目标
学校应该提供什么教育经验以达到这些教育目标？	课程内容
这些教育经验如何才能有效地加以组织？	课程实施
如何才能判断这些教育目标的实现？	课程评价

应用技术大学的课程同样也涵盖了泰勒经典课程理论所归纳的课程维度。因此，基于泰勒课程理论的视角，从课程目标、课程内容、课程实施及课程评价四

① 郭峰，饶异伦. 基于泰勒课程原理的职业教育课程目标研究[J]. 职教论坛，2006(6)：7-9.

② 夏婧. 现代课程理论的圣经——“泰勒原理”[J]. 天津市经理学院学报，2013(5)：99-100.

③ Tyler R W. Basic principles of curriculum and instruction [M]. University of Chicago Press, 2013: 32-40.

④ 张艳萍. 我国医学教育课程改革研究[D]. 上海：华东师范大学，2007.

个维度来看，应用技术大学的课程体系具备哪些特征呢？

在高等教育发展的历程中，重视高深学问本身的价值理性主义课程理念和强调高深学问社会功用的功利主义课程理念备受关注，前者适用于学术研究型人才的培养，后者则适用于职业技能型人才的培养。随着社会对人才类型的要求越来越多样化，人才既要具备高深学问，又要具备运用这些学问解决现实社会问题的能力。因此，潘懋元先生认为，应用型本科课程需要打破传统的课程理念，应致力于培养"实基础、强应用"的人才，也即既拥有扎实的理论基础，又具备较强的实践能力的应用型人才①。

一、应用技术大学的课程目标

课程目标与人才培养目标紧密相连，在很大程度上反映了人才培养目标的特征。我们从应用技术大学课程目标制定的原则、课程目标应该实现的功能两个方面进行探讨。

1. 应用技术大学课程目标制定的原则

从课程目标的来源来看，应该有三个方面的考虑，主要包括：源于学生职业生涯发展的需要、社会职业需要以及技术学科与应用学科的发展需要②。所以，应用技术大学的课程目标应遵循满足企业与学生需求的原则，不能仅从学校的角度来考虑学校本位的课程③，而应以社会需求为导向，强调课程设置的"实务导向"④⑤。从课程目标的特点来看，应用技术大学的课程目标应体现"实基础、强能力"的特征⑥，这实际上与潘懋元先生所提的"实基础、强应用"特征一致。从课程目标的制定主体来看，应用技术大学强调参与课程目标制定主体的多样化，地方本科院校、企业等利益相关者应主动参与到应用型本科课程目标的制定中，企业的参与尤其重要⑦⑧⑨。从课程目标制定的参考标准来看，应用技术大学

---

① 潘懋元.应用型人才培养的理论与实践[M].厦门：厦门大学出版社，2011.

② 郭峰，饶异伦.基于泰勒课程原理的职业教育课程目标研究[J].职教论坛，2006(6)：7－9.

③ 王莉方.台湾技职教育课程发展现状述评[J].中国职业技术教育，2006(25)：29－30.

④ 曾来，吴元凯.台湾"实务专题"课程的基本结构探析[J].重庆电子工程职业学院学报，2012(5)：125－128.

⑤ 李婉.应用技术型本科院校课程设置研究[D].石家庄：河北科技师范学院，2015.

⑥ 周建平.应用型本科教育课程改革亟待解决的几个问题[J].大学教育科学，2009(2)：19－22.

⑦ Meyer M D, Jacobs L J. A civil engineering curriculum for the future: The Georgia Tech Case [J]. American Society of Civil Engineers, 2000, 126(2): 74－78.

⑧ Han R, Zhang A, Price B. Designing an information technology curriculum: The Georgia Southern University Experience[J]. Journal of Information Technology Education, 2002, 1(4) : 214－221.

⑨ Zinser R, Lawrenz F. New roles to meet industry needs: a look at the advanced technological education program[J]. Journal of Vocational Education Research, 2004,29(2): 85－99.

除了要依据专业自身的发展需要，还应参照教育部的课程改革要求及其评价标准进行设置①。

2. 应用技术大学课程实现的功能

应用技术大学课程实现的功能，即为应培养学生何种能力。从字面上理解，应用技术大学的人才培养应强调人才应用技术能力的提升，但人文素养对应用技术人才也十分重要。因此，应用技术人才培养既要致力于发展学生的专业能力，又要注重培养学生的人文素养②。应用技术人才的人文素养更多的是一些软技能的培养，例如伦理道德修养、沟通、管理和团队协作等能力的培养③④⑤。此外，应用技术能力与职场上的实际操作能力紧密相关。从就业力培养的角度来看，应用技术大学的人才培养不仅要强化学生的专业基本能力，而且要注重学生就业适应能力的培养⑥⑦。换句话说，应用技术大学要培养学生具有与工作现场相适应的职业素质⑧，培养为企业解决实际问题的"企业伙伴型"学生⑨。

二、应用技术大学的课程内容

课程内容内涵丰富、形式多样，是实现课程目标的重要载体。我们将聚焦于应用技术大学课程内容应涵盖的范围、设置过程两个方面进行探讨。

1. 应用技术大学课程内容应涵盖的范围

潘懋元先生通过理论和实证研究表明，"实基础、强应用"的课程内容才能彰显应用型课程的理念⑩。这与德国"双元制"的课程内容相似，包括在学校学习

---

① Hadim H A, Esche S K. Enhancing the engineering curriculum through project-based learning [C]. Frontiers in Education, 2002.

② Meyer M D, Jacobs L J. A civil engineering curriculum for the future: The Georgia Tech Case [J]. American Society of Civil Engineers, 2000, 126(2): 74 - 78.

③ Han R, Zhang A, Price B. Designing an information technology curriculum: The Georgia Southern University Experience[J]. Journal of Information Technology Education, 2002, 1(4): 214 - 221.

④ Bush B H. An explanation of the Georgia Institute of Technology Curriculum[J]. Journal of Architectural Education, 2015, 11(2): 28 - 29.

⑤ Ingale A K, Patil S P, Thorat S A. Designing curriculum of IT: a journey[M]. Springer India, 2015: 170 - 173.

⑥ 周玲艳，梁红，胡延吉. 产学研合作教育模式下实践教学体系改革初步探索[J]. 课程教育研究，2013(20): 24 - 25.

⑦ 何军峰，胡延吉. 应用型本科专业产学研合作教育模式下的课程体系改革[J]. 职教论坛，2012(21): 69 - 71.

⑧ 王莉方. 台湾技职教育课程发展现状述评[J]. 中国职业技术教育，2006(25): 29 - 30.

⑨ Gao H Y. Research and reference to the German University of Applied Sciences Mechanical Engineering Curriculum System[J]. Journal of Hebei Energy Institute of Vocation and Technology, 2013 (48): 11 - 14.

⑩ 潘懋元，董立平. 关于高等学校分类、定位、特色发展的探讨[J]. 职教论坛，2009(19): 42.

的理论课程和在企业进行的实践培训课程①。“实基础”强调的是基础知识的牢固性，理论教学强调工程应用的特色；“强应用”则体现在一系列的实践性课程方面。对于实践性较高的课程应涵盖更加丰富的内容，如主要概念、模型、重要法则等都要达到培养计划的要求②③④，既要注重技术和职业培训，又要关注课程内容的多样化⑤。

2. 应用技术大学课程内容的设置过程

应用技术大学课程内容的设置过程具有复杂性。在课程内容确定的过程中，企业和高校的共同参与显得迫切而重要⑥。需要说明的是，一般本科院校的课程内容设置仅会邀请与本领域密切相关的行业企业参与，而有的应用技术大学则还会邀请与该专业不相关的行业企业参与⑦。有的应用技术大学甚至会采取更直接的做法，即会考虑部分课程内容从行业企业直接引进⑧。此外，课程内容还要顺应经济社会的发展需要，注重教授内容的实时更新。

三、应用技术大学的课程实施

课程实施是人才培养目标实现的关键环节，课程实施的质量直接关系到人才培养的质量。

1. 应用技术大学指导课程实施的原则

关于应用技术大学课程应该如何实施的问题，主要涉及指导课程实施的原则。应用技术大学课程应遵循理论与实践相结合的原则⑨，借鉴德国独特的“双元制”职业教育模式，在课程实施上，将企业的职业培训和学校的职业教育相结

---

① 李国强，黄金永. 借鉴德国双元制模式的机制专业实践教学的改革与探索[J]. 教育教学论坛，2015(20)：269－270.

② Yeung S S Y, Lam J T S, Leung A W L, et al. Curriculum change and innovation[J]. Columbia University, 2012：304.

③ Ragupathi K. Practical steps in designing a curriculum to promote critical & creative thinking [J]. Cdtl Brief, 2011(4)：5.

④ Hook J, Hjermitslev T, Iversen O S, et al. The reflectable：bridging the gap between theory and practice in design education[C]. Springer Berlin Heidelberg, 2013：68.

⑤ 张智. 奥地利应用科技大学——保持就业竞争力的“奥秘”[EB/OL]. (2014－04－25)2017－11－5. http：//www2. hhstu. edu. cn/atu/contents/2063/43886. html.

⑥ Meyer M D, Jacobs L J. A civil engineering curriculum for the future：The Georgia Tech Case [J]. American Society of Civil Engineers, 2000, 126(2)：74－78.

⑦ Han R, Zhang A, Price B. Designing an information technology curriculum：The Georgia Southern University Experience[J]. Journal of Information Technology Education, 2002, 1(4)：214－221.

⑧ 黄河科技大学. 新加坡南洋理工学院的教学工厂[EB/OL]. (2014－05－29)2017－11－1. http：//www2. hhstu. edu. cn/atu/contents/2063/45379. html.

⑨ 尹宁伟. 我国台湾地区科技大学通识课程的实证考察与启示[J]. 黑龙江高教研究，2015(7)：10－13.

合，学生既在企业接受实践培训，也在学校学习理论知识。在理论教学与实践教学中，实践教学环节所占比重较大①。新加坡“教学工厂”的独特模式，则把学校作为企业的科研开发中心，企业作为学校的生产、实习基地②。研究其他国家和地区的应用技术大学课程设置现状发现，在20世纪90年代，欧洲就已经开始流行借助信息技术辅助应用型本科课程的开展，典型代表是奥地利③。

2. 应用技术大学课程的教学方法

应用技术大学的教学方法应呈现多样化的特征。如启发式教学、讨论式教学、现场教学、案例教学、分组教学法等。德国的应用科技大学率先打破过去以传授知识为中心的灌输式教学模式，积极采取了启发式、讨论式、参与式、案例式、研究式等多种教学方法。应用型本科教育要求学生不仅要具备扎实的理论知识，而且要积极地参与实践教学。在教学方法上除了采用传统的课堂授课，还可以根据不同课程的特殊需要提倡多样化的教学方法，如实验教学法、案例教学法、小班辅导教学方法、项目教学法等④。有些院校甚至把维持小班教学方法写入该院校的办学思想中，以指导院校内部各项教学活动的开展⑤。此外，基于项目的教学方法(project-based learning，PBL)被认为能够激发工程专业学生的学习兴趣，有利于学生积极参与到整个学习过程中，有利于锻炼学生的沟通技巧，培养学生的批判性思维，以及其他“软技能”的培养⑥。

四、应用技术大学的课程评价

课程评价是衡量人才培养目标实现程度和质量的重要标准。应用技术大学的课程内容和实施环节的特殊性，意味着其评价方式和标准也异于其他类型的课程。在此主要从评价原则或评价要求的角度进行相关的探讨。

从课程评价参与的主体来看，应用技术大学的课程评价应有来自产业界的行业专家参与，在实施评价的过程中，不仅要强调应用技术大学课程目标及其内容与产业需求的适应性，还要关注学生、教师和课程开发者的满意度⑦，而不是

---

① 黄河科技大学．德国应用科技大学的教学环节安排[EB/OL]．(2014-05-13)2017-11-5. http://www2.hhstu.edu.cn/atu/contents/2063/44664.html.

② 张恒权．新加坡的工艺教育[J]．中国职业技术教育，1998(1)：54-56.

③ Bissell C. Revitalizing the engineering curriculum: the role of information technology[J]. European Journal of Engineering Education, 1995, 20(4): 427-439.

④ RHIT. RHIT guiding principles[EB/OL]. (2014-12-30) 2017-11-6. http://www.rosehulman.edu/Users/groups/AcademicAffairs/guiding.htm.

⑤ 陈啸，刘杨．国际应用型本科教育教学法研究的启示[J]．中国大学教学，2012(4)：92-95.

⑥ Hadim H A, Esche S K. Enhancing the engineering curriculum through project-based learning [C]. Frontiers in Education, 2002.

⑦ Bandali K S, Craig R, Ziv A. Innovations in applied health: evaluating a simulation-enhanced, interprofessional curriculum[J]. Medical Teacher, 2012, 34(3): 176-184.

学术发展的需求[①②]。

从课程评价的辅助手段来看，可以借助信息技术来辅助课程评价，这样更利于对评价结果进行量化呈现，其评价结果也更具科学性。

从课程评价的维度来看，应用技术大学的课程评价应注重知识与能力的评价，注重实施过程和实施方法的评价，以及注重情感、态度与价值观的评价[③]。

从课程评价改革的视角来看，应用技术大学的课程评价应该与课程改革同步，一旦课程评价跟不上课程改革的要求，运用旧的评价体系来评价新的课程体系则完全没有意义。

第三节　应用技术大学人才培养特色发展的教学模式

当今社会，应用型人才是科技转换为实际生产力的重要主体，各行各业的快速发展均离不开应用型人才的助力。对于应用技术大学而言，培养的人才要满足社会发展的需求就必须培养高层次的应用型人才，然而人才培养目标实现的基础是课程教学[④]。

一、应用技术大学教学模式的原则及特征：实践性

应用技术大学致力于培养应用型人才，而教学是实现人才培养目标的主要方式，相应的教学模式也具备应用性和实践性的显著特征。其实践性的特征主要体现在教学目标、教学内容、教学过程和教学环境四个方面。

1. 应用技术大学教学目标的实践性

在应用技术大学的教学体系中，教学目标是核心，其不仅在一定程度上决定着教学的内容、方法、管理体系及保障体系的结构，而且也决定着这些要素发挥功能的水平，在整个教学体系中发挥着核心驱动力的作用。因此，教学目标的实践性水平在教学体系中具有举足轻重的作用。与普通本科通用性的教学目标不同，应用技术大学的培养目标是应用型人才，涵盖了技术、服务和职业应用性等

① 尹宁伟. 我国台湾地区科技大学通识课程的实证考察与启示[J]. 黑龙江高教研究，2015(7)：10－13.

② Meyer M D, Jacobs L J. A civil engineering curriculum for the future: The Georgia Tech Case [J]. American Society of Civil Engineers, 2000, 126(2): 74－78.

③ 王莉方. 台湾技职教育课程发展现状述评[J]. 中国职业技术教育，2006(25)：29－30.

④ 陈飞. 应用型本科教育课程调整与改革研究[D]. 上海：华东师范大学，2014.

特征。应用技术大学的核心教学目标应是培养满足社会需求的一线工程师，着重培养学生解决实际问题的能力，具有极强的实践性，强调参与性与体验性等非认知性目标①。在教学过程中，师生对于教学目标实践性的理解与践行，学校对教学目标实践性的评估尤为重要。这就要求，一方面，教师不仅在教学的各个环节中要以实践性的教学目标作为指导，而且还应帮助学生参与到实践性的环节中去亲身体验和感知；另一方面，学校对实践性教学目标实现的情况进行评估，将有助于教学活动的开展与完善。

2. 应用技术大学教学内容的实践性

教学内容是教学目标的具体体现，在教学体系中是无可替代的，因而也具有实践性。这一实践性主要体现在教学环节上，如实习、实验、毕业设计、社会实践等环节上。本科教学体系主要由理论体系和技术体系构成，普通本科教学体系更强调理论体系，而应用技术大学的教学体系则侧重于技术体系。虽然普通本科教学也蕴含着技术体系，但是其中的技术体系服务从属于理论体系。应用技术大学的教学内容则不同，其教学内容为技术教育内容，主要基于职业对能力的需求而非基于学科的需求，因而采用实践性很强的课程导向模式。在实践性较强的课程导向模式中，极具代表性的是模块课程(module curriculum)。它是课程分流的经典方式之一，是指教学内容以模块为组织形式的课程体系，包括模块化课程模式、模块化教学计划、模块化教材三种形式②。它也是在能力本位课程观指导下重构的一种新的课程体系，主要依据岗位或岗位群对能力的需求进行课程重构，具有很强的实践性③。

3. 应用技术大学教学过程的实践性

教学过程是实现教学目标、实践教学内容的途径，恰当的教学过程是保障教学质量的关键所在。与普通本科教学偏重理论探索的教学过程不同，应用技术大学的教学过程与企业一线的生产需求紧密结合，即产学研结合。产学研合作的教学过程帮助学生参与到产学研项目中去，有助于培养学生的实践能力，使学生拥有更多的机会了解企业需求，以及社会对人才能力的要求。此外，产学研合作的教学过程有助于提升教师队伍的综合能力。一方面，教师若要直接参与到企业生产活动相关的一系列技术服务、新产品开发等活动中，必须具备较强的基础知识和实践素养；另一方面，产学研给教师提供了很好的实践教学条件，对培

① 潘懋元. 应用型人才培养的理论与实践[M]. 厦门：厦门大学出版社，2011.
② 蒋乃平. 模块课程及其在课程改革中的应用——“宽基础、活模块”课程模式再论之七[J]. 职业技术教育，2007(34)：51－53.
③ 余国江. 课程模块化：地方本科院校课程转型的路径探索[J]. 中国高教研究，2014(11)：99－102.

养学生的实践能力起到了极大的促进作用①。

4. 应用技术大学教学环境的实践性

应用技术大学的教学是以实践教学为重要组成部分的教学，实践性教学环境是实践性教学内容得以实施的必要条件和必备场所②。具体来说，实践性教学环境涵盖了校内实践环境与校外实践环境两个方面。前者包括实验实训的条件，如其保养状况、运行状况、先进程度、内部物理环境等③，也包括这些设备对师生的开放程度和实际使用状况等，具有良好硬件条件和使用便捷的校内实践环境，是师生高质量完成实践教学环节的重要保障。后者则涉及学校与外部企业、相关部门共同构建的实习实训基地等，这类实践教学要遵循校企合作的原则。校外的实践环境是校、企双方达成合作，合理利用企业的生产和经营环境来培养学生实践能力的一线实践场所。这一做法最大的优势在于，对学生而言，他们可以置身于实际场景中去锻炼自己解决问题的能力，并有效检验在校所学的知识；对于校、企而言，通过恰当的协作以实现资源互补和互利共赢。

二、应用技术大学实践性教学模式的实现路径

无论是在能力本位课程观指导下诞生的模块化课程内容，或是在产学研合作的教学过程中，或是在校企合作的实践性教学环境中，实践性教学的目的最终体现在学生实践能力的培养上，而这种实践能力的培养需要建构一种基于能力培养的教学模式。

1. 基于能力的教学概念

基于能力的教学（competence-based education，CBE）在职业教育领域的运用已相当成熟，其具有很强的专业实践性倾向，能满足实践性较强的教学需求，应用技术大学的教学模式正属于这种类型的教学。基于能力的教学的具体含义，学者们的论述较多，Kouwenhoven（2009）从八个方面总结了它的主要特征，如下所述。

（1）基于能力的教学服务于职业的实践性要求。它将未来的职业对学生的需求考虑进来，具有完整的框架，而职业性特征是其框架的核心所在。

（2）基于能力的教学是以学生为中心的教学，注重过程性学习。这一特征体现在两个方面：① 基于学生现有的实际能力，评估其还有哪些能力需要进一步加强或培养，以此为依据开展教学；② 这种教学模式具有个性化、灵活性的特

① 潘懋元，车如山. 做强地方本科院校的理论与实践研究[M]. 北京：高等教育出版社，2016.

② 高林. 应用性本科教育导论[M]. 北京：科学出版社，2006：64－65.

③ 刘文华. 应用技术本科教育课程模式研究[D]. 上海：华东师范大学，2017.

征，如个性化的学习材料、弹性的学习时间和持续的学习反馈等。

(3) 基于能力的教学属于结构主义范畴。认知主义认为知识更重要，行为主义主张成就更重要，而结构主义则认为能力更重要，运用知识的能力比获取更多的知识更有价值。

(4) 在教师看来，基于能力的教学是一种认知态度。在这种教学模式下，教师鼓励学生进行积极探索，在课程结束的同时，他们在探索的过程中也已获取了相应的能力。

(5) 基于能力的教学环境致力于培养学生的能力。有规律的知识不是教学的核心所在，而是鼓励学生进行积极探索，技能的提高取决于职业胜任力而非对于规律性知识的单纯掌握。

(6) 基于能力的教学除了注重职业胜任力的培养外，也包括一般能力的培养。关于一般能力的培养不会设立单独的教学模块，而是贯穿在整个教学体系中。这些能力包括创新能力、定义问题的能力、解决问题的能力、自我反省和自我评估的能力等。这种教学模式将学生置身于实际情境中去解决实际问题，注重培养学生"学会学习"的能力，需要学生自我评估哪些知识已经掌握，哪些能力需要加强等。

(7) 基于能力的教学聚焦于能力的评估，而非知识或技能的考核，评估形式既包含形成性考核，也包含终结性考核。

(8) 基于能力的教学的课程开发注重对能力培养的详细描述，特定领域的知识或技能是由相应的能力决定，而不是由相应的知识结构决定。

2. 基于能力的教学分类

在现存的诸多教学模式中，它们或多或少地体现了上述特征，Dochy 和 Nicman 对基于能力的教学的相关研究进行了梳理，发现基于能力的教学可分为如表 5－2 所示的四种类型[①]，相应地学生的能力也呈现出逐步显著的特征。

表 5－2　基于能力的教学类别及其特征

类　别	特　征
类别 1： 目的性教学	1. 以职业实践为出发点 2. 将能力培养贯穿于知识、技能和态度的培养中 3. 更加注重应用性知识和技能的培养 4. 强调学习的主动性

① Kouwenhoven W. Competence-based curriculum development in higher education: a globalised concept? [M]. Technology Education and Development. InTech, 2009: 1, 8－9.

续 表

类　别	特　征
类别 2： 案例教学	1. 知识、技能和态度划分为不同的模块，但是始终与职业实践紧密联系，且各模块能综合为一个有机整体 2. 运用实际的场景进行教学 3. 在教学和评估环节运用案例 4. 运用基于问题和基于项目的教学方法
类别 3： 学习和发展轨迹	1. 总结学习路径 2. 系统性地逐步培养能力 3. 强调一般能力的培养 4. 学习的复杂性逐步增加，教师的指导逐步减少 5. 学会学习是最终目标 6. 不仅评估学生的表现（知识、技能和态度），还评估学生的个人成长
类别 4： 需求导向，致力于培养能力	教师主导和学生主导型 1. 教师主导部分：派发的任务复杂性逐步增加，教师的指导逐步减少 2. 学生主导部分：形成个人成长计划 3. 教师提出实践性问题给学生解决
	完全需求导向型 1. 以开放性的任务作为开端 2. 学生先提出问题 3. 在教师指导下，学生形成个人成长计划和相关的能力矩阵 4. 学生自己评估在什么水平下培养哪些能力

三、应用技术大学基于能力的教学模式案例

我国台湾地区的科技大学发展相对成熟，已经拥有较为完善的应用型人才培养机制。台湾 D 大学是台湾地区应用型本科教育的典型代表，创校于 1990 年，是一所产学导向的大学。该校以“企业最佳伙伴大学”为发展理念，以“念 D、好就业，就好业”为人才培养目标[①]。根据信息科技集团发布的台湾大学就业率排名的就业率报告，该校大学部校友平均就业率高于台湾各大学平均值，且胜过多所著名私立大学的就业率[②]，这些成果的取得均与其基于能力的教学模式密不可分。根据表 5－2 中对基于能力的教学的划分，该校的教学

① 熊建辉，吴婷．坚持理论与实务并重迈向企业伙伴型大学——访台湾大叶大学校长武东星[J]．世界教育信息，2014(14)：67－71.

② 大叶大学．念大叶、好就业、就好业[EB/OL]．(2016－10－30)[2017－1－2]．http：//emc2.dyu.edu.tw/plan_result/65.pdf.

模式为第二类，即案例教学。

1. 分类实施课程内容

台湾D大学紧密对接职业实践需求，将知识、技能和态度划分为不同的课程模块，依据分类对学生进行培养，但始终与职业实践紧密联系，且各模块能综合为一个有机整体。具体来说，为了全面培养学生的能力，该校专门制定了翔实的教学计划，将学生的学习课程划分为就业启蒙课程、专业实务课程和职场实务课程三类。就业启蒙课程主要致力于专业态度的陶冶，该类课程被巧妙地植入到开学的学习启发营中，在引导新生及早适应大学学习生活、充分体验大学校园文化的同时，也对他们的职业探索展开启发式教育，以帮助新生树立正确的学习态度、选择专业的态度以及将来就业的态度。专业实务课程专注于知识的积累，聚焦于专业能力的培养，该类课程采取分流机制，有助于培养专业化的人才。职场实务课程致力于专业技能的提升，该校制定了深耕产学实施策略，将课程的开展延伸到企业，通过与企业建立密切合作的关系来提升学生的就业竞争力。具体的策略是与本地产业结盟，整合特色研发技术，建立技术授权平台及促使研发成果商品化等。虽然三个课程模块的侧重点有所不同，但始终与职业实践紧密联系，并相辅相成。

2. 多种教学方法的综合运用

该校在实务习作课程教学中，由任课教师邀请业界专家指导，学生通过各专业任课教师被安排到合作厂家进行实务实习，并接受业界导师的现场实务教学，学系和企业还联合为学生提供更多现场模拟的机会、参与企业项目的机会等。此外，该校还开设了产学特色专班，该特色专班的基本教学模式是：实务课程＋业师教学＋大四全职实习（或实务专题）＋保证就业。从课程内涵、授课教师资质、学生配套实习到就业目标的实现，该教学模式都强调了教学应置于实际场景中，更体现了对学生实践能力培养的重视。

第四节　应用技术大学人才培养特色发展的第二课堂

高校第二课堂是人才培养体系的重要组成部分，也是素质教育的重要载体。它以灵活性、开放性和多样性等优势丰富了校内实践，鼓励学生全面发展自身素质，充分发挥自己的特长，展示更强的创造性。本节主要介绍第二课堂的具体内涵及其在高校教育中扮演的角色。

一、大学第二课堂的内涵

大学的第二课堂是相对于第一课堂而言的。第一课堂指的是学校依照教学计划、教学大纲进行的班级教学活动，而第二课堂则是在第一课堂的教学计划之外组织和引导学生开展的各种有意义的活动①。第二课堂是第一课堂的延伸和补充，主要由思想教育活动、科技创新与技能培训、社会实践与志愿服务、文化艺术与身心发展等活动模块所构成。其主要功能体现在拓宽学生知识面、培养综合能力和非智力因素、陶冶思想情操、增强身体素质等方面②。

虽然第二课堂与第一课堂存在着显著差异，但它们之间既存在着相关性，也有一定的独立性③。一方面，第二课堂作为第一课堂的有效补充，它们必然存在着相关性。高等教育的目标是全面素质教育，素质教育的全面性和系统性使得第一课堂无法满足其发展需求，第二课堂便成为素质教育的重要组成部分。第一课堂强调专业知识的学习，获得丰富的理论知识，第二课堂则为这些知识的运用提供了良好的平台。另一方面，第二课堂拥有第一课堂无可取代的特质，相较于第一课堂而言也具有一定的独立性，它具有内容丰富性、组织灵活性、时空开放性、自主选择性和效益综合性等特点。

二、应用技术大学第二课堂实践与创新的成功案例

应用技术大学的第二课堂在其发展的过程中，除了蕴含了大学第二课堂的一般特色外，也有其自身的特殊性。随着校内外环境和学生需求的变化，一些应用技术大学在第二课堂实践方面也进行了许多尝试与创新，例如，黄淮学院将第二课堂纳入人才培养方案，制订实施了《黄淮学院第二课堂实践教学培养方案》④。近五年来，上海 Y 大学在第二课堂实践与创新方面也进行了有益探索并取得了显著成效。

（一）上海 Y 大学“365 青年成长计划”

上海 Y 大学从一个小社团的活动缘起，立足学生实际，致力于习惯养成，打造“365 青年成长计划”——一年 365 天坚持一件小事。以此将学生自我管理的理念落地，紧扣应用技术大学的学生特点，率先探索借助移动互联网构建“师生学习、生活共同体”成长平台，打破传统教育的时空隔阂，创新网络思政工作特色。

---

① 蔡克勇，冯向东．大学第二课堂[M]．北京：人民教育出版社，1988：1.
② 柯羽．第二课堂与大学生就业能力研究[J]．中国青年研究，2009(8)：71－73.
③ 谢相勋，杜理才，张科，等．高校第二课堂活动研究[M]．成都：四川大学出版社，2012：208.
④ 刘奇．应用技术型本科高校的第二课堂改革[J]．国内高等教育教学研究动态，2016(17)：10.

"365 青年成长计划"包括爱英语、爱阅读、爱运动、爱网课、爱上图书馆、爱晨读 6 大模块，学生自愿选择是否参加、参加什么项目，但参加后必须组队每天坚持，并打卡分享。辅导员则以身作则，用实际行动带动学生一年 365 天每天坚持学英语、阅读、上网课、运动等，并在微信、微博等社交平台分享，通过朋辈的激励与督促实现良好习惯的养成和综合素质的提高。现在"365 青年成长计划"组织在上海 Y 大学形成了一个超大的开放性社团，累计参与人次超过 2 万，参与的团队小组数目达到 3 000 多个，甚至带动校外人员 1 000 多人参加，校内众多学生组织参与策划、维护和运营，帮助大学生们用实际行动朝着自己的目标迈进。

(二) 上海 Y 大学"365 青年成长计划"的主要成效

1. 构建了师生学习共同体，实现了第二课堂师生的共同成长

学校提倡青年教师尤其是辅导员自身先行动起来，选择一个"365 青年成长计划"项目作为组员加入进去，从而实现了辅导员和学生的共同成长、同学与同学之间的朋辈互助，形成了一个稳固的师生学习共同体，学风建设成效显著。在团队内部，师生均为团队中的普通一员，队员打卡、队长拼图分享，成员间互相点赞、互相监督、互相促进，形成了氛围良好的学习共同体。

2. 依托网络平台，形成了网络思政教育的新载体

师生在互联网平台上，通过每天分享、评论、留言等，形成了一股强大的"正能量"，构建了一种特别的、积极向上的大学网络文化。这种网络正能量给参与其中的思政工作者开创了走进学生、了解学生、熟悉学生进而引导学生、影响学生的新路径。在这一探索过程中，该校成立了关于自我管理、生涯指导、网络思政、科技创新、创业、学业发展、领导力培养、人际交往、女生成长成才九个专业化辅导员工作室。这不仅使得思政教育工作更加丰富有趣，在网络平台的支持下，也使得思政工作更加贴近学生的实际，成效更加显著。

3. 极大提升了学生的综合素质

"365 青年成长计划"促使每位参与其中的学生的自我认识逐渐清晰，自我管理能力得到了逐步提升，自我定位也更加精准。具体来说，提高了学生自主学习和时间管理的能力，给个人成长、发展空间、意志品质、自我效能等多方面带来了很大的提升。根据学校为期一年的问卷跟踪调查发现，"365 青年成长计划"项目促使学生的学习目标更加远大，视野更加开阔，自我责任感和自律意识得到了进一步的增强，专业学习动力得到了进一步的提升，学习习惯得到了进一步的改善，主动学习的时间投入也更长了。相关调研数据的研究分析也发现，"365 青年成长计划"项目的执行对大学生的时间管理倾向以及时间监控观具有显著

性的良性影响。

三、应用技术大学第二课堂创新与实践的路径借鉴

上海Y大学根据自身的实际情况，探索出了一条全新的实践模式，对于同类高校而言，其做法具有一定的借鉴价值。具体而言，该校的第二课堂创新与实践的路径具有的特点如下所述。

1. 遵循本校学生的学习特点与心理特点

该校通过开展第二课堂的实践活动发现：首先，伴随着互联网学习时代的到来，利用网络平台进行碎片化学习是一个极好的开端，也是学生相对而言不易反感的方式；其次，当学习的自觉性欠缺时，朋辈激励非常有效，战胜惰性完全靠自律是十分困难的，组员的督促有很大的帮助；最后，“看得见”“够得着”“有人陪”的小目标，更容易坚持，走得更远。因而应用技术大学在尝试第二课堂创新与实践的过程中，首先从学生的实际需求出发，然后在充分了解学生学习和心理特点的前提下开展，由小及大，最后取得事半功倍的效果。

2. 充分利用网络平台

以网络平台为依托，该校打破传统地域、时空等物理屏障，通过互联网打卡的方式形成强大的网络正能量，最终形成了学习共同体和网络思政教育的新载体。通过网络平台，把具有共同兴趣的师生虚拟连线组队，共同开展网络在线生活、运动、学习，形成了强大的网络正能量。这种正能量依旧通过网络平台快速且大范围的传播，不但使第二课堂的工作更易开展，而且也能帮助学生更快、更全面地成长。

3. 充分发挥辅导员的作用

辅导员的队伍庞大，力量无穷，在实际参与“365青年成长计划”的过程中，辅导员通过所听、所看、所感、所悟研究大学生个性化发展中的需求，在不断学习提高自身专业能力和职业素养的同时，通过思想引领激发学生的学习动力，使得第二课堂工作游刃有余。

4. 结合学科特点，充分发挥学校社团的作用

“365青年成长计划”共设有六大项目，一些项目在本质上对应着相应学科的发展需求。学校社团本身具有一定凝聚力，可将学科特点与专业社团的发展有机结合起来。该校针对各个学院的专业技术特色，批复新成立了62个学科型社团，如经管学院的企业模拟经营(ERP)社、轨道交通学院的通电微控社、机械学院的无人机社等。

第六章　应用技术大学人才培养特色发展的制度保障

要保证我国应用技术大学人才培养的特色发展，离不开相关制度、人力、物力等各方面的保障，研究应用技术大学人才培养特色发展的保障制度，对于研究我国应用技术大学人才培养特色的发展机制，促进应用技术大学人才培养能力的提升具有重要意义。作为应用技术大学，其人才培养最大的特色在于应用性和实践性，本章通过梳理我国应用技术大学的政策文件，调研大陆和台湾地区应用技术大学人才培养的治理体系和师资队伍建设，以及师生对人才培养环节的相关看法，对我国应用技术大学人才培养的政策依据、治理体系、师资建设和质量评估等方面进行深入的剖析。

第一节　应用技术大学人才培养特色发展的政策依据

应用技术大学是现代职业教育体系的重要组成部分。本节着重从职业教育相关的政策基础、政策提出、政策完善和政策推进等几个方面，对应用技术人才培养特色发展的政策依据进行了系统分析。

一、与职业教育相关的政策基础

20 世纪 70 年代以来，随着我国改革开放的开始，市场经济的快速发展，为满足市场对大批技术和管理人才的需求，服务地方经济社会的发展需求，许多地方政府着手建立了各类职业（技术）学校。1980 年，国家教育部首次批准设立了 13 所职业院校，这标志着我国高等职业教育的起步[①]。

---

① 祖灿. 应用型本科教育发展比较研究[D]. 南昌：江西财经大学，2012.

进入20世纪90年代，我国的职业技术教育发展迅速，1991年国务院首次出台了《国务院关于大力发展职业技术教育的决定》，该决定提出了如下目标："在90年代，使大多数新增劳动力基本上能够受到适应从业岗位所需要的最基本的职业技术训练，在一些专业性技术性要求较高的劳动岗位，就业者能够较普遍地受到系统的严格的职业技术教育；初步建立起有中国特色的，从初级到高级、行业配套、结构合理、形式多样，又能与其他教育相互沟通、协调发展的职业技术教育体系"。这是我国最早关于职业教育的政策文件，该文件提出了要建立从初级到高级结构合理的职业技术教育体系的任务[①]。

1996年，《中华人民共和国职业教育法》正式颁布，该法案明确规定"职业学校分为初等、中等、高等职业学校教育。初等、中等职业学校教育分别由初等、中等职业学校实施；高等职业学校教育根据需要和条件由高等职业学校实施，或者由普通高等学校实施"[①]。1999年，国务院出台的《面向21世纪教育振兴行动计划》中也明确提出要积极发展高等职业教育，"对于学历高等职业教育，除对现有各高等专科学校、职业大学和独立设置的成人高校进行改革、改组和改制，并选择把部分符合条件的中专改办之外，部分本科院校也可以设立高等职业技术学院"[①]。

这进一步明确了高等职业教育的具体承担者，不仅包括高等职业学校，也可以由普通高等学校或者本科院校设立的高等职业技术学校来承担。这一时期，我国高等职业教育进入了大发展时期。

二、应用技术大学相关政策的提出

进入21世纪，我国的职业教育已经出现了较为繁荣的局面，中等职业教育和高等职业教育体系基本完善，但随着社会经济的发展，由中职和高职院校培养的专科及以下层次的技术人才在理论知识上存在先天不足，本科层次的职业技术教育成为大势所趋[①]。

然而同一时期，随着我国的高等教育从精英化向大众化教育阶段过渡，一大批地方本科院校的创建和扩招，我国普通高等教育的结构性矛盾突出，新建地方本科院校的办学时间短、社会知名度低、办学资源相对不足，尤其是部分本科院校对办学目标缺乏理性思考，存在攀高、求大、求全的同质化倾向[②]，地方高校的本科毕业生也呈现出就业难、就业质量低的问题。

---

① 祖灿.应用型本科教育发展比较研究[D].南昌：江西财经大学，2012.

② 潘懋元，车如山.做强地方本科院校的理论与实践研究[M].北京：高等教育出版社，2016.

鉴于上述我国职业教育体系中本科教育的缺失和普通本科教育的结构性失衡，2014 年全国性本科人才培养模式研讨会召开，正式提出了应用型本科教育的理念。同年，国务院出台《关于加快发展现代职业教育的决定》（以下简称“《决定》”），首次提出了“到 2020 年，要形成职业教育和普通教育相互沟通的现代职业教育体系”，并明确对职业教育体系中本科层次学生的培养规模提出了要求，即“到 2020 年，中等职业教育在校生达到 2 350 万人，专科层次职业教育在校生达到 1 480 万人，接受本科层次教育的学生达到一定规模”。

《决定》中还提出了加快构建现代职业教育体系的具体任务，包括“探索发展本科层次的职业教育”“建立以职业需求为导向、以实践能力培养为重点、以产学研结合为途径的专业学位研究生培养模式”“采取试点推动、示范引领等方式，引导一批普通本科高等学校向应用技术类型高等学校转型，重点举办本科职业教育”“建立高等学校分类体系，实行分类管理，尽快建立分类设置、评价、指导、拨款制度、招生、投入等政策措施向应用技术类型高等学校倾斜”等具体任务。

三、应用技术大学相关政策的完善

2014 年 6 月，为贯彻落实《国务院关于加快发展现代职业教育的决定》，建设现代职业教育体系，教育部、国家发展改革委、财政部、人力资源社会保障部、农业农村部和国家乡村振兴局六部委共同组织编制并发布了《现代职业教育体系建设规划(2014—2020)》(以下简称“《规划》”)，对我国职业教育体系的架构、应用技术大学在职业教育体系中的定位做了更为清晰的规划和阐述，是对应用技术大学相关政策的进一步完善。《规划》中首次明确了现代职业教育体系的基本架构，如图 6－1 所示。

《规划》指出，未来我国的职业教育体系将包含初等职业教育、中等职业教育和高等职业教育三个层次。其中，高等职业教育在现有专科层次高等职业(专科)学校的基础上，还要进一步发展应用技术类型高校，培养本科层次的职业人才。在本科教育之上还要建立专业学位的研究生教育。应用技术类型高等学校是高等教育体系的重要组成部分，与其他的普通本科学校具有的平等地位。

《规划》中提出了应用技术类型高校的具体含义，即“直接服务于区域经济社会发展，以举办本科职业教育为重点，融职业教育、高等教育和继续教育于一体的新型大学”，并提出了主要通过支持一批定位于服务行业和地方经济社会发展的地方本科高等学校实行综合改革，实现向应用技术类型高等学校的转型发展、

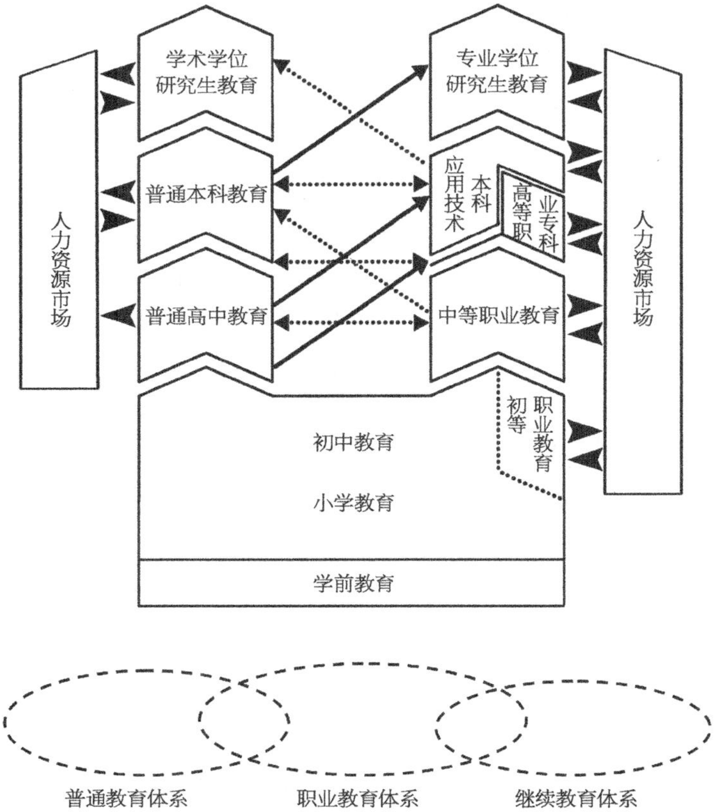

图 6-1　现代职业教育体系的基本架构

鼓励独立学院转设为独立设置的学校时定位为应用技术类型高校、本科高校与示范性高等职业学校通过合作办学等多种方式实现对高层次应用技术人才的培养。

此外，《规划》中还提出修订《职业教育法》及其相关的其他法律法规；对职业教育招生考试制度进行改革，适度提高本科层次高等学校招收职业院校毕业生的比例；构建适应现代职业教育体系的投入机制等要求，从制度上明确了对应用技术大学发展的各方面保障。

四、应用技术大学相关政策的推进

2015 年，教育部编制并发布了《高等职业教育创新发展行动计划（2015—2018）》，进一步明确了职业教育发展的具体任务和行动方案，其中“发布实施‘关于引导部分地方普通本科高校向应用型转变的指导意见’”“探索本科层次职业教育的实现形式和培养模式”提上日程，并明确了于 2016 年年底出台相关的措施。

在此背景下，教育部、国家发展改革委和财政部于 2015 年发布《关于引导部分地方普通本科高校向应用型转变的指导意见》(以下简称“《指导意见》”)，提出了“明确类型定位和转型路径”“加快融入区域经济社会发展”“抓住新产业、新业态和新技术发展机遇”“建立行业企业合作发展平台”“建立紧密对接产业链、创新链的专业体系”“创新应用型技术技能型人才培养模式”“深化人才培养方案和课程体系改革”“加强实验实训实习基地建设”“促进与中职、专科层次高职有机衔接”“广泛开展面向一线技术技能人才的继续教育”“深化考试招生制度改革”“加强‘双师双能型’教师队伍建设”“提升以应用为驱动的创新能力”“完善校内评价制度和信息公开制度”等 14 项转型发展的主要任务。《指导意见》还从政府责任、评估和专业设置改革等配套制度、生源和师资等政策支持等方面，给予地方本科高校转型发展提供政策保障和支持。

五、基本结论

自 2014 年我国首次提出应用型本科教育的概念以来，教育部、国家发展改革委、财政部、人力资源社会保障部、农业农村部等多部门协调，共同颁布了一系列促进应用技术大学发展的政策文件，明确了应用技术大学是我国职业教育体系中的重要环节，确定了现阶段主要通过引导部分地方普通高校向应用型转变的实现方式，提出了应用技术大学转型发展的主要任务，为我国未来应用技术大学的转型发展提供了政策保障。未来，我国应用技术大学将进入快速发展时期，各地方政府以及负责具体事务的相关职能部门需要进一步出台促进应用技术大学转型发展的各项细则，以保障各项政策的落地实施。

第二节　应用技术大学人才培养特色发展的治理体系

在我国产业经济正处于转型发展的背景下，经济社会发展急需大批应用技术型人才，深入推进应用技术人才培养模式改革，培养与经济社会发展动态需求相适应的应用技术人才，是应用技术大学面临的重要课题。其核心的任务在于形成与应用技术人才特色培养相适应的体制机制，充分调动政府、行业和大学等利益相关主体的主动性和积极性，释放各主体的活力。因此，改革与创新应用技术人才培养的体制机制，构建与其相匹配的治理模式是十分迫切的。

一、治理理论与治理模式

治理理论是 20 世纪 90 年代理论界和实践界探讨的热点。所谓“治理”是指“各种公共的或私人的机构管理其共同事务的诸多方式的总和，是使相互冲突的或不同的利益得以调和并且采取联合行动的持续过程”①。大学“治理”与“管理”的最大区别在于政府与大学之间关系和角色的转变，在大学“治理”模式中，政府是众多管理主体之一，对大学主要发挥咨询、引导等服务功能；而在大学“管理”模式中，政府是权威且唯一的管理主体，对大学的行为方式具有明显的命令、强制性特点。

学界有关“现代大学治理体系”的观点主要有两种：一种观点是“现代大学的治理体系”，强调现代大学如何构建有效的治理体系，即要求治理体系应与现代大学的特征相适应；另一种观点是“大学的现代治理体系”，强调立足大学的现实状况如何构建现代化的治理体系，即要求治理体系建设应对大学的治理能力具有提升作用②。大学的治理体系主要包括两个层面：大学的外部治理体系和内部治理体系。大学的外部治理体系建设就是如何处理自身与政府、市场以及社会组织的关系等；大学的内部治理体系建设则包括横向体系建设和纵向体系建设。前者主要解决权力的分散及权力的制衡问题，后者则主要解决学校与二级学院、组织与个体之间的关系问题。在学校与二级学院之间，应建立以院系为主体的治理结构，充分发挥二级学院办学主体的作用；在组织和个体之间，应建立尊重个性特点、维护个体权益的治理结构。

人才培养模式改革是一项系统工程，需要各利益相关主体的共同努力和参与。作为外部相关利益主体的政府、市场，与作为内部相关利益主体的高校、二级学院、教师、学生，在应用技术人才培养模式改革中应发挥“合力”作用。

二、外部治理体系

1. 政府层面

营造应用技术人才培养良好的制度环境，必须理顺政府与大学的关系，转变政府职能，构建“管”“评”“办”分类的制度格局③。一方面，政府应给予应用技术

---

① 肖幸前. 治理理论视角下“一带一路”国家私营部门贿赂治理[D]. 长沙：湖南大学，2018.
② 甘晖. 基于大学治理能力现代化的大学治理体系构建[J]. 高等教育研究，2015(7)：36－41.
③ 刘立新. 治理取向的应用技术型人才培养体制机制创新[J]. 教育与职业，2015(36)：10－14.

大学更大的办学自主权、更大的自由发展空间，让大学按照社会需求自主办学，把“管”的职能定位在高校拨款等宏观层面，通过实行大学分类指导，明确每所大学的办学定位和发展使命。另一方面，政府应允许并支持应用技术大学自主管理其学科专业设置、人才培养方案制订、课程设置、师资队伍建设、产学研合作等。例如，高校的专业设置应从政府集权管理的体制转向多主体权力共享和分权管理体制，不断扩大高校的专业自主设置权限。地方政府应充分尊重学校和学者对学科专业设置和选择的意愿，鼓励高校在遵循学科知识发展逻辑的前提下，允许大学结合自身条件和发展需要，实现高校专业的自主创新性设置，实现政府、高校、学者、学生和市场在专业设置上的权力共享。在市场经济条件下，只有当高校享有充分的专业设置自主权时，才能不断地积极优化专业布局，增强专业课程特色，才能在竞争中占据有利地位，培养与市场需求相适应的人才。

2. 行业企业层面

行业企业等社会用人单位是应用技术大学人才培养活动的重要相关利益主体，它们对适应经济社会动态发展需求的人才规格最具“发言权”[①]。因此，相关教育主管部门应充分调动行业企业和其他社会组织对应用技术大学办学的参与主动性，最大限度地鼓励社会资源进入大学，并参与到应用技术人才质量的测评中。

行业企业应积极参与到应用技术人才培养的过程中。面对各地产业结构都亟须进行战略性调整和转型的现实需求。一方面，建立由学校专家、用人单位代表构成的专业建设委员会，依据行业企业的动态发展需求，共同制订人才培养目标；另一方面，成立由社会实务部门代表参与组成的教学指导委员会，指导本科专业设置与人才培养目标、培养内容、培养规格的确定，以及人才培养方案、教学计划的修订和课程体系结构的优化。

各二级学院可以鼓励各专业教研室探索成立专业发展需求调研小组，与行业企业携手，获取最新的人才需求状况，科学设计满足这些需求的课程体系、培养途径、评价方式等，实现高校人才培养规格与地方行业企业人才需求的“接轨”[②]。应用技术大学也可以与行业企业建立“订单式”人才培养机制，完全按照行业企业的实际需求，设计人才培养方案，切实有效地提高应用技术人才培养与行业企业发展的匹配度。

---

① 贾莉莉. 如何提高应用型本科人才的“适用性”[J]. 大学(研究版)，2017(7/8)：36－43.

② 贾莉莉. 美国大学如何提升本科生的学习质量——基于“大学学习测评项目”的经验与启示[J]. 高教探索，2017(7)：56－63.

三、内部治理体系

（一）校级层面

1. 明晰党委领导下的校长负责制的职责关系

一方面，要坚持党委的领导核心地位不动摇，明确党委对大学转型发展的重大问题、重大决议具有决定权，校长积极做好教学、科研、行政管理工作等；另一方面，校长应积极谋划转型发展的重大事项及其正确决策的执行力[①]，搭建教学与产业的融合平台，构建专业与产业“无缝对接”的体制机制，使党委与校长各司其职。

2. 深入推进校院两级管理体制机制

深化校院两级管理体制机制改革，既是完善大学内部治理结构的重要方式和手段，又是推进大学治理体系和治理能力现代化的重要着力点[②]。目前，设置校院两级的管理组织架构，实行校院两级管理，是我国大学普遍采用的校内管理模式。校院两级管理是一种不同于高校传统管理方式的新模式，通过权责划分，调整优化校院之间的相互利益关系，激发各级组织的办学活力，提高办学效益和水平，其根本目的在于解决高校发展的动力机制问题。

（1）推动管理部门职能转变。在校院分权管理的体制下，学校的管理重心在基层学院，学校的职能不再是具体管理，而是综合宏观管理；职能部门的职能也将从“管理”转向“服务”，主要为学校决策提供参考辅助，进行宏观检查、评估以及制定政策规划等[③]。

（2）推进权力下移。在明确二级学院主体性地位的基础上，简政放权，以权责划分为核心，在人、财、物、事等方面进行分配改革，科学界定校院两级的责权边界，推动管理重心下移，充分进行授权和放权，不断扩大院系的发展自主权，促使院系成为学校发展的动力源。

（3）完善二级学院治理结构。立足校情，进一步完善党政联席会议、教授委员会或学术分委员会和教职工代表大学制度，形成彼此分工明确、紧密配合的二级学院治理结构。

（4）彰显学术权力。二级学院是人才培养、科学研究和社会服务三大职能实现的主体，实现教授治学关键在二级学院，二级学院的教授委员会或学术分委

---

① 刘立新. 治理取向的应用技术型人才培养体制机制创新[J]. 教育与职业，2015(36)：10－14.

② 迟沂军，孙兆扬. 治理理念下校院两级管理的权责划分与路径构建[J]. 教育探索，2016(4)：62－66.

③ 许杰. 深化校院两级管理：经验与思索[J]. 国家教育行政学院学报，2016(1)：42－47.

员会是教授群体参与学校管理的主要途径和平台[①]，是院系学科建设、学术管理等重大事项的审议、咨询和决策机构。

3. 构建新型的人才培养平台和载体

依托应用技术大学的优势专业和学科特色，设立教学改革试验区，实施拔尖创新特色人才培养计划，如“卓越工程师计划”等，探索学生成长成才的多元化路径。

通过集聚优质教学资源，以点带面，进一步推进应用技术大学深化人才培养模式改革，探索拔尖创新人才培养的规律和有效途径。教学改革试验区应紧紧围绕特色应用技术人才的培养目标，在教育理念、培养方案、培养模式、教学组织、管理方式等方面开拓创新、大胆实践；同时实行开放式培养，加强与国内外高水平大学的合作与交流，广泛借鉴国内外拔尖创新应用技术人才培养的先进经验和成功模式，定期进行工作评价，总结工作经验，不断完善人才培养方案，提高应用技术人才的培养质量。

（二）学院层面

二级学院要成为相对独立的办学实体，承担学科建设、专业建设和社会服务三大责任，必须要赋予其三大权力：财权、人权和资源配置权。财权、人权下放得过少，就失去了两级管理的意义，不能提高二级学院的积极性；权限下放得过多，不利于学校对各方面工作的统筹监管，不利于在全校范围内进行战略性决策和规划。

特别地，如果事权放得过多，势必会加大二级学院管理人员的工作量，加上没有灵活的配套调整政策，二级学院管理人员的工作积极性和工作效率就会大大降低[②]，二级学院就会“怨声载道”。因此，应用技术大学必须立足自身特点和二级学院的具体情况，在充分调研的基础上，实事求是，找准权力下放的重心[②]，从而真正形成以二级学院为中心的管理体制。

在校院两级管理模式下，二级学院可能会面临新的挑战，会增加新的工作内容和要求。一方面，二级学院要在遵循学校相关规章制度的基础上，细化自己的管理工作，完善本单位相应的规章制度，统筹经费的使用[②]；另一方面，二级学院要在学校年度发展规划的基础上，对本单位的招生计划、学科专业发展、科学研究等方面进行论证性分析，从而制定本单位的发展规划。同时，随着管理工作量的加大，二级学院必然要增加管理人员，这不仅需要学校有配套的政策来保证二

① 许杰. 深化校院两级管理：经验与思索[J]. 国家教育行政学院学报，2016(1)：42－47.
② 周志国. 地方本科院校校院两级管理机制研究[J]. 教育与职业，2014(3)：27－29.

级学院管理人员的编制,还需要学校提供相应的岗位培训以提高二级学院管理人员的管理意识和管理水平。如果学校层面相应的配套政策和制度不到位,可能会增加管理的内耗,二级学院难以真正实现自我管理,难以真正发挥办学的主体性,提升办学效益可能会成为一句空话。

(三) 专业或学系层面

1. 构建与区域经济发展动态需求相适应的学科专业体系

专业是高校人才培养的基本单位。精准分析地方经济和行业企业的发展趋势及其动态需求,是应用技术人才培养改革必须正视的首要问题。应用技术人才是面向行业应用的实践性人才,培养与经济社会发展需求相适应的应用技术人才,必须打破传统上按照学科知识体系进行专业设置的模式,依据经济社会发展的动态需求,以地方的传统产业、特色产业和新兴产业为服务面向,合理进行学科专业布局,构建与经济社会发展紧密接轨的专业体系,加强应用型本科专业建设。与高职院校相比,应用技术大学专业建设最大的区别在于其开展学科建设,可以为专业建设提供坚实的基础和智力支持,而高职院校只有专业没有学科,尽管其人才培养规格与岗位要求契合度高,但是人才的发展后劲不足。伴随着以问题为导向的知识生产新模式的出现,新建本科院校必须正确处理学科建设与专业建设的关系,构建与社会发展动态需求相适应的专业结构布局。

2. 重视基层学术组织建设

大学具有高度专业性的组织特征。教师的教学组织和科研组织具有很强的学科专业化特征,系(或专业教研室)是大学进行教学和科学研究工作的基础。系(或专业教研室)是基层学术组织,理应成为真正的学术中心,成为科研和教学质量监控的中心。从行政体制上看,系(或专业教研室)不是二级学院下设的行政机构,而是教学科研组织,各系(或专业教研室)教学与科研活动的主要管理者和组织者是系主任(或专业教研室主任)。在条件成熟的情况下,系主任(或专业教研室主任)可以成为二级学院党政联席会议的成员,参与审议、评议和决策学院的重大改革事项,充分发挥各系(或专业教研室)基层学术组织的功能和作用,以最大限度地激励教职工投身教书育人工作的责任意识和热情。

3. 构建知识、能力、素质一体化培养的综合性课程体系

一方面,提高应用技术人才的"适用性",必须拓宽学生的知识广度,增强其专业知识的深度,因此,二级学院要勇于打破专业壁垒,增设跨专业选修课程及相近学科专业必修课程的数量。另一方面,依据行业企业对人才知识、能力和素质的实际要求,二级学院要优化学科基础课程、专业课程与通识教育等课程模

块，并将行业企业的最新技术成果、工程案例、执业资格能力标准等转化为具体的教学内容；积极开展基于问题、基于项目、基于案例的教学方法改革，倡导“从做中学”，提高学生的知识应用能力。同时，应用技术大学可以根据国际行业协会的职业资格考试要求，积极搭建与之相对接的专业课程体系；也可以结合自身条件，按照专业认证的国际标准，如工程认证、商学院国际认证等，积极探索应用技术人才培养模式改革的有效做法和经验①。此外，要鼓励学生多参加人文选修课程的学习，积极开展学科竞赛以及各类专项培训，参与各类科技、文体活动、社会实践活动，适当给予学分，提高学生的创新创业能力、社会交往能力以及团结协作等职业素养，在丰富多样的实践活动中提升学生的综合素质②。

（四）教师层面

1. 提高教师的教学实践能力

为了提升教师的教学实践能力，应用技术大学应积极进行相应的政策扶持和机制保障。一方面，鼓励教师参与到行业企业的实务工作中，深入第一线，熟悉实务工作的流程，运用自身的理论知识解决相应的实际问题，获得“实践智慧”，并将这些“实践智慧”融入理论教学中，学生不仅可以了解社会实践的具体运作环境和要求，而且可以全面熟悉实务人员的思维意识和行为特征，从而更好地理解并掌握相应的理论知识。另一方面，通过强化实践教学，提高教师的专业实践技能。在进行模拟教学的过程中，教师必须根据教学实验需要，遴选相应的模拟软件，进行整理加工后再传输给学生，由此可以全面掌握模拟实验教学的全部要素；在指导课程设计、毕业设计和实践教学的过程中，教师可以深入了解应用技术人才培养过程中存在的问题和不足，知晓学生的实际发展需求，有针对性地改进人才培养的相关环节，从而真正提升自身的业务水平。同时，利用寒暑假期间，应用技术大学要鼓励专任教师到各类在职师资培训基地接受培训，并制定相应的配套政策，允许并支持把教师进修和在企事业单位挂职工作的经历纳入岗位聘任和职称晋升条件中，充分激发教师提升教学实践能力的内在动力。

2. 推进“学习共同体”建设

实施“师生互伴”计划，强化教师的过程指导，覆盖百分百的专业教师和百分百的学生。实施学生“专业导师制”，明确教师课外坐班答疑和自习辅导要求，指导学生的专业学习规划、专业知识学习，避免学生学习的盲目性。鼓励教师参与

① 贾莉莉. 如何提高应用型本科人才的“适用性”[J]. 大学(研究版)，2017(7/8)：36－43.

② 王永利. 工科高校经管类人才培养模式研究[J]. 教育与职业，2013(1)：104－105.

学生第二课堂指导，从参与相关专业社会活动、完成科技作品、参与创业大赛项目和创新创业经历等维度，有针对性地推动学生自主学习能力的提升。

3. 改革教学评价与考核方法

应用技术大学应制定出台具体的政策制度，突出强化教师参与学生学习指导的重要性，明确将教师指导学生的工作量作为对教师教育教学考核、职称评定、职级晋升的重要内容，从而真正有效促进师生互动、切实推动教学相长。同时，在学生学业评价考核方面，应强化对学生学习过程的考核，实行综合测评，要求课程的平时成绩占比不低于总评成绩的50%，根据课程性质最高可以达到70%，以充分激发学生学习的积极性和主动性，以及对学习过程的自我控制能力。

四、应用技术大学内部治理体系的案例分析

我国应用技术大学大多由地方本科高校转型发展而来，在转型前实行党委领导下的校长负责制为核心的治理体系。教育部在2015年公布的《现代职业教育体系建设规划(2014—2020)》中，对现代职业院校的治理结构提出了新的要求："要推动行业、企业和社区参与职业院校的治理，学校要设立董(理)事会，50%以上的成员要来自企业、行业和社区；要设立专业指导委员会，50%以上的成员要来自用人单位；要完善体现职业教育特色的职业院校章程和制度，明确理(董)事会、校(院)长、专业指导委员会和教职工代表大学的职权，提高职业院校的治理能力"。

依据上述国家对职业院校治理结构的新要求，通过对台湾D大学和上海Y大学两所应用技术大学的内部治理体系进行调研，对我国应用技术大学治理体系的现状和存在的问题进行了对比分析。

(一) 台湾D大学治理体系案例分析

台湾D大学是一所位于台湾地区中部的私立大学，创建于1990年，旨在建立一所德国式的工业大学，通过"师徒传承"和"产学合作"的做法，培育具有"创意与质量"的专业人才是台湾D大学的办学特色。

台湾D大学自建立之初就设立董事会，实行董事会领导下的校长负责制，董事会的主要职责包括：① 校长的选聘、监督、考核和解聘；② 为学校投资办学经费；参与学校的筹设、停办、改制、合并、解散等重大决策；③ 学校的校务报告、战略规划、重要规章制度的审核、执行和监督；④ 经费的筹措和运用；⑤ 学校预算和决算的审核；学校基金的管理和监督等。可见，台湾D大学的董事会深入参与学校的重大决策和日常管理，主持学校办学的重大方针和战略，在学校治理

体系中的具有举足轻重的作用。

当前，台湾D大学的董事会共有10位成员，具体构成见表6-1。可以看出，其中来自企业界和学术界的人士各有3位，占30%；前行政机构官员和包括非营利性组织成员、律师等在内的其他人士各2位，占20%。10位董事会成员均为校外人员，分别来自企业界、学术界、政界以及其他非营利性组织，各类型成员人数较为平均，占比均在20%～30%，其中董事长由前政府官员担任。

表6-1　台湾D大学董事会成员构成

董事会成员背景	人数/位	百分比/%
企业界	3	30
政界	2	20
学术界	3	30
其他	2	20
合计	10	100

注：① "其他"包括非营利性组织成员、律师等。
② 数据来源：台湾D大学网站。

此外，台湾D大学各院系均设立了课程委员会，以D大学工学院的课程委员会为例，课程委员会一般由院长、所属学系的主任、教师代表、学生代表、相关领域的校外专家或者毕业生校友代表组成，其中校外专家或毕业生校友代表一般为1～2位。课程委员会的主要职责包括规划各院系的必修科目、学制、协调跨院系的课程整合、审议与其他课程有关的事宜等。

（二）上海Y大学治理体系的案例分析

上海Y大学建立于1954年，是全国最早以"应用技术"命名的公立地方普通本科高校，是我国较早从地方普通本科高校向应用技术类型高校转型的试点学校，是一所以工科为主、多学科协调发展，特色鲜明的应用技术大学。

上海Y大学实行党委领导下的校长负责制，在2016年最新发布的学校章程中规定，根据学校的发展需要设立理事会，并明确理事会的定位是"加强社会合作、争取办学资源、扩大决策民主、加强社会监督，促进学校发展改革的咨询、议事和协调机构"，具体职责包括"就学校的发展目标、战略规划、改革发展等重大问题进行咨询或审议"。

《上海Y大学章程》还规定，理事会的成员一般由举办者代表、学校领导、相关职能部门负责人、教职工代表、学生代表、企事业单位代表、校友代表以及社会知名人士等多元主体组成。

上海 Y 大学于 2016 年正式组建第一届理事会，共有 15 位成员，具体构成见表 6-2。其中，来自学术界的成员最多，共有 5 位，占比 33.3%；来自企业界和政界的成员各有 4 位，占比为 26.7%；还有 2 位来自 Y 大学的学生，占比为 13.3%。

表 6-2　上海 Y 大学理事会成员构成

理事会成员背景	人数/位	百分比/%
企业界	4	26.7
政界	4	26.7
学术界	5	33.3
校内学生	2	13.3
合计	15	100

数据来源：上海 Y 大学章程；上海 Y 大学网站。

来自学术界的 5 位理事会成员中，有 4 位来自上海 Y 大学内部，再加上 2 位校内学生理事，共有 6 位理事会成员来源于 Y 校内部，占比达到 40%。此外，理事会的理事长由 Y 大学的党委书记担任，可见不论是从校内理事会成员的人数还是担任的职位来看，来自校内的成员均占重要地位。

为了适应应用技术大学改革的新形势，上海 Y 大学还设立了教学指导委员会，并在委员会章程中指出，该委员会主要负责对学校教育教学改革发展的重要事项进行决策咨询，对教学管理工作进行监督，对各类教学改革和研究项目、教学基本建设项目等进行审议决定，对学院教学工作业绩和教师教学能力与水平、教学成果进行评价。

根据上海 Y 大学教学指导委员会章程的相关规定，该委员会一般由 21～27 人组成，另特设行业企业委员 10～15 人，主要职责在于参与并指导学校深化应用型人才培养与行业企业的相融与互动，为学校建设产学研一体化的协同育人平台提供咨询、建议和支持。此外，各学院也下设教学工作委员会，邀请行业企业专家担任委员，对学院的教学工作提供咨询和支持。

（三）上海 Y 大学和台湾 D 大学内部治理体系比较

从上述分析来看，上海 Y 大学在转型发展的过程中，发布了学校章程，组建了由行业企业、政府、社会和学术界等多方人士组成的理事会，建立了有相当数量行业企业专家参与的教学指导委员会，基本建立起了符合我国现代职业教育发展新要求、较为完善的治理体系。与台湾 D 大学相比，两校的内部治理体系存在的异同如下所述。

1. 理(董)事会的职能不同

上海Y大学在转型发展以前是公立的地方普通本科高校,已建立起较为完善的党委领导下的校长负责的治理体系,理事会的建立是为学校的经费筹集、发展改革提供咨询和支持,是指导咨询型的理事会。台湾D大学自学校建立之初就设立董事会,实行董事会领导下的校长负责制,深度参与学校的校长聘任、经费筹集、基金管理、战略规划的审核执行和监督等工作,是学校的重要决策机构。

2. 理(董)事会的构成不同

上海Y大学和台湾D大学的理(董)事会成员均由来自企业界、学术界、政府和社会等各界人士组成,但上海Y大学的理事会中来自学术界的成员占比相对较高,且有40%的成员来自Y大学本校,理事长也由学校党委书记担任;而台湾D大学的董事会成员全部来自校外,企业、学术界、政府和其他非营利性组织等各类成员的人数较为平均。

上海Y大学和台湾D大学均在院系层面设立了课程或教学指导委员会,均要求有相当数量的企业专家担任委员,体现了应用技术大学培养应用型人才的特色和要求。

(四) 基本结论

我国部分应用技术大学试点学校在党委领导下的校长负责制的基础上,已经初步建立了理(董)事会和教学(专业)指导委员会相结合的治理体系,其理(董)事会和教学(专业)指导委员会中有相当比例的成员来自政府、行业企业和社会各界,其职能主要在于为学校各项事务发展提供指导和咨询,体现了我国应用技术大学的发展特色。未来我国应用技术大学需要进一步提高理(董)事会在学校决策和管理事务中的参与程度,加大行业企业及社会各界校外成员在理(董)事会中的比例。

第三节　应用技术大学人才培养特色发展的师资建设

优秀的教师资源是高校培养高素质人才、推进高水平研究和开展高质量社会服务的根本。本部分通过对上海Y大学和台湾D大学教师的聘任和晋升制度的改革措施进行调研,对两所高校的教师和学生进行问卷调查,对我国应用技术大学师资建设的现状及其存在的问题进行了分析。

一、应用技术大学师资建设的新要求

鉴于应用技术大学发展的独特性，潘懋元先生等知名学者在《做强地方本科院校的理论和实践研究》一书中，对应用技术类高校的教师应该具备的素质进行了如下总结[①]。

1. 以应用为核心的知识结构

应用技术类高校人才培养的特殊性，决定了其教师知识结构的特殊性。它不但要求教师把所传授的专业基础知识和对应的行业经验性知识有机结合起来，而且还要具有对专业发展和学生创业发展起指导作用的创造性知识，这些知识主要包括：

(1) 宽厚的专业基础知识。在专业基础知识方面，强调基础宽厚和扎实，强调知识的综合性和适应性，而不追求高深尖端学术理论。

(2) 熟练的专业实践知识。在专业基础知识之外，还需要重点掌握专业实践知识，以及职业与行业领域知识。

(3) 丰富的地方性知识。我国的应用技术类高校大多由地方普通本科高校转型发展而来，主要面向地方办学，教师还必须掌握地方性知识，对所在地方的基本状况、经济社会发展规划、产业情况等有所了解。

2. 以“双师型”为规格的能力结构

应用技术类型高校的教师以“双师型”为基本要求，强调教师的实践应用能力。

“双师型”教师具体的能力结构主要包括[①]：

(1) 专业应用能力。“双师型”教师应具备在讲授专业理论知识的同时，能够将专业知识运用到实际中去的专业应用能力。

(2) 实践教学能力。“双师型”教师应具备能够指导学生进行教学实践，培养学生动手能力的实践教学能力。

(3) 应用研究能力。“双师型”教师应具备从事应用性研究，探索将理论知识直接应用于实践并进行普及推广的能力。

(4) 社会服务能力。“双师型”教师应具备投入并服务于当地经济社会生产和生活实践的能力。

---

① 潘懋元，车如山. 做强地方本科院校的理论与实践研究[M]. 北京：高等教育出版社，2016.

二、台湾 D 大学师资建设举措的案例分析

2018 年，台湾 D 大学出台了《聘任专业技术人员担任教学办法》《业界师资礼遇办法》等规定，广泛地吸引具有丰富实践经验的人才来校兼职或全职任教。

在《聘任专业技术人员担任教学办法》中，D 大学明确了专业技术人员是指具有特殊专业造诣或成就，足以胜任教学工作的教师。专业技术人员的职务等级、聘任、晋升、授课、福利待遇等政策均比照同等级的教师待遇，同样分为教授级、副教授级、助理教授级和讲师级四个等级。

根据《聘任专业技术人员担任教学办法》，D 大学对专业技术人员的学历没有要求，但对其与专业相关的工作经验以及成就具有较高的要求。例如，教授级专业技术人员需要有相关专业十五年以上的工作经验，副教授级专业技术人员需要十二年以上的工作经验、助理教授级专业技术人员需要九年以上的工作经验、讲师级专业技术人员需要六年以上的工作经验，并取得特殊造诣或成就。

在《业界师资礼遇办法》中，D 大学为符合要求的业界人才给予一般教师 2～3 倍的授课费用，以吸引具有丰富实践经验的业界师资来校兼职授课。

此外，过去 D 大学对教师的评价主要以 SCI 论文为主要依据，目前则施行了以专门著作为主要依据的教师晋升制度，要求教师申请晋升下一个等级时要有相关等级的专门著作。同时 D 大学鼓励教师深入企业，从事实践性活动。例如，如果教师有了一项发明专利，并被产业界采用，且帮助商家提高了生产质量和营业总值，那么教师就可以把他的实物性著作写成报告，证明其所发明的技术使得产业的利润得到了提升①。

三、上海 Y 大学师资建设举措的案例分析

在其“十三五”发展规划中，上海 Y 大学明确将“双师双能型”师资队伍的建设作为“十三五”期间的重点实施项目，其内容包括制定“双师双能型”教师的认定标准，建立引进、培养、聘任、考核、职务晋升等系列制度。积极引进具有丰富行业经验的高级技术人才，实现“‘双师双能型’教师比例达到 50%以上”的目标；建立教师企业实践长效机制，实现教师与企业工程技术人员、高技能人才的双向聘用机制；试点开展教师离岗创业和到企业兼职，完善企业家和企业科研人员兼职制度，实现“来自行业企业的兼职教师比例达到 25%”的目标。

---

① 熊建辉，吴婷. 坚持理论与实务并重迈向企业伙伴型大学——访台湾大叶大学校长武东星[J]. 世界教育信息，2014(14)：67－71.

上海Y大学于2016年出台了《加强“双师双能型”教师队伍建设的规定》（以下简称“《规定》”），《规定》中首先明确了“双师双能型”教师必须具备的条件，即具有大学本科以上学历，从事中级职务岗位的教学相关工作，并且在与专业相关的行业企业单位具有2年及以上的实践工作经验；或在二级学院指定基地进行“产学研践习”累积一年及以上，并达到具体的考核标准；或取得人力资源和社会保障部门或行业主管部门、行业协会等颁发的与本专业相关的高级及以上的职业资格证书。

《规定》中还提出了“双师双能型”教师的培养途径，主要包括引进一批具有实践和科研开发能力的教师，选派教师到指定基地进行产学研践习，以及组织教师参加高级及以上职业资格证书的培训考试。

此外，学校还为报考职业资格证书的教师提供补贴，鼓励教师取得相关专业的职业资格证书；在专业技术职务聘任中增加对“双师双能型”教师的分类评价，在相关申报条件中增加对“双师双能型”教师的特殊要求。

四、上海Y大学和台湾D大学师资建设的问卷调查分析

从上述分析可见，上海Y大学和台湾D大学都出台了一系列措施，旨在建立一支具有丰富实践经验的“双师双能型”的师资队伍。本小节通过对教师和学生的问卷调查，对两校师资队伍建设的现状进行了分析。

1. 针对教师的问卷调查分析

在针对教师的调查问卷中，涉及师资队伍建设的问题共8项，两校教师对这8项问题的看法见表6-3。

表6-3 上海Y大学和台湾D大学师资队伍建设的问卷调查结果(教师)

题号	题　　目	Y校平均分	D校平均分
29	您所在的专业有较高比例的教师具有企业工作经历或取得了相应的职业资格认证	1.8	1.7
30	您所在学校提供的教师培训较好地提高了您的实践教学水平	2.1	2.2
31	您所在学校的晋升和奖励机制更加鼓励您从事实践教学工作	2.4	2.0
32	您在实际工作中，将更多的精力投入到教学工作中	2.7	2.1
33	高学历教师队伍对您所在专业的应用技术人才培养很关键	1.9	1.9

续　表

题号	题　　目	Y校平均分	D校平均分
34	高职称教师队伍对您所在专业的应用技术人才培养很关键	2.0	2.0
35	“双师型”教师队伍对您所在专业的应用技术人才培养很关键	2.1	2.2
36	您所在专业的教师整体实践教学水平较高	1.7	1.8

从表 6－3 中可以看出，上海 Y 大学和台湾 D 大学的教师对学校师资队伍建设效果的整体评价不高，大部分题目的平均分数在 2.0 分左右，即“不太同意”题项的描述。

在师资结构方面，问卷中题目 29、33、34、35 是与师资结构相关的问题，其中针对题目 29“您所在专业有较高比例的教师具有企业工作经历或取得了相应的职业资格认证”，Y 大学和 D 大学的得分分别为 2.1 和 2.2，说明两校教师在企业工作经历或职业资格认证方面均存在明显的上升空间，台湾 D 大学的得分略高于上海 Y 大学。

题目 33、34、35 分别调查了高学历教师、高职称教师和“双师型”教师队伍对其所在学校应用技术人才培养的作用，可以看出两校教师中认为“高职称教师对应用技术人才培养很关键”的得分最高，认为“‘双师型’教师队伍对应用技术人才培养很关键”的得分最低，说明对“双师型”师资队伍的建设仍需进一步加强。

在教师的培训和激励方面，问卷中题目 30 和 31 是与培训激励相关的问题，可以看出上海 Y 大学教师在培训和激励方面的反馈更为正面，认为学校提供的教师培训对提高实践教学水平的作用更大，也更加鼓励教师从事实践教学工作。

在师资水平方面，问卷中题目 36 调研了两校教师对教师整体实践教学水平的看法，可以看出两校教师对整体实践教学水平的认同度均不高，其中上海 Y 大学在该项问题的得分略高于台湾 D 大学。

此外，问卷还调研了教师对教学工作的投入程度，从结果可见两校教师在教学工作中投入的精力均需进一步提升。

2. 针对学生的问卷调查分析

针对学生的调查问卷中，涉及师资队伍建设的问题共有 6 项，相关调研结果见表 6－4。

表 6-4　上海 Y 大学和台湾 D 大学师资队伍建设问卷调查结果(学生)

题号	题　　目	Y 校平均分	D 校平均分
28	您所在专业有很多的合作企业或行业专家进课堂	2.4	2.5
42	高职称教师队伍对您所在专业的应用技术人才培养很关键	2.0	2.3
43	您对本专业师资队伍的教学水平很满意	2.0	2.4
44	本专业的教师在培养学生的实践能力方面的教学能力很强	2.1	2.4
45	您所在的学院在推进本专业人才培养特色的师资培训方面做得很好	2.2	2.4
51	“双师型”教师(理论教学 + 相应实践经验或应用技能)对您所在专业的应用技术人才培养很关键	1.9	2.3

从表 6-4 中可以看出，上海 Y 大学和台湾 D 大学的学生对学校师资队伍的整体评价均不高，大部分题目的平均分数位于 2.0～2.5 分之间，即“不太同意”题项的描述。

在师资结构方面，针对题目 28“您所在的专业有很多的合作企业或行业专家进课堂”，Y 大学和 D 大学的得分分别为 2.4 和 2.5，在所有与师资队伍相关的问题中平均分数最高，说明两校学生对企业和专家进课堂参与教学的情况较为满意，台湾 D 大学的得分略高于上海 Y 大学。

题目 42 和 51 分别对高职称教师和“双师型”教师对应用技术人才培养的作用进行了调查，可以看出上海 Y 大学的学生中认为高职称教师在人才培养中所起的作用略高于“双师型教师”的作用，台湾 D 大学的学生认为两者的作用差不多，且平均得分均明显高于上海 Y 大学。

在师资水平方面，题目 43 和 44 分别对师资队伍的整体教学水平和实践教学水平进行了调查，上海 Y 大学的学生对教师教学水平和实践教学水平的评分均在 2.0 分左右，学生的满意度明显低于台湾 D 大学。

此外，在教师培训方面，上海 Y 大学的学生对本专业师资培训工作的认可度也明显低于台湾 D 大学。

五、基本结论

我国部分应用技术大学试点学校已经出台了加强“双师型”师资队伍建设的相关政策，明确了“双师型”教师必须具备的基本条件，激励院系加大对“双师型”教师的引进力度和培养力度。但从问卷调查结果的来看，我国应用技术大学“双师型”师资队伍建设的成效并不太理想，“双师型”教师的比例、实践教学水平、在应用型人才培养中所起的作用，以及学校对“双师型”教师的培训力度等均有待进一步加强。

第四节　应用技术大学人才培养特色发展的质量评估

办学水平和教育质量的评价是衡量高校综合实力的重要手段，也是高校发展的重要环节，对学校的发展具有鉴定、诊断、调控、监督、导向和激励等功能。本节通过对上海 Y 大学和台湾 D 大学质量评估机制和实践进行调研，以及对两校教师的问卷调查，对我国应用技术大学质量评价的现状及其存在的问题进行了分析。

一、应用技术大学质量评估的新要求

应用技术大学培养的是专业性应用型人才，其质量评估也应突出专业性应用性的特征，应设立经常性的质量监控、评估、评审工作项目，建立常设的质量保障组织机构，开展持续的质量评估工作①。

应用技术大学质量评价的主体无论是学校或是教育界或是工商界的协会，都应充分吸收地方产业界专业人士和雇主代表参与。质量评价的标准应由专业教育机构和从业人员、雇主、专业消费者，甚至劳动力市场代表共同协商；质量评价的结果应视学校培养的专业人才能进入职业领域工作为依据；质量评价的目的在于通过地方产业界的参与及产业界的把关，将地区经济社会发展和产业界的最新要求落实到课程内容中，保持和提高学校的专业性应用型教育质量①。

二、上海 Y 大学质量评估机制的案例分析

自转型发展以来，上海 Y 大学从各个方面对学校的发展进行了规划和改革，人才培养的质量评估也是其中的重要部分。在“十三五”发展规划中，Y 大学明确提出要完善质量标准和质量保障工程，创建行业企业参与制定人才培养各环节质量标准和人才培养质量的工作机制，实施专业评估和专业认证，继

---

① 潘懋元，车如山. 做强地方本科院校的理论与实践研究[M]. 北京：高等教育出版社，2016.

续完善教学质量管理体系，充分发挥行业企业在完善教学质量保障体系中的重要作用。

2015 年，上海 Y 大学基于全面质量管理理论对教学质量保障体系进行了全面梳理，形成体现 PDCA 循环机制的教学质量保障体系，具体情况如图 6－2 所示[①]。

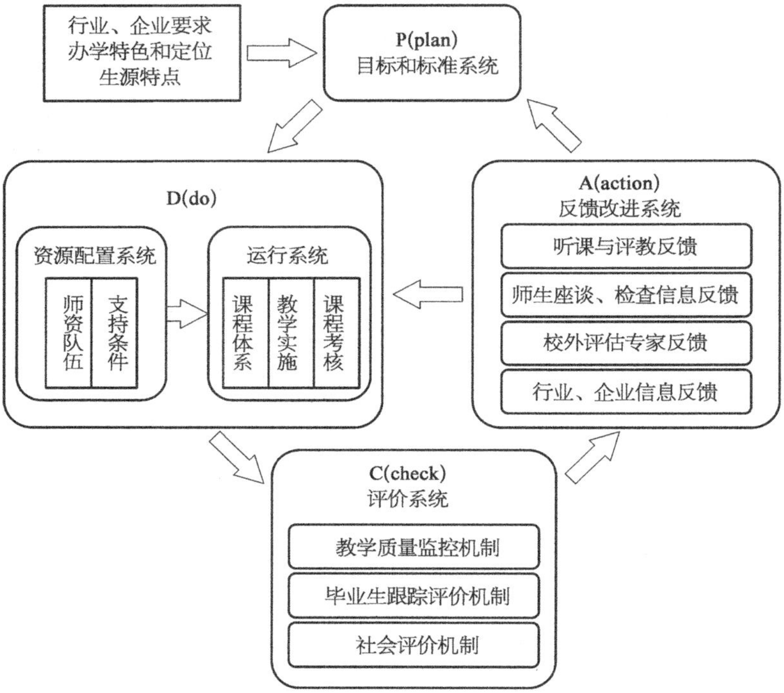

图 6－2　上海 Y 大学的教学质量保障体系

该质量保障体系主要由目标和标准系统、运行系统、资源配置系统、评价系统和反馈改进系统五个部分组成，在各个部分中均强调行业企业的参与和作用，通过校企合作会议、企业深度访谈、毕业生回访等多种形式，听取行业企业的意见[①]。

上海 Y 大学在上述教学质量保障体系的基础上开展了内部评估，其具体流程如图 6－3 所示。以日常教学运行监控为基础，采取定期检查与随机检查、常规检查与专项检查相结合的方式，形成了较为完善的自我评估体系，最

① 周小理，戈君宇. 基于内外部结合的本科教学自我评估体系的创新与实践——以上海应用技术大学为例[J]. 上海教育评估研究，2018(3)：60－64.

终形成为本科教学年度质量报告；行业企业主要参与中观层面的评估，通过调研等方式形成包括行业企业、学生、教师等多主体视角的教学质量分析与评估报告①。

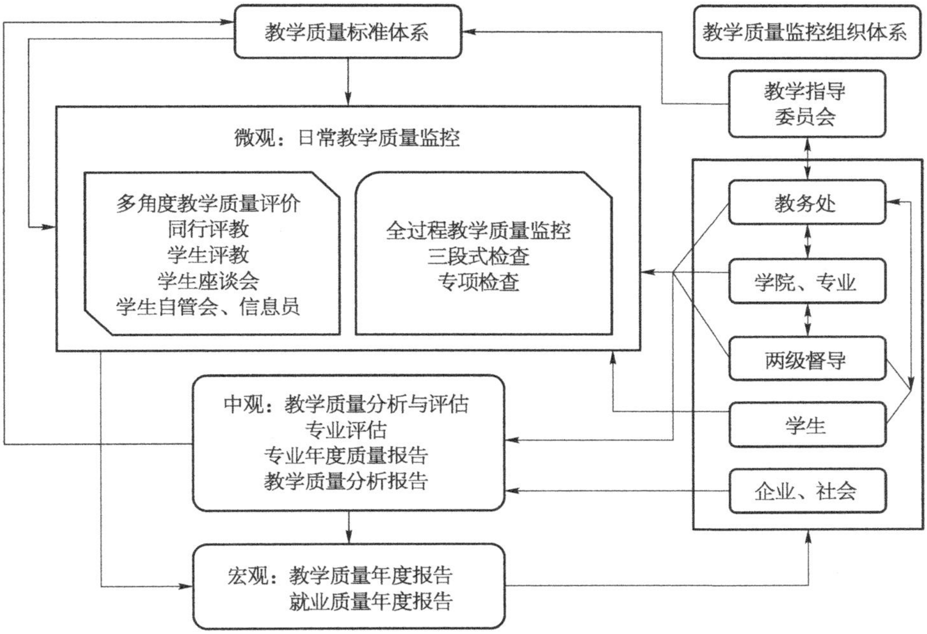

图 6－3　上海 Y 大学教学质量内部评估流程图

综上可见，上海 Y 大学已基本建立了行业企业深度参与的质量保障体系和自我评估流程，但仍需要进一步完善和细化，特别是行业企业参与制定质量标准的机制还有待进一步加强。

三、台湾 D 大学质量评估机制的案例研究

为提升教师教学与学生的学习品质，台湾 D 大学专门设置了卓越教学与品质保证中心。《台湾 D 大学卓越教学与品质保证中心设置办法》中指出，该中心的主要职责包括：

（1）教学质量保障体系的规划、建设、实施与改善。

（2）定期组织教师教学、学生学习以及毕业生和雇主满意度等各项评估和调研，通过收集、分析、评估、反馈等环节，持续追踪并改善成效。例如，根据《台

① 周小理，戈君宇．基于内外部结合的本科教学自我评估体系的创新与实践——以上海应用技术大学为例[J]．上海教育评估研究，2018(3)：60－64．

湾D大学教学评量问卷实施办法》(2018),针对全校各院、系、所、处开设的课程,在每学期的期中和期末进行两次教学评估,并将结果及时反馈给院系和教师本人,监督教师在未来的课堂教学中进行改进;建立网上雇主(主管)满意度调查系统,调查行业企业对毕业生能力素养、工作表现的满意程度等。

(3) 组织各院系进行自我评价和参与校外认证,并持续追踪结果和改善成效。《台湾D大学近三年各类评价结果》(2019)显示,近三年来,台湾D大学的专业认证进展顺利。具体情况见表6-5。

表6-5　台湾D大学近三年的专业认证情况

认证项目	认　证　专　业	认证机构
专业学门认证	生物科技暨资源学院:生物资源学系、生物科技暨资源学院硕博士学位学程、分子生物科技学系、药用植物与保健学系 观光餐旅学院:餐旅管理学系、观光旅游学系、休闲事业管理学系 外语学院:英语学系、欧洲文化与旅游学士学位学程 体育室:运动健康学系	社团法人台湾评价协会
工程教育认证	工学院:电机工程学系、工业工程学系、资讯工程学系、材料科学与工程学系、机械与自动化工程学系 护理暨健康学院:医疗器材设计与材料学士学位学程 设计暨艺术学院:视觉传达设计学系、多媒体数位内容学位学程、工业设计学系、造型艺术学系、空间设计学系、设计暨艺术学院硕士班、传播艺术学士学位学程	中华工程教育学会
华文商管学院认证	管理学院博士班、管理学院硕士在职专班、国际企业学系、人力资源公共关系学系、资讯管理学系、会计资讯系、财务金融学系	社团法人台湾地区管理科学学会
大学院校校务评价	校务治理与经营、校务资源与支持系统、办学成效、自我改善与永续发展	财团法人高等教育评价中心基金会
师资培育评价	师资培育中心	财团法人高等教育评价中心基金会

数据来源:台湾D大学网站。

《台湾D大学近三年各类评价结果》(2019)显示,学校的生物科技暨资源学院、观光餐旅学院、外语学院、工学院、设计暨艺术设计学院、管理学院的大部分专业均通过了不同类型的专业认证,包括社团法人台湾评价协会开展的专业学门认证、中华工程教育学会开展的工程教育认证、社团法人台湾地区管理科学学会开展的华文商管学院认证、财团法人高等教育评价中心基金会开展的大学校院校务评价等。此外,D大学还通过了咨询安全管理系统认证、环境教育认证、校园卫生管理系统认证等其他类型的第三方评估和认证。

四、上海Y大学和台湾D大学质量评价机制的问卷调查分析

本小节通过问卷调查的方式,对两校教师对其质量评价体系的看法进行了分析。问卷中涉及质量评价体系的问题有2个,分别调查了两校教师对学校或所在专业人才培养评价体系的满意度,以及相关企业在人才培养评价中的参与程度,调查结果见表6-6。

表6-6　上海Y大学和台湾D大学质量评价机制问卷调查结果(教师)

题号	题　　目	Y校平均分	D校平均分
29	您对学校或所在专业的人才培养评价体系较为满意	2.2	2.1
30	相关企业在本校的人才培养评价中参与度较高	2.3	2.3

从结果可以看出,两校教师在题目29和30上的平均得分均在2.1～2.3之间,即"不太同意"题项所描述的现状。这说明两校教师对学校人才培养评价体系的满意程度和企业在评价过程中的参与程度均不高,其中上海Y大学教师对学校人才培养评价体系的满意程度略高于台湾D大学。

五、基本结论

在质量评估方面,虽然我国部分应用技术大学试点学校已经初步架构了行业企业深度参与的人才培养质量保障体系和内部评估流程,但是从运行实际状况来看,学校教师对人才培养评价体系和企业参与程度的满意度和认同度仍然较低。在今后的发展中,应用技术大学仍需要进一步的细化和完善质量保障体系,因为加强质量保障体系的落地和实施是我国应用技术大学实现应用型人才培养特色发展的重要保障。

第五节　应用技术大学人才培养特色发展的产教融合

培养应用技术人才需要教学与产业之间进行充分的融合和互动,人才培养过程需要融入行业的实际生产运行中。因此,深度推进产教协同育人机制改革,

构建多元化的产学研合作模式，促使应用技术大学与产业行业之间实现资源共享、人才互补、互动双赢的人才培养新格局，推进应用技术人才培养的特色发展，具有十分重要的意义和价值。

一、产教融合的内涵与模式

（一）内涵

产教融合是我国应用技术大学内涵发展、转型发展的基本方式。它是应用技术人才培养的新常态，已然成为高校自我发展及服务经济发展的重要途径。它主要是指生产与教育的一体化，在生产实境中教学，在教学中生产，生产与教学密不可分①。

（二）基本模式

学界关于产教融合的相关研究主要聚焦在校企合作模式方面，有学者指出产学研合作模式可分为成果转化、项目委托、人才培养等三种传统模式以及合作研发、战略联盟、平台运作、人才流动等四种现代模式②。也有学者对产教融合的制约影响因素进行了分析，指出合作体制机制、合作意愿、利益分配等问题是制约合作的主要因素③。综合相关已有研究，应用技术大学产教融合的基本模式可分为合作研发模式、合作共建模式、横向项目决策咨询模式和人才培养与交流模式。

1. 合作研发模式

这是产教融合中最常见的一种模式，它以技术与研究结合为切入点，包括技术转让、技术咨询与交流服务等。在合作过程中，应用技术大学充分发挥其作为知识积累、原始创新的重要载体和平台功能，与企业优势互补。在这种模式中，高校的职责主要定位在为企业提供技术转让，或者通过举办咨询交流会议，为企业提供技术咨询服务。

2. 合作共建模式

这是一种通过双方或多方组织之间的合作，以共建研发机构、共建人才培养基地等方式，将资金、技术、人才、研究成果等创新要素进行共享组合的过程，旨在产生新的创新能力来维持彼此之间稳定而持续的合作关系。这是一种主要由政府主导的模式，发挥高校的知识和人才优势，政府以专项资金的形式，支持高

① 柳友荣，等. 应用技术大学产教融合模式及其影响因素研究[J]. 中国高教研究，2015(5)：64－68.

② 谢科范，等. 我国产学研结合传统模式与现代模式分析[J]. 科学管理研究，2008(1)：34－39.

③ 崔旭，等. 我国产学研合作模式与制约因素研究——基于政府、企业、高校三方视角[J]. 科技管理研究，2010(6)：12－16.

校设立重点实验室、研发基地与平台，推进双方合作。或者由政府设立引导性资金，鼓励支持高校与企业共建研发机构、人才培养基地，调动双方协同育人的主动性和积极性。当然，对于办学实力雄厚、条件成熟的高校，根据自身优势学科和特色资源，可以自主建立校内各级研发中心或实验室，通过技术援助、人员支持等为企业发展切实解决难题[①]。

3. 项目研究模式

应用技术大学立足区域经济发展需求和产业结构需要而存在，依托学科优势为地方政府和相关企业提供决策咨询服务是其应有的职能。因此，根据地方政府部门和相关行业企业的相关要求，应用技术大学可以积极参与到地方经济社会发展的重大课题攻关项目中，可以参与到相关行业企业承担的重大项目中；或者承担行业企业委托的相关项目，围绕行业企业发展过程中面临的重大现实问题，开展相关的决策咨询研究，为行业企业发展提供智力支持。

4. 人才培养与交流模式

这是一种高校与企业相互融入、共同参与人才培养全过程的合作育人模式，又被称为"人才培养共同体"模式。应用技术大学的教师可以到企业挂职进修，参与实务践习；企业相关人员可以到高校担任实务课程的老师；学生可以到企业顶岗实习，进行体验参观。通过人力资源的合理流动，促进双方知识的共享与交流，以提高师生的实践能力和创新能力，同时增强企业人员对基础理论知识的认知。

二、创新产教融合的体制机制

（一）推动校企、校政合作的体制机制创新

1. 建立健全稳定的组织协调机制

在学校层面上，应用技术大学应成立专门的管理机构，组织协调校企合作、校政合作的相关事宜。例如，可以成立"产学研合作委员会"，负责审议决定产学研合作的方式、内容等，处理合作过程中的各种突发状况；同时，制定"校企战略合作联盟支持计划"，组建行业企业专家参与到学校、二级学院和专业三级的教学指导委员会中，共同指导应用技术人才培养的目标制定和方案设计。另外，可以设置校级常设机构，如"产学研管理办公室"，对全校的校企合作进行指导、管理、监督和考核，为校企深度合作提供制度、资源保障。

① 柳友荣，等. 应用技术大学产教融合模式及其影响因素研究[J]. 中国高教研究，2015(5)：64－68.

2. 实施校企合作“共建共管”二级学院和专业

依托应用技术大学的学科专业优势，对接产业行业发展需求，在校级层面成立与行业企业共建共管的二级学院，开展相关应用技术专业人才的校企联合培养；同时，实行校企合作“订单式”人才培养，与行业企业共建校企合作班。例如，台湾D大学因为在台湾地区的中部，基本上以台湾中部地区的产业发展需求为导向设计人才培养目标及其方案。一是台湾D大学在彰化，彰化的地方产业主要是自行车、摩托车、汽车等车辆制造业，在了解到这个产业特性和状况之后，台湾D大学材料系针对如何让车辆轻量化的问题，开设了轻金属材料开发的专业方向，并对人才培养目标及其方案进行了设计。二是结合彰化少台风、下雨少的地理环境条件，立足彰化光电和太阳能产业相对发达的市场需求，台湾D大学材料系也开设了光电太阳能专业方向。围绕轻金属材料开发和光电太阳能两个专业方向，逐步形成了与区域经济相适应的、能够与当地企业相契合的专业特色和目标。

3. 实施校政、校企全面战略合作联盟的建设

战略联盟是一种重要的组织创新形式，最早由美国管理学家罗杰·内格尔和DEC公司总裁简·霍普罗德提出的，是指由两个或两个以上有共同战略利益和对等经营实力的企业主体，为达到资源共享和占有市场的共同战略目标而形成的优势互补、风险共担、生产要素双向或多向流动的合作模式①。校企战略联盟旨在沟通学校与行业企业的联结，让行业企业主动参与到应用技术大学人才培养过程中，依托应用技术大学和行业企业的不同资源，培养与行业企业人才需求高度契合的人才。因此，校企战略联盟是应用技术大学依托自身优势，为地方经济社会发展有效提供技术服务和人才服务的重要途径和平台。构建校企长效联盟机制，能够更好地促进校企深度合作，推动校企双方在科学研究、创新创业教育、学生就业等方面开展全方位的合作。

（二）推进“八共同”的实践共同体建设

应用技术人才培养具有明显的实践性。学校应全面推进“实践共同体”建设，由行业专家和教师共同参与，在共同制定培养方案、共同编写教材、共同备课、共同担任课程教学、共同指导学生实习、共同指导学生毕业论文、共同开发自主知识产权的实验教学软件、共同关心学生就业等八个方面，不断创新产教融合的体制机制。学校应依托“实践共同体”建设，造就一支优良的“双师型”教师团

---

① 陈炜. 新时期高职院校的发展趋势与策略——基于校企战略联盟视角[J]. 内蒙古师范大学学报（教育科学版），2013(1)：21－24.

队。在接受课题组访谈的应用技术大学中，“双师型”教师在教师总数中的比例多数已超过50%。鉴于应用技术人才培养的实践性要求，不少应用技术大学已开始探索开展“学期学段制”改革，利用每学期的“短学段”教学时间，集中增加学生的实践实训课程，以提升学生的专业建构能力，为行业企业专家参与学生实践能力的培养创造了更加有利的条件。

（三）推进产教深度融合的“实践五平台”建设

应用技术大学可以将真实的企业经营管理过程引入教学现场，组建多层次的校内实验实训教学平台、学科专业竞赛平台等，将教学环节融入校外行业生产经营的全过程，构建多元化的校外实践教学平台，提升学生的专业情境实践能力。

1. 建设校内实训平台

应用技术大学可以构建或利用现成的行业企业共同组建校内大型实训基地，用于相关专业学生的实践实习；利用模拟生产运行全过程的“实验教学中心”，在学生进入专业课程学习之前，通过在虚拟运营环境中的不同企业岗位角色扮演，提高互动体验，初步形成对行业和企业的认知；建设覆盖全部专业的情景模拟实验室，加深对专业的感性认识。

2. 建设校外实训平台

应用技术大学可以与多家龙头行业企业合作，建设校外实践实习基地，覆盖相关专业，满足全部学生的校外实践实习需求。

3. 建设创新创业实践平台

应用技术大学可以成立独立建制的创新创业学院，引入行业优质资源，培养学生的创新能力和领导能力；实施“学生发展能力支持计划”和建设“学生学术科技创新平台”，引导大学生创新创业活动；建设大学生创业园区，为学生创业项目孵化提供指导和服务。

4. 建设学科竞赛平台

应用技术大学可以与行业协会、企业、政府机构开展合作，组织开展多层次、多方位的科技竞赛。

5. 探索建设海外实习实训平台

应用技术大学可以通过和境内外大学、相关机构和企业开展合作，拓宽学生海外实习实践的途径。

（四）完善实践能力“分级评价与考核”机制

一方面，应用技术大学可以把校企合作开展学生实践能力培养的各项指标纳入二级学院的目标任务考核中，明确二级学院的工作任务和要求，推动二级学院积极主动落实校企合作的各项要求。另一方面，应用技术大学可以制定专门的管理措施和奖励办法，把教师参与产学研践习，指导学生社会实践纳入教师的聘期考核、岗位晋升以及评奖评优，明确青年教师参加产学研践习的刚性要求。同时，应用技术大学可以制定并实施创新与实践学分认定方面的管理办法，明确创新及实践学分是学生的必修学分，充分调动教师、学生和二级学院参与校企合作的动力和热情，促进协同育人机制的不断优化。

三、创新产学研的合作教育模式

1. 搭建应用技术大学与行业企业深度合作的有效机制

一方面，应用技术大学要发挥自身的应用科研优势，探索吸引行业企业的技术研发平台进入学校，教师加入技术研发过程中，帮助企业进行产品研发、解决实际问题的同时，也会极大地丰富自身的实务经验，从而提高人才培养的针对性和有效性。另一方面，除了邀请行业企业专家对应用技术人才的培养目标、培养方案、课程体系、质量评价等方面提出建设性意见之外，应用技术大学可以聘请行业企业专家作为兼职教师，参与指导实践性强的教学环节，以问题为导向，从行业企业生产实践中的实际问题出发，要求学生运用已有的知识、能力和素质进行毕业设计，完成调研报告。同时，应用技术大学也要重视研究成果反哺教学的重要性和价值，鼓励教师积极参与校企合作的横向研究项目，并及时将新知识、新技能更新到教学内容中，确保课程教学内容与行业企业发展前沿的一致性。从运行机制上讲，应用技术大学应建立灵活的人才流动机制、职责分明的管理机制和利益共享的分配机制，充分挖掘校企双方的合作潜力，在专业人才培养评价标准研究、实务教学案例开发、实践教学软件与实验项目研发、特色项目实验室建设、高水平教学团队组建等方面，共同展开行动，使行业企业成为人才培养的积极参与者，把蕴藏在行业企业中的教育资源转化为大学的办学资源①。

需要说明的是，校企合作具有长期持续性，而要实现合作的长期性、可持续性，达成校企共赢，需要校企双方在技术、人员和设备等方面建立一种长效的交流共享机制。因此，应用技术大学在寻找合作伙伴时，必须立足自身发展实际，寻找一个与自身发展需求相适应的行业企业，通过技术、人员和设备的交流共享，建立一种具有可持续性的长效合作机制。这种合作是长期而非短期的，它不会因校企双方相关负责人的人事变动而终止。因为如果没有可持续性的校企合

---

① 贾莉莉.如何提高应用型本科人才的“适用性”[J].大学(研究版)，2017(7/8)：36－43.

作，应用技术大学很难准确了解企业生产和市场情况，就不能培养出与企业和市场需求相适应的人才。毕竟只有长期的可持续性合作，高校才能得到企业持续不断的支持。

2. 探索实行责任共担的学徒制度

受德国学徒制的影响，大叶大学奉行学徒制。以设计学院为例，接受访谈的教师指出“设计学院的毕业专题设计非常严格。学生要进行作品展示，一定要到外面参加作品展示，除了老师在指导之外，基本上大三、大四年级的学长学姐，在做毕业专题的时候，大一大二的学弟学妹也必须要去帮忙，因为这有一个过程，就是学弟学妹必须要帮学长学姐去做毕业专题，那这个东西肯定就是一代跟着一代”。

2017 年，国务院办公厅印发的《关于深化产教融合的若干意见》中指出，要“全面推行现代学徒制和企业新型学徒制，推动学校招生与企业招工相衔接，校企育人‘双重主体’，学生学徒‘双重身份’，学校、企业和学生三方权利义务关系明晰”。以德国为例，应用技术人才培养的过程中，就形成了政府、企业和学徒三方责任共担的学徒培训投资制度①。借鉴德国的经验，我们可以通过完善应用技术人才培养的相关法律法规体系，明确企业与学校在应用技术人才培养中的具体责任和义务；通过完善相关职业资格考试、企业招聘、劳动者权益的相关法律法规，明晰应用技术人才培养各环节的法律保障，确保应用技术人才培养过程的有序性。同时，应用技术大学应制定应用技术人才培养的配套实施细则，突出强化应用技术人才的选拔程序、专业设置、培养目标、培养方式、培养内容、校企共同分担经费、师资与场所的提供、质量评价、奖惩机制等内容的规范性，保证应用技术人才培养的实施方案与目标的一致性②。

从实际情况来看，应用技术大学应有别于精英型高校，在符合人才培养规律的基础上，应用技术人才培养的过程中，理论课程与实践课程的比例要合理，理论基础要打牢，适当增加实践性的教学课时，以加强实践能力的培养。在接受课题组调研的应用技术大学中，多数高校的实践性教学课时都不少于总教学课时的 50%。我国不少应用技术大学的实践性教学课时比例仍低于 50%。同时，根据应用技术人才培养的课程体系设置要求，应用技术大学可以考虑结合行业企业工作和岗位需要，开设具有鲜明行业特色的校本课程教材，为应用技术人才培养特色的培育提供独有的载体和条件。

① 李玉珠. 德国学徒制的制度构成分析[J]. 中国职业技术教育，2016(6)：23－25.

② 靳玉乐，廖婧茜. 我国大学卓越应用技术型人才培养的改革探索[J]. 西南大学学报(社会科学版)，2017(6)：60－67.

3. 开展应用技术人才的招生制度改革

不同类型的人才具有不同的培养规律。应用技术大学需要通过多样化的招生选拔方式，招收高中应届毕业生、中高等职业院校优秀应届毕业生等适合的多元化生源，尤其要让中高等职业院校的优秀应届毕业生的工作岗位预期与应用技术人才的培养目标相对接，这样的毕业生才能专心在应用技术岗位上工作。因此，应用技术人才在招生时，不能只看专业知识分数的高低，还应该进行相应的技能测试，只有这样，应用技术大学才能确保培养的人才在就业市场上成为“抢手货”。

4. 提升应用技术人才培养的国际标准

《国务院关于加快发展现代职业教育的决定》中明确提出，专业建设要和职业标准相对接。能否与职业标准对接，是判断应用技术人才培养质量好坏的标准之一。《华盛顿协议》作为工程教育认证的重要标准体系和框架，从一定程度上讲，能够有效为应用技术人才培养的国际化提供参考和指导。因此，在应用技术人才培养的过程中，一方面，应用技术大学可以按照工程教育认证的基本要素进行人才培养设计，从而持续不断地提升应用技术人才的培养质量①；另一方面，应用技术大学可以通过海外高层次人才和优质教育资源的引进，丰富应用技术人才培养的多元载体。同时，还可以通过开发符合国情和校情的国际教育资源，不断创新校企合作育人的协同模式；也可以探索构建应用技术教育创新的国际合作网络，拓宽应用技术人才培养的多元化培养路径。尤其是在“一带一路”的背景下，应用技术大学应积极参与到沿线国家的相关建设和发展中，探索推动与国内外行业企业联合培养国际化应用技术人才的合作进程。

---

① 孟庆国. 地方高校转型发展呼唤顶层设计[N]. 中国教育报，2014-01-06(4).

第七章　应用技术大学人才培养特色发展的总结与展望

人才培养质量是高等教育的生命线。应用技术大学是我国高等教育的重要组成部分，是高等教育大众化乃至普及化的主力军。提高人才培养规格与经济社会发展对人才需求的契合度，是应用技术大学的本然使命。在第六章中，从理论研究、实证调研、目标定位、路径选择和制度保障等五个方面，系统对我国应用技术大学人才培养特色发展的"应然"和"实然"状态进行了审视和分析，清晰勾勒了应用技术人才培养特色发展的主要框架和关键环节。本章则从人才培养的观念、目标、方式、保障等方面，着重对应用技术人才培养的核心要素及其存在的问题进行了总结梳理，并提出了相关的建议和对策，以期为应用技术大学进一步凝练人才培养特色，提升育人质量，顺利实现转型发展，提供进一步的学理指导和现实参考。

第一节　应用技术大学人才培养特色发展的问题探讨

我国高等教育的大众化是通过精英教育简单扩张规模的方式而实现的，这是一种形式上的大众化，而不是实质性的大众化，只实现了"入口"的大众化，而并没有实现人才培养过程和培养质量的真正大众化[①]。在此背景下，提高应用技术人才培养质量，推动应用技术大学真正实现特色化的内涵式发展，显得迫切而重要。2014 年以来，我国相继出台的《国务院关于加快发展现代职业教育的决定》《现代职业教育体系建设规划(2014—2020 年)》《关于地方本科高校转型

---

① 郝德永. 社会定位与适用型人才培养——我国当代教学型大学的出路与作为[J]. 教育研究，2005(5)：54－57.

发展的指导意见》等一系列重要文件，突出强调了应用技术大学转型发展的紧迫性和必要性，对应用技术型高校的定位和发展任务提出了明确要求。受传统精英教育模式的影响，应用技术大学一直向往进入学术性的高等教育体系，但由于其特殊的发展历程，遭遇了大学同质化发展的困境。应用技术大学人才培养的“批量化”生产模式与社会对人才需求多样化之间的矛盾显著①，人才培养模式改革成效欠佳，其所培养的人才与现实社会的人才需求还存在一定的差距，应用技术人才难以适应经济社会的实际发展需要。因此，正视并破解应用技术人才培养过程中存在的突出问题和矛盾，是应用技术大学成功实现转型发展的关键。

一、人才培养观念“趋利性”导向明显

众所周知，办学层次和水平的提升具有一定的周期性。应用技术大学大多由专科院校升格而来，本科办学历史不长，对应用型本科教育与应用型专科教育之间的区别缺乏清晰的认知和理解，现有的应用技术人才培养观念并未完全适应本科教育的定位。为了获取更多的办学资源，忽略了办学层次提升的周期性，盲目追随精英主义的教育模式，片面追求学科专业的“大而全”，许多医学院、师范学院、职业技术学院等单科性院校纷纷合并，期待向“多科性”大学发展，导致各类院校的同质化发展现象突出，由“千校一面”的办学理念走向了“千人一面”的培养方式②，造成了应用技术人才培养动力的严重削减，以及产业需求与人才供给的失调。

本书的调研结果也显示，这种“趋利性”导向也是制约应用技术大学走特色化发展之路的主要障碍。以我国台湾地区为例，其高等教育体系主要包括两个部分：普通大学体系和技术大学体系。技术大学体系原本是要培养与产业需求相适应的技术性人才，但是自技术大学体系开放以后，专科学校先转变成技术学院，然后再陆续转变成了科技大学。当这些院校都转变成技术大学之后，它所培养的学生不再是为了到产业界务，而是像普通高中一样，为的是要上科技大学。当技术学院以升学为目标时，在人才培养过程中自然更加偏重理论基础知识的教学，实务性的训练势必会相应地受到弱化。在大叶大学访谈中，教务处的相关负责人直言：“我感觉现在的科技大学跟一般的普通大学已经没有差别了，科技大学的特色几乎已经消失了。”

---

① 贾莉莉. 如何提高应用型本科人才的“适用性”[J]. 大学(研究版)，2017(7/8)：36-43.

② 贾莉莉，张艳萍. 适用性：高校应用技术人才培养改革的新思路[J]. 现代大学教育，2018(6)：94-100.

二、人才培养目标缺乏行业指向性

应用技术大学是服务行业、面向应用的育人机构，因此，应用技术人才的培养目标必须契合行业企业发展对人才的需求。但是，从实际情况来看，目前大多数应用技术大学的人才培养目标定位尚未完全契合经济社会的动态发展需求[①]。一方面，应用技术人才的培养目标尚未对毕业生所必须具备的专业知识结构和能力素质水平进行明确的规定，缺乏对行业人才必备核心素养的具体要求；不同专业的人才培养目标"雷同"现象明显，造成了应用技术本科人才培养定位与专科人才培养定位之间难以区分，应用技术人才培养定位的特色性、差异化特征不鲜明。另一方面，由于人才培养目标缺乏对行业人才必备知识和技术的考察，学校的人才培养目标多停留在文本层面，很难形成具有明确指向性、针对性和可操作性的人才培养方案。可想而知，学校所培养的人才何以与市场需求保持较高的契合度？

同时，随着"一带一路""中国制造""互联网＋"等的深入实施，产业转型升级和发展模式的转变，使得产业行业领域的新知识、新技术更新的速度比大学快太多，而大学的人才培养方案一般是四年一个周期进行修订，培养方案的"延时性"与行业需求的"前瞻性"之间明显存在落差，当下的"热门"专业很可能一到两年之后就变成了"冷门"专业[①]，有些专业的学生尚未毕业，他们在学校学习的知识可能就已经过时了。因此，若想应用技术大学培养的人才具有社会职业竞争力，其人才培养目标必须保持明确的行业指向性。

三、人才培养方式的协同性不够

与精英教育模式下的本科人才培养相比，应用技术人才的培养不单单是高校自身的事情，它需要学校、行业企业以及科研机构之间的协同合作。这种"合力"的形成，需要搭建广泛的校企合作平台，需要不断拓展产教融合、校企合作的广度和深度。然而，从现实情况来看，多数应用型本科人才培养的途径仍然局限于学校、课堂、教室，应用技术大学与行业企业之间的合作仍然存在不少的问题，多数产学合作教育流于表面形式。例如，虽然校企合作的人才培养协议不少，但是实际落实的偏少，多数合作属于短期行为，是依靠人脉关系维系的低层次合作。其根本问题是因为行业企业与高校之间缺乏双赢的利益基础，企业的"经济

① 贾莉莉，张艳萍. 适用性：高校应用技术人才培养改革的新思路[J]. 现代大学教育，2018(6)：94－100.

性”与学校的“社会性”存在先天矛盾，彼此之间的利益难以协调，使得企业缺乏与大学共同培养人才的社会责任感，一些企业只有急需招聘人才时才会与大学合作，不愿意建立长期的实践基地①。在我国经济发展增速放缓的调档时期，无论是民营企业或是国企，都处于转型升级时期，自身发展尚存在不少的困难②。况且企业是以营利为目的，让一个企业纯粹而无私地配合应用技术大学完成人才培养任务，是不现实的，企业很难把最好的技术送到高校。企业尝不到校企合作的“甜头”，过分注重回报，导致真正实现与大学进行长期合作的企业很少，使得学生“做中学”“用中学”的实务训练机会变得越来越艰难。再加上校企合作之间缺乏法律法规约束和保障，行业企业参与校企合作的主动性不强，彼此之间也没有明确的权利义务规定，致使校企合作政策制度的执行力大大降低。在合作过程中，只要一方不满意，合作项目有可能随时被终止。

同时，本书的调研访谈结果也表明，由于应用技术人才侧重培养学生的动手实践能力，授课班级规模不宜过大，但是现实的实验条件有限，加上学生人数众多，小班化授课很难做到。在大数据时代，各个行政职能部门都要求专任教师填写各种各样的表格，无形中增加了教师的工作负担。加上院校管理层级的叠加，教师精力有限，“重复”的填写“劳动”，导致很多教研项目的成果是废报告，教学改革研究背离了初衷，在推动教学改革、提升育人质量方面的作用和功能大大削减。

四、人才培养的保障机制不够完善

1. 课程设置

从课程设置上看，应用技术人才培养的课程应根据行业企业对人才的知识、能力和综合素养要求进行建构，应具有明显的实践性，从而才能强化学生运用知识解决实际问题的能力。但是，目前多数应用技术大学的课程体系主要依照学科专业的知识逻辑建构而成③。依照这种知识建构逻辑，应用技术大学的专业课程体系更强调学科理论知识的系统性和完整性，在很大程度上忽略了行业企业的实际发展需求和应用技术人才培养的内在需求，缺乏鲜明的专业特色，严重影响了专业教育教学与行业企业发展需求之间的耦合度。同时，鉴于其特殊的发展历程，应用技术大学在课程设置上存在明显的“路径依赖”，部分应用技术大

---

① 靳玉乐，廖婧茜. 我国大学卓越应用技术型人才培养的改革探索[J]. 西南大学学报(社会科学版)，2017(6)：60－67.

② 孟庆国. 应用技术型人才培养的几点思考[J]. 北京教育：高教版，2017(4)：15－18.

③ 马建荣. 应用型本科人才培养目标下的课程教学设计——从学科逻辑向问题逻辑转化的视角[J]. 中国高教研究，2011(4)：88－91.

学模仿甚至是照搬综合性大学同一或相近专业的课程体系，或者只是简单修改以后就移植到自己学校来，导致实践教学课程体系不完善，课程模块生硬拼凑；专业核心课程与专业基础课程之间、专业课程与通识课程之间缺乏紧密的关联性合；课程教学轻视实践实训环节，教学内容保守、滞后，未能反映行业企业的前沿需求，极大偏离了专业人才的培养目标[①]。同时，通识教育课程的建设力度也不够，出现了必修课多、选修课少的现象，加上院校尚未实行完全学分制，有效满足学生发展需求的课程类别和数量有限，难以真正实现提高学生人文素养的培养目标[①]。

2. 教学方法

从教学方法上看，课堂教学仍然以教师讲、学生记的"灌输式"为主[②]，较少采用了合作式、项目式、探究式等教学方式，案例分析、混合式等教学方法采用也不多，学生的自主学习意识普遍较低，参与度不高，不少学生的学习目标更多是为了取得毕业证，缺乏自主探索的积极性和主动性。专业课程的实验内容普遍侧重于验证性，使得实验实训的实际效果不佳。

3. 教学评价

从教学评价上看，大多数应用技术人才培养的评价内容仍然以"知识输入"为导向，通过标准化的考试评分考查学生对专业知识的理解和掌握，在很大程度上忽视了对学生所习得能力的测评，也缺乏对学生综合素质的科学测评。在评价结果的运用上，弱化了反馈改进环节，教学评价结果并未真正形成对学生学习的有效激励。在评价主体的构成上，行业企业、学生等利益相关者尚未完全参与到学生学习结果的评价中，教师仍然是学生成长评价的单一主体。

4. 师资构成

从师资构成上看，由于应用技术大学的发展形态尚未稳固，师资队伍的结构不甚合理。师资数量不足，生师比偏高；高层次人才匮乏，人才引进政策和机制存在瓶颈，教师教学的动力和能力严重不足。同时，应用技术人才培养的师资要求"双师型"，即既要具备系统而扎实的专业理论基础，又要具备丰富的实务经验。应用技术大学内涵式的转型发展是否成功，在很大程度上取决于师资的水平和素质。因此，建立一支数量充足、结构合理的"双师型"教师队伍，显得迫切而重要。

---

① 贾莉莉，张艳萍. 适用性：高校应用技术人才培养改革的新思路[J]. 现代大学教育，2018(6)：94－100.

② 刘振天. 新建本科院校人才培养面临的主要矛盾及解决之策[J]. 学术交流，2012(8)：194－198.

第二节 应用技术大学人才培养特色发展的未来展望

从发展过程来看，科学预测技术发展的未来，这是一个需要逐步探索的过程，也是应用技术大学非常重要的科学研究方向①。只有科学预测未来科学技术的发展趋势，应用技术大学才能构建与经济社会发展需求相适应的学科专业结构，才能培养与行业企业发展前沿需求相匹配的应用技术人才，高校才能处于领跑之地和竞争的优势地位。同时，应用技术大学也要解决好“育人”与“用人”的矛盾，以社会需求为导向实现人才培养目标的价值，真正培养与经济社会发展需求相适应的应用技术人才。

一、转变人才培养观念的“趋利性”导向

1. 确立“以学生为中心”的育人理念

“以学生为中心”的教育理念要求教育应从学生的发展需要出发，让学生获得全面、主动、个性的可持续发展。在“以学生为中心”的教育理念下，学生是大学教育教学改革的“应然”受益者，学生学习质量的提升是大学教育教学改革的根本目标和方向，评价教育教学质量必须要倾听学生的声音，关注学生的学习效果，让学生真正参与到教育教学改革的过程中②。因此，真正贯彻“以学生为中心”的育人理念，教育教学改革必须贯彻落实到教学过程、教学活动和学生学习质量的评价中③。

近年来，我国已经有不少高校开始积极关注本科生的学习与发展研究，也形成了一些具有代表性的研究团队和成果。如北京师范大学的“中国大学生就读经验调查（CCSEQ）”，清华大学的“中国大学生学习与发展追踪研究（CCSS）”等②，这些研究项目贯彻“以学生发展为中心”的评价理念，从不同方面对学生的学习经历和感受进行调研，为高校深入了解本科教育教学活动提供了真实而有效的信息资料，对精准诊断和改进本科教学具有重要意义和价值。

因此，应用技术大学可以从本校实际出发，考虑参与成熟的学情调查项目，条件具备的高校可以自编问卷开展本校学生的学情调查研究，强化对大学生学

---

① 孟庆国. 应用技术型人才培养的几点思考[J]. 北京教育：高教版，2017(4)：15－18.

② 史静寰. 走向质量治理：中国大学生学情调查的现状和发展[J]. 中国高教研究，2016(2)：37－41.

③ 梁会青，魏红. 高等教育质量测评新动向——美国大学生学习评价升级版 CLA＋[J]. 复旦教育论坛，2016(2)：93－98.

习与发展的研究，以更好地把“以学生为中心”的育人理念落实到教育教学实践活动中，深入推动本科教育教学改革①。

2. 分类管理、规范指导应用技术本科教育

相关教育主管部门应充分认识到“用一把尺子”考察各类本科教育发展情况的弊端和不足，尽快出台应用技术本科教育的分类指导和管理办法，规范引导应用技术大学立足自身办学定位，谋求特色化、差异化发展之路。从政策上讲，相关教育主管部门应清晰认识到应用技术大学在我国高等教育大众化和普及化过程中的地位和价值，构建一流应用技术大学与一流研究型大学并行发展的高等教育新格局，在公共办学资源分配、专业设置、学位点授予等方面，提供相应的政策扶持。

相关教育主管部门应探索建立与应用技术本科教育相适应的质量评价指标体系，在全社会范围内消除人们对应用技术人才的偏见，让应用技术大学真正愿意“安守本分”踏踏实实探索特色化、差异化的发展之路。从配套制度上讲，要突出需求导向，对接产业结构升级发展的动态需要，扩大应用技术大学自主设置新兴交叉专业的权限，促进人才培养分化，提升应用技术人才对经济社会发展的动态适应性。同时，相关教育主管部门应建立健全与应用技术本科教育相适应的教师职务晋升指导管理办法，倡导应用技术大学对教师职务晋升实行分类管理。

二、形成对接行业标准的“适用性”培养目标

1. 研发具有“适用性”的行业人才标准

随着产业结构转型发展速度的不断加快，经济社会发展对应用技术人才提出了更高的要求。它不仅要求应用技术人才必须掌握某一门学科专业知识、具备一定的专业能力，还要求应用技术人才具有相对宽厚的通识知识结构，能够根据不同岗位的工作需求，将已有的知识和能力进行迁移应用，具备一定的实际问题解决能力。如果不具备这种“适用性”，即使掌握了一定的相关技能，也并不代表应用技术人才具有相应的现实就业能力；即使找到了工作，也并不代表应用技术人才实现了成功就业。因此，应用技术人才必须对经济社会的动态发展需求具有很强的“适用性”。

应用技术人才是面向行业应用的实践性人才类型，实践能力是应用技术人

① 贾莉莉. 一流本科教学内部质量保障的长效机制探析——以卡耐基·梅隆大学为例[J]. 现代教育管理，2017(8)：77－82.

才的核心能力特征。这种实践能力的培养与知识的应用具有紧密联系。在传统的知识生产模式中，单一学科是知识生产的基础①，新知识的产生与实践是分离的。而在新的知识生产模式中，多学科的协作是知识生产的基础，新知识的产生源于实际问题的解决，知识的生产与实践应用密切相关。从建构主义的角度看，随着知识生产方式的转变，知识只有经过应用，才能成为学习者的知识。现代学徒制的相关研究也表明，知识必须建构在真实的活动中，在真实的活动中学习，学习者才能真正理解知识的意义和价值，明白知识与真实问题情境的关系，让知识成为解决问题的工具，从而获取知识迁移与解决问题的能力①。因此，所谓“适用性”，主要是指“学”与“用”之间形成了相互促进的良性循环机制，个体在“学用相统一”的过程中，完成知识与能力的双向互动建构，进而发展了实践能力。

培养应用技术人才的“适用性”，不仅需要注重专业理论知识和相关学科理论知识的学习，而且需要更重视知识在实践环境中的应用，强调知识迁移能力与问题解决能力的形成①。若要实现这一目标，在人才培养的过程中，必须把实践活动作为人才培养的背景环境，而不仅仅只是其中的一个培养环节。在人才培养目标上，必须依据实践活动的实际需求制定相应的知识、能力和素质要求。具体来说，应用技术大学应加强与行业企业的沟通联系，深度进行市场调研，与行业企业携手合作，从知识、能力和素质等方面共同研发行业人才标准，以此标准作为应用技术人才培养目标的依据和指南，提高应用技术人才培养与行业企业对人才需求的契合度。

2. 形成具有可操作性的细化目标体系

提高应用技术人才培养目标对经济社会发展的适用性，不仅需要依据行业企业的实际发展需求，制定与行业企业人才标准相对接的总体目标，而且需要根据行业人才标准中知识、能力和素质的具体要求，分解形成与这些具体要求相对应的、具有可操作性的分目标体系，在人才标准与培养目标之间形成一一对应关系。

这样一来，不仅可以有效解决原有人才培养目标表述空泛、可操作性不强的问题，而且能够大大提升人才培养规格与经济社会发展对人才需求的契合度。在专业认证的背景下，行业企业的人才标准就是毕业要求，这些毕业要求从知识、能力和素质等方面表述了人才培养的具体规格。当然，毕业要求和培养目标

① 贾莉莉，张艳萍．适用性：高校应用技术人才培养改革的新思路[J]．现代大学教育，2018(6)：94－100.

的分解不是自由随意的，需要依据一定的原则和要求而进行。只有科学分解的毕业要求和培养目标，才能在教学实践中真正发挥行动指南的作用，切实有效促进人才培养质量的提升。当分解的毕业要求与培养目标之间形成关联性时，在课程教学中，教师可以根据相应的毕业要求和培养目标，从教学内容、教学方法、教学评价等方面，制定具有针对性的课程设计，推动教师的有效教学和学生的有效学习。

与传统的“正向”人才培养设计不同，对接行业人才标准的培养设计，是一种“反向”的教学设计，根据毕业要求或行业人才标准为出发点和归宿，“倒逼”课程体系、教学方法和教学评价等方面的改革，从而能够有效提高人才培养的“适用性”。

三、深化产教融合育人的协同性

1. 完善产教融合的相关法律法规体系

从本质上讲，应用技术大学产教融合是通过构建利益共同体，在行业企业和高校之间建立一种资源共享、优势互补、需求对接的合作机制，推动生产与教育的一体化，实现高校和行业企业的双赢。因此，产教融合背景下的校企合作不同于传统意义上的校企合作，更多体现的是学校和行业企业在办学活动的“双主体”和“双向融合”特征①。

破解当前应用技术大学与行业企业合作的困境和难题，亟须在产教融合的理念下，健全校企合作的相关法律法规，加快出台《产教融合促进办法》，明确地方政府、高校和行业企业在产教融合中的职责、合作模式、合作双方的权利和义务、双方合法权益的保障以及风险分担等问题，从而唤醒企业的社会责任感，增强企业参与合作育人的主动性和积极性。

2. 优化产教融合的平台和方式

产教融合涉及政府、行业企业、高等院校等多元利益主体，涉及多层次和多维度的要素，各利益主体在一定的社会关系中进行着相对独立的实践活动，其发展愿景、行为方式、利益诉求、文化认同等方面存在显著的差异和跨界的特征②。实现产教协同育人的深化，需要理顺产教融合的体制机制，构建新型的合作方式和合作平台。

一方面，以构建“产教融合命运共同体”为指引，搭建产教深度合作平台，由校

① 贾莉莉，张艳萍. 适用性：高校应用技术人才培养改革的新思路[J]. 现代大学教育，2018(6)：94－100.

② 庄西真. 产教融合的内在矛盾与解决策略[J]. 中国高教研究，2018(9)：81－86.

企双方共同制定培养标准和人才培养方案，让企业了解并参与到人才培养的实际过程中，让学校了解企业对人才的实际需求，相关部门应出台促进企业发展的相应支持政策，形成企业与大学共同培养人才的良好格局，最大限度激发产教融合的潜力和动力，真正满足企业、学校和学生的各自需求，从而实现多方的互惠双赢①。

另一方面，为突破产教融合不能为企业创造价值的瓶颈，应用技术大学不能仅停留在通过几个校企合作项目来解决技术、师资、课程、研发等方面的不足，以及停留在通过产教融合来引领人才培养模式改革上。

应用技术大学必须秉持共建共享的理念，利用先进的信息技术手段，以加入国家级产教融合平台为契机，主动制定"大平台＋"战略，构建虚实相融的集成化大平台，冲破信息、资源、人才和项目等方面的"短板"约束，让企业真正意识到合作所能带来的效益和价值，从而推动应用技术大学和行业企业之间的深度融合，提升合作育人的协同性。

四、健全人才培养配套机制的保障性

1．提高专业设置的灵活性

专业是人才培养的基本单位。应用技术人才是面向行业的应用型人才，其专业设置必须对市场需求具有很强的"灵敏性"。这种"灵敏性"直接影响应用技术人才是否被社会所需要、在多大程度上被需要。换句话说，应用技术大学的专业设置应充分考虑到行业企业的实际需求。随着信息科技的不断发展，尤其是人工智能的兴起和发展，不少行业的相关职业岗位将会消失或者被机器人所取代。如果高校没有充分意识到这种需求的变化，很有可能会导致相关专业在学生毕业时甚至是尚未毕业时，就已经被社会所淘汰。这一点儿在应用技术本科专业领域尤为突出。因此，应用技术大学必须紧跟经济社会的发展需求，及时进行行业企业发展需求的市场调研，合理进行专业规划。既要适时改造旧专业，使其跟得上发展需要，也要"相机而动"探索设置新型交叉专业，以更好地满足现代产业结构转型升级发展的实际需求。同时，应用技术大学要完善专业退出机制，规范有序地优化专业布局和结构。

2．增强专业课程体系的实践性

本科毕业生对行业企业的"适用性"与高等院校的教学活动密切相关。大学课程设置明显影响学生专业素养和迁移能力的塑造②。因此，为了提高应用技

---

① 贾莉莉，张艳萍．适用性：高校应用技术人才培养改革的新思路[J]．现代大学教育，2018(6)：94－100．

② 鲍威，刘薇．高校毕业生可就业能力形成机制的实证研究[J]．教育发展研究，2016(1)：48－55．

术人才与行业企业人才需求的契合度，必须优化课程设置，尤其是专业课程体系。

如前所述，由于现有的专业课程设置主要依据学科知识逻辑而形成，课程教学内容在一定程度上脱离了行业企业的实际发展需求，使得应用技术人才的具体规格与劳动力市场的实际需求之间很难有效衔接。所以，应用技术大学应根据行业企业的人才标准要求，从知识、能力和素质等维度进行分解细化，形成若干毕业要求，按照"一种毕业要求对应一个模块化课程体系"的原则，按照不同的毕业要求，将专业课程体系进行模块化的课程改造，在专业课程模块化教学的过程中，不仅要强调知识的实践性、应用性，而且要关注知识的基础性、广博性，建构通识教育课程模块与专业课程模块学习相结合、理论教学与实践教学相结合、学科逻辑与技术逻辑相结合的课程体系。通过模块化课程和有针对性的教学设计，不断提升应用技术人才的实践性。

3. 优化教学方法促进学生自主学习能力的提升

在变化速度越来越快的现代社会，个体具备可持续的自主学习能力非常重要。积极开展教学方法改革，推动学生自主学习能力的提升是当前应用技术大学教学改革的重要课题。不少高校也在积极开展相应的探索和实践，例如，问题导向的教学方法(problem-based learning, PBL)。PBL 旨在通过有效地对学生课内外学习进行规划，从而有目标指导学生进行自主学习①。与传统意义上教师为主体的教学方法不同，PBL 以学生为主体，教师是学生学习的促进者和指导者。PBL 以具体问题为学习的基础和起点，要求把学生的学习放置在真实的情景中，让学生以自主探究和合作的方式来解决问题。在这个过程中，学习者不仅习得了与问题相关的学科知识，而且也提高了解决实际问题的能力，提升了学生的自主学习能力①。PBL 顺应了知识生产新模式的发展要求，是一种跨学科的学习方式。为了解决问题，学生必须不断思考、不断查阅课外资料，必须归纳整理所学的知识，让"碎片化"的知识化成"整体性"的知识链。因此，PBL 不仅有利于改变应用技术人才培养过程中教育与社会割裂的矛盾和问题，而且有助于提高学生应对多变复杂情境的适应性，通过"学用结合"，实现知识与实践的互动建构，真正提高应用技术人才的"适用性"①。

4. 开展成果导向的本科教学改革

成果导向的教育评价(Outcome-Based Education, OBE)或者学习结果评价

---

① 贾莉莉，张艳萍. 适用性：高校应用技术人才培养改革的新思路[J]. 现代大学教育，2018(6)：94－100.

(Student Learning Outcome Assessment, SLOA),被称为是世界范围内高等教育教学质量评估的重要方式,是高等教育质量认证标准中不可或缺的内容。不少国家和组织已经认可了结果导向教学评价的价值和地位。如OECD的"高等教育学习成果测评"项目(Assessment of Higher Education Learning Outcome, AHELO)、澳大利亚的"毕业生技能评价"(Graduate Skill Assessment, GSA)等①。与传统的教学评价方式相比,结果导向的教学评价更强调"以学生为中心"、学生学习的"增殖"效应,更重视学习结果的可测量性,能够帮助教师深度了解"学生学到了什么"以及"能用所学做什么"②。本科生的学习以学科专业为单位而进行,针对专门学科的学习内容展开评估,对于真实了解学生知道什么以及能够做什么非常关键③。随着高等教育国际化程度的不断加深,我国部分高校都开始采用通用或可比的国际化评价标准推进本科教学改革,如工程领域的《华盛顿协议》和ABET(Accreditation Board for Engineer and Technology, ABET)认证等,改革效果显著。所以,我国高校应不断加强对学生学习结果评价理念、技术和方法的相关研究,构建适合本校实际、符合学科特点的学习结果评价体系,为高校深化本科教学改革、提升人才培养质量提供帮助和指导。

5. 提升应用型师资队伍的素质和水平

质量提升,良师先行。建设一支高素质的应用型师资队伍,是应用技术大学成功转型发展的关键。一方面,应用技术大学应探索"外引+内培"等多种途径来提高应用型师资队伍的素质和水平。这既要不断优化发展环境,大力引进高层次的应用型师资,尤其是行业类领军人才、学科带头人等,又要加大校内师资的培养力度,建构与应用技术大学发展相匹配的"双师型"队伍。在引进高层次人才方面,应用技术大学应在经费支持、管理机制等方面予以政策倾斜和制度保障,保障高层次人才在学科专业建设和科研创新中发挥引领作用。在"双师型"教师培养过程中,应用技术大学应与行业企业合作,通过教师实务技能培训、挂职工作锻炼等方式,不断扩大专业教师接受行业实务锻炼的受益面,切实提高专业教师的行业实务能力。另一方面,立足应用技术大学的特殊性,探索开展教师分类管理制度,体现本科教学工作的重要性,将教师职务晋升考核评价的侧重点从重视论文发表向重视育人效果、应用成果转化上转变,让教师各尽所能、各展

① 梁会青,魏红.高等教育质量测评新动向——美国大学生学习评价升级版CLA+[J].复旦教育论坛,2016(2):93-98.

② 贾莉莉.一流本科教学内部质量保障的长效机制探析——以卡耐基·梅隆大学为例[J].现代教育管理,2017(8):77-82.

③ 贾莉莉.美国大学如何提升本科生的学习质量——基于"大学学习测评项目"的经验与启示[J].高教探索,2017(7):56-63.

其长。同时，对于不少应用技术类的专业人才来说，行业企业的工作待遇远高于应用技术大学。尤其是在北京、上海、广州、深圳等一线城市，面对住房、子女教育等财务压力，不少教师面对应用技术大学较低的薪资待遇，难免不会产生离职的念头。在此背景下，为了避免应用技术大学师资队伍的过分流失，相关教育主管部门应给予相应的政策支持，适当提高教师的工作绩效，在住房、子女教育、就医等方面提供相应的保障措施，让教师真正全身心地投入到育人工作中。

参考文献

[1] 陈斌. 建设应用技术大学的逻辑与困境[J]. 中国高教研究，2014(8)：84－86.

[2] 顾明远. 教育大辞典(增订合编本)：上册[M]. 上海：上海教育出版社，1998：750.

[3] 姜朝晖. 德国应用技术大学人才培养模式探析——以海德堡应用技术大学为例[J]. 世界教育信息，2014(20)：32－34.

[4] 焦燕灵. 区域经济转型与民办本科高校人才培养创新[J]. 当代教育科学，2014(3)：51－54.

[5] 中共中央马克思恩格斯列宁斯大林著作编译局. 马克思恩格斯全集：第3卷[M]. 北京：人民出版社，2002：3－6.

[6] 齐书宇，李国香.《华盛顿协议》毕业生素质规定及其对地方高校工程人才培养的启示[J]. 高校教育管理，2018(1)：48－51.

[7] 孙泽平. 关于应用型院校人才培养改革的思考[J]. 中国高教研究，2011(4)：55－57.

[8] 杨若凡，史铭之. 项目学习共同体：技术本科项目课程实施方式的探索[J]. 高等教育研究，2011(3)：59－64.

[9] 应用技术大学(学院)，联盟联合地方高校转型发展研究中心. 地方本科院校转型发展实践与政策研究报告[R]. 2013(11)：2－5.

[10] 赵沁平. 教育规律究竟有哪些[J]. 中国高等教育，2012(18)：1.

[11] 周建平. 应用型本科教育课程改革亟待解决的几个问题[J]. 大学教育科学，2009(2)：19－22.

[12] Boyatzis R, Leonard D C, Rhee K S, et al. Competencies can be developed, but not in the way we thought[J]. Capability, 1996(2): 25－41.

[13] Hanrahan H. The Washington Accord: history development, status and

trajectory[J]. A See Global Colloquium on Engineering Education，2008(10)：117.

[14] Kouwenhoven G W. Designing for competence in Mozambique：towards a competence-based curriculum for the faculty of education of the Eduardo Mondlane University[J]. University of Twente，2003：450.

[15] 国办发.国务院办公厅关于深化产教融合的若干意见[EB/OL].[2017-12-19](2018-11-10). http：//www.gov.cn/zhengce/content/2017-12/19/content_5248564.htm.

[16] “新工科”建设复旦共识[EB/OL]. http：//www.jwc.fudan.edu.cn/b8/66/c9395a112742/page.html. 2017-02-23.

[17] 中华人民共和国教育部信息网.国务院印发《关于加快发展现代职业教育的决定》[EB/OL]. http：//old.moe.gov.cn//publicfiles/business/htmlfiles/moe/s5147/201406/170695.html. 2014-06-22.

[18] 沈鸿敏.日本短期高等教育和应用技术型人才培养[J].世界教育信息，2015(24)：43.